决战数字化运营

策略与实战

顾颐　张海红　杨瑾　陈睿　编著

電子工業出版社
Publishing House of Electronics Industry
北京·BEIJING

内 容 简 介

本书从营销的运营角度出发，提出构建企业数字化运营的体系框架，从用户、产品和商品、渠道、推广、订单和支撑体系等关键要素，全面阐述这些要素的变化特点，以及如何打造生态体系进行融合创新。

本书面向管理人员、运营人员、白领、商务人员、创业者，以及所有对数字化转型、营销与运营感兴趣、具有敏锐洞察力的读者，开启从策略到实操的全局性运营视角，帮助企业和个人构建数字化及创新体系化的运营思维，打造适应时代而变的核心竞争力。

图书在版编目（CIP）数据

决战数字化运营：策略与实战 / 顾颐等编著. — 北京：电子工业出版社，2018.6

ISBN 978-7-121-34232-5

Ⅰ. ①决… Ⅱ. ①顾… Ⅲ. ①数字技术 — 应用 — 企业管理 Ⅳ. ① F272.7

中国版本图书馆 CIP 数据核字（2018）第 104653 号

策划编辑：张国霞
责任编辑：徐津平　特约编辑：顾慧芳
印　　刷：北京盛通印刷股份有限公司
装　　订：北京盛通印刷股份有限公司
出版发行：电子工业出版社
　　　　　北京市海淀区万寿路173信箱　邮编　100036
开　　本：720×1000　1/16　印张：26.25　字数：390千字
版　　次：2018 年 6 月第 1 版
印　　次：2019 年 8 月第 2 次印刷
定　　价：99.00 元

凡所购买电子工业出版社图书有缺损问题，请向购买书店调换。若书店售缺，请与本社发行部联系，联系及邮购电话：（010）88254888，88258888。

质量投诉请发邮件至zlts@phei.com.cn，盗版侵权举报请发邮件至dbqq@phei.com.cn。

本书咨询联系方式：010-51260888-819　fag@phei.com.cn。

推荐序

从概念到实践，企业的数字化运营不再是纸上谈兵，而是真正荷枪实弹地进行市场搏杀。

各行各业的企业都开始实践数字化之旅，电信行业、互联网行业、制造行业、零售行业、媒体行业、医药行业等都在积极探索并履行数字化实践。

全球主要的运营商几乎都将数字化提上日程，AT&T、澳大利亚电信、法国电信、英国电信等都成为数字化转型的先行者。国内的运营商更是身体力行：中国电信明确转型 3.0 战略，未来计划着重推进网络智能化、业务生态化、运营智慧化，引领数字生态，做领先的综合智能信息服务运营商；中国联通混改，引入战略投资者，与 BAT 深度合作运营；中国移动围绕新技术、新网络、新生态三个方面，秉持开放创新、合作共赢的理念，着重构建数字化服务的新能力。

互联网企业具有先天的数字化基因与敏锐的科技视野，在推动其他行业进行数字化融合的同时，也在积极应对数字化带来的技术和商业模式变化，例如腾讯专注做连接，坚持去中心化，其开放精神源自社交基因，即鼓励在朋友间开放分享，协助合作伙伴成长为自主平台并拥有自己的生态体系；百度宣布将不再是以搜索业务为主的互联网公司，而是一家提供人工智能能力和服务的科技服务公司；阿里巴巴也从战略定位、组织架构到合作生态、技术革新等全方面拥抱变革。

在传统工业领域，行动的主线是新一代信息技术与制造业的融合，主攻方向是智能制造，很多企业都在不断地探索自己的工业 4.0 发展模式。除了外资企业西门子、施耐德，还涌现出了海尔、美的、三一、格力、东莞劲胜、尚品宅配等智能工厂建设的样板。

不论是行业领军还是普通一员，任何一家企业的数字化实践都是复杂的，不仅利用数字化技术提高生产力，还需要实现数字化产品服务、运营模式、组织结构和用户体验的全方位转型。引领这样变革的企业大多具有数字化导向的转型愿景、灵活适变的运营体系框架和开放、合作、创新的生态体系。

数字化导向的转型愿景

成功的企业都在积极、重新地思考商业规则，去构建一个以用户价值为导向的数字化企业愿景。这不仅仅是数字化思维，而且是面对变革及未来积极求变的价值观与大格局，例如，中国移动的战略愿景是：努力成为数字化创新的全球领先运营商；而“GE for World”既体现了 GE 的价值，又体现了 GE 的格局观，他们制定了上下一致的数字化目标，并在企业文化上布局数字化基因，打造创新氛围，鼓励员工自我驱动、实现敏捷转型。

灵活适变的运营体系框架

在领先企业的数字化运营体系中既包括数字化战略，也包括执行层面的数字化运营。在数字化战略层面，他们基于并跨越既有优势，积极布局数字化相关产业，联手合作伙伴融合创新、打造生态，并实时调整自己的数字化战略，通过持续优化来最大化地创造可持续增长的价值；在战术层面，他们以用户为中心、以用户价值为导向、以数据为驱动的数字化运营一直贯穿于企业的营销实践中。他们拥有踏入陌生领域的勇气，成立专业数字化组织机制，尝试极其适合企业自身的新业务、运营和赢利模式，适应不断变化的用户主权市场；并整合数字化企业核心系统，投资业务敏捷性和响应能力建设，快速应对市场；同时实践数据驱动下的业务变革，通过反复尝试、分析、迭代和实施，不断优化成本和提升效率，其特点总结如下。

以用户为中心，提升用户体验

泛化渠道整合，协同一致共享

个性化产商品，千人千面推广

灵活组织适变，敏捷 IT 支撑

数据驱动运营，持续优化创新

开放、合作、创新的生态体系

领先企业都在围绕各自的核心业务构建生态体系，将用户、合作伙伴甚至竞争对手紧密联合起来，推动整个生态系统的全面升级和企业的长尾创新。在满足快速发展的用户期望和开放的数字生态系统方面，能力开放平台 API 生态非常适合帮助企业实现数字化商业愿景。

本书作者来自 HPE 富有创新精神和实战经验的一线咨询和交付团队，他们所从事的是高科技层出不穷的行业，所有数字化的领先技术如 IoT、混合云、容器化、微服务、DevOps 等都在项目中得到了实践和应用，这个团队对技术的未来发展有着独到的愿景，通过技术创新促进数字化转型、高效运营和使能生态。作者结合其丰富的关于数字化转型的咨询和交付实战，从运营的角度对数字化进行了深度解读，将敏锐的洞察、丰富的实践和深度的思考进行了总结提炼并汇集成书，使本书案例翔实、逻辑清晰、实操中肯，在这个数字化运营制胜的时代为企业和个人提供了更多的参考。

张红忠

慧与（中国）有限公司企业解决方案事业部总经理

前言

数字化这个并不全新的说法，早在多年前就为大众熟知，然而数字化从未像今天这样深入我们的时代，烙印于无限的变革和可能之中。一切事物皆可以转化成 0 和 1，更为夸张的是，在 Netflix 科幻巨著《碳变 / 副本》里，甚至讲述了人类意识可以数字化，与肉体分离，并存储在类似 U 盘的栈堆里，死亡不再是永恒的故事。

三四年前，我们团队开始从事数字化相关的咨询规划和系统实施项目，发现用户、产商品、渠道、订单等在数字化时代发生了很多新的变化，这些变化越来越深地推动了企业架构、运营体系和支撑体系的重构。于是我们在繁忙的咨询工作之余，希望能够静下心来，将项目中的经验和对各类企业的研究和思考总结下来，为运营提供适应数字化的思维框架，与具有时代敏锐洞察力的读者共享共思考，疑义相与析。

可能有人会说："在'智能'充斥眼球的今天，'数字化'一词似乎已经过时。"其实不然，数字化是一切数字相关技术向各个领域全面推进的过程，它是智能化的基础与承载，两者不是颠覆的关系，而是交叉包含的关系。

还有人认为数字化只是对 IT 技术相关的考虑，却忽略了其改变企业战略环境、改变竞争格局、影响商业行为的巨大作用。其实数字化不仅仅是提高运营效率的工具，还是帮助企业开拓蓝海、实现创收的利器。

由于数字智能和物联网带给用户的无处不在的连接，产品的一次售卖还意味着服务的开始，因此当今一定是个运营驱动的时代，运营是决定企业核心竞争力的关键，是为数字化赋能的过程。运营适用于多种场景，本书主要定位于营销范畴的运营，传统的市场营销主要关注的是传播效果、市场渗透、品牌效应等，而在数字化时代，营销的环节和内容变得更加丰富，因此必须结合运营进行，营销与运营是相辅相成、你中有我、我中有你的。

前面提到，本书是基于之前的项目研究内容编写而成的，当时我们提出用户个性化、产品服务定制化、大规模按需制造、能力开放构建生态等运营思路，这些在后续的企业实践中得到了印证。先行者已经渐行渐远，数字化对于企业而言，不是选择而是必然。我们仅仅学习和复制业界的先进实践，已经不足以保障基本的生存空间，体系化运营实践创新是基业长青的必要前提。临渊羡鱼不如退而结网，付诸行动并砥砺前行才是应对这个变化无限的时代的明智之举。

最后，感谢领导们的大力支持，感谢团队成员在繁忙工作外的辛苦努力，忘不了陈睿当时怀胎九月仍在盛夏加班的情形，感谢家人们的包容和温暖。还要特别感谢电子工业出版社博文视点的张国霞编辑，她为本书的出版付出了智慧和辛劳。

目录

第1章

数字化之变，箭在弦上

1.1 数字化引发时代巨变

当今的时代在数字化技术的冲击下发生了翻天覆地的变化，有人说这是一个最好的时代，也是一个最坏的时代。好坏很难评定，但可以肯定的是现在及未来几十年一定是数字实现一切、智能超越想象的时代。智能终端的广泛使用，使得人们足不出户就可以搞定一切，比如物质上的美食、锦衣；精神上的电子书籍、音乐视频；甚至生病时也可以把身体监控数据通过云端实时传送给医生远程诊断。又比如出门在外随处可见的机器人客服，无人驾驶、智能停车也即将成为现实；对家居环境的远程智能控制、刷脸刷手机等便捷身份认证与支付及共享单车等便捷服务处处皆是；并且电子货币、智能合约使得信用商品化及数字化。毋庸置疑，数字化已经渗透到工作、生活中的方方面面，而且随着物联网、人工智能、大数据、区块链等技术及应用的层出不穷，必将愈演愈烈，进而改变人们的思维模式和商业规则。

目前，数字化正以前所未有的速度促进着创新和变革，形成以数字信息为基础、无限连接、无限可能的智能世界。随着数字化浪潮而来的时代变革，已经从企业层面上升到了国家层面。从世界范围来看，数字化转型和升级逐渐成为各个国家的共识，几个强国之间的竞争也已经进入白热化阶段。德国联邦经济和能源部发布的“数字化战略 2025”（如图 1-1 所示），对数字化重点领域的目标进行了描述，并提出了相应的实施措施。美国政府的《国家创新战略》公布了维持创新生态系统的关键要素，强调优先发展九大战略领域：先进制造、精密医疗、大脑计划、先进汽车、智慧城市、清洁能源和节能技术、教育技术、太空探索和计算机新技术。英国政府正式出台了《英国数字化战略（*UK Digital Strategy*）》，设定了明确的途径以帮助英国在启动并推进数字化业务、试用新型技术或者进行先进技术研究方面占据优势地位。日本也提出了“社会 5.0”战略，旨在最大限度地应用信息通信（ICT）技术，通过网络空间与物理空间（现实空间）的高度融合，使人们步入富裕的“超智慧社会”。

图 1-1　德国的数字化战略 2025

对于中国而言，经济发展已进入“新常态”阶段，因此政府对数字化转型高度重视。十三五规划中提出，在“十三五”时期，中国将大力实施网络强国战略、国家大数据战略、“互联网 +”行动计划，发展积极向上的网络文化，拓展网络经济空间，促进互联网和经济社会融合发展。以创新和技术为推动的“互联网 +”“中国制造 2025”战略及“一带一路”、供给侧改革等策略，都在指向大力推动数字化转型，即让中国的“数字经济”实现落地。数字经济即利用互联网融合创新、提升经济效益、催化新技术和新业态，既包括以云计算、基础的增量市场，也包括与传统产业转型升级相结合盘活的生产消费存量市场。中国政府明确提出了数字经济顶层国家战略，即数字经济作为一种全新的经济形态，将互联网、大数据、人工智能与传统产业融合，以跨界方式打通各行业，集成优化各个生产要素，构成链接一切的商业新生态。

数字化时代不同于以往的是，时代的特征会随着数字智能技术的发展快速改变，甚至颠覆；引用《未来简史》一书作者尤瓦尔 · 赫拉利的话来说，“对于未来世界，最大的不变就是变化”。所以任何对于该时代的总结和描述都不会是完整和最新的，但我们还是有理由相信下面这些词语可以作为当前时代的关键词。

1.1.1　万物智联，数据天下

今天的互联网正在从“人人相联”“物物相联”向“万物智联”迈进。未来任何设备都可能成为智能系统，通过在日常物品里嵌入传感器和短距离移动收发器，收集这些物品的状态数据并与其他物品交换数据进行智能计算，即可形成一个“万物皆联网、无处不智能”的世界。物联网正在以多样化的形式渗入到生活的方方面面，例如通过手机来操控电灯、空调甚至汽车，当把射频识别、红外感应器、全球定位系统、激光扫描器等信息传感设备装备到现实中的各种物体上，所有资料都可以形成数据并上传至网络进行控制时，一切真实的物体就可以被赋予“智慧”。基于物联网与人工智能技术的深度融合，在信息世界里将新的沟通维度从任何时间、地点的人与人之间的沟通和连接，扩展到人与物、物与物之间的沟通和连接，这样人们就可以通过视觉、听觉、触觉来感知世界。

连接无处不在，越来越多的物理硬件都被联网，事物的所有轨迹都可以被记录，一切皆被数字化，会由传感器收集、采集数据，并通过物联网络传输回平台侧。连接点数比以人为主要连接点的网络多出成千上万倍，而产生的数据也变得更加实时、完备和庞大。由于连接数量的增加，不间断地收集、存储、回传数据，以及更高清的图片和视频应用，都会让数据的体量呈现惊人的爆发。我们在真实世界的活动能够得到前所未有的记录，涵盖了数字图像、新闻跟帖、文本记录、视频文档、社交平台互动所提供的所有信息，通过大数据处理技术将原始数据转化成为有价值信息，结合智能技术使人们更快、更明智地做出决策，并更有效地进行管理。

大数据之“大”，不仅在于容量，更在于社会对其价值的认知。在大数据所重塑的后信息环境中，一个大规模生产、分享和应用数据的世界扑面而来。正如学者维克托·迈尔·舍恩伯格所说的，它的真实价值“就像漂浮在海洋中的冰山，第一眼只能看到一角，绝大部分隐藏于表面之下”。现在，实时监测、远程协作、SOHO 工作、数据管理已成为平常之事，信息像水电一样通过网络供应、传输，计算机上的有形数据已转化成为无形的财富，物联网收集到的数据借助智能应用便会展露无限的商机。例如通过摄像头和人脸识别软件，可收集参观者的身份识别信息和反馈信息，精准分析其行为和喜好，并结合用户年龄、性别，以及在广告前的停留时间来调整推销策略，使营销效果最大化。

1.1.2　用户主权，内容为王

数字化把现实世界中的大量数据整合到信息网络中，使人随时随地可以通过网络获得信息，电商网站几乎让所有商品都能上架并被轻松找到，消除了以往买卖双方信息不对称的弊端，实现了用户与产品、企业的零距离接触和沟通。因此，数字化时代是真正的“用户主权时代”，其最大的特征是用户参与其中，甚至决策。用户不再是商品的被动接受者，单纯的广告不再使用户成为商品的拥趸。以“人的行为为核心”的信息组织方式赋予了用户前所未有的力量和权柄，信息无处不在，用户主权意识逐步觉醒，通过快速、实时、紧密、无处不在的网络连接形成社群，原来的单个用户通过抱团成为强大的整体，从而拥有了影响企业决策甚至改变企业命运的能力。

在微信、微博等社交媒体遍布于日常生活中的今天，信息呈爆炸式增长，媒介触点无限蔓延，自媒体、微博、网络直播引发了大众生产内容、全民皆媒体的潮流。碎片化的互联网语境成就了自媒体，也成就了用户更为个性化的价值观和更强的自主意识。无论是基于内容产业的创业潮，还是各大平台对优质内容的争夺，都彰显了内容为王的重要性。在海量信息轰炸下用户的注意力稀缺而分散，如果希望快速吸引其眼球，那么噱头只能引发短时效应，在具备便捷变现渠道的今天，唯有优质内容才是引爆大众传播的基础。

常年在互联网世界中“摸爬滚打”的用户，早就练就了“十八般武艺”，他们既是网络内容的浏览者，也是网络内容的创造者，可将自己原创的内容通过互联网平台进行展示或者提供给其他用户，使 UGC（用户产生内容）模式成为数字化媒体内容的主要来源，也引发了由热点 IP 带来的内容营销和分享经济。大众点评、小红书等热门的 App 基于海量 UGC 的信息分享模式，现已被大众认可和积极参与，进而升级为电商、团购等商业模式。

1.1.3 跨界融合，生态延伸

数字化大潮正以前所未有之势席卷各行各业，在互联网和物联网的发展和推动下，制造、零售、金融、教育、医疗、汽车、农业等传统产业的跨界融合正在加速，产业边界日渐模糊，在融合与碰撞之间，行业重塑正在进行。数字化也使人与人之间、企业与企业之间的界限被重构，打破了原有格栅分明的商业关系，企业间的边界逐渐消失，竞争与合作范围无限扩大，竞合进入了一个“无疆界”时代。

未来的世界将是一个由用户推动的连接智能、情境感知、数字化解决方案的生态体系，有着更多的信息连接，供求信息的流通达到空前的释放。

单一的企业或产业已无法满足用户的需求，只有通过跨界才能不断丰富、完善需求与供应。因此贴近用户需求寻找和选择资源互补的合作伙伴，通过战略协议或产业联盟打造共赢共进的生态圈成为必然。融合是为了更好地迎合市场，实现在新经济形势下从传统产业到新型产业的转型。举例来说，在现代服务业中，“互联网 +”深度融合的典型就是交通领域里出现的网运专车、顺风车、拼车、优步等，它们都是利用互联网平台整合线下的丰富资源，提高资源利用率，满足供需，协同创造出新的模式；家电企业与互联网的跨界融合更是成为常态，合作研发的各类智能家居已经琳琅满目。

在《失控》一书中，作者凯文·凯利提出以互联网代表的分布式管理的几个特点为“没有强制性的中心控制；次级单位具有自治的特质；次级单位之间彼此高度连接；点对点间的影响通过网络形成了非线性因果关系”，而数字化时代中的生态体系是自发自治的具有内部价值链的商业协同网络，生态体系内各方的协作与连接自发开展，没有明确的结构中心。在这样的产业环境下，原来的线性产业价值链逐渐演化成网状产业生态圈，进化为一个以用户为中心的实时互联、高效协同的产业生态网络。电信运营商、内容服务商、系统集成商、终端厂商、设备制造商纷纷加速将自身业务向产业链上下游延伸，打造硬件、软件、应用服务的一体化。BAT 这些数字化企业，都把生态作为头等大事，积极布局。例如腾讯一直以“与合作伙伴打造生态”为主要的战略方向，提出行业从零和博弈的“窄平台”向共赢共生的“宽平台”转变，从而形成一个“数字生态共同体”，其依托社交网络在人工智能、内容、云计算、游戏等方面积极开放，吸引了大量合作伙伴与其共同拓展业务与创新，取得了丰硕的成果。

1.1.4 开放共享，新型经济

数字化新型连接从根本上降低了用户决策和交易过程的成本。百度连接了人和信息，腾讯连接了人和人，阿里巴巴连接了人和商品，各个垂直O2O连接的是人和各类服务。在这样的生态体系中开放是基础，只有在具有张力的开放状态下，真正做到核心资源的开放，才能不断地与外界进行信息、资源、能力等交互与互换，进而有效降低体系内的交易成本，共享商业机会，使得成员间可以更好地传递价值，并与尽可能多的潜在合作伙伴取得联系。

例如淘宝搭建了完整的生态体系，围绕着这个核心的C2C电商平台，买家、卖家及各种各样的支撑企业、物流甚至金融企业都成为受益者，整个产业创造的价值超过万亿元人民币。在这个系统中，各类商家自我沟通和连接，实现了自我成长。淘宝将其营销数据开放，于是吸引了大量开发者在其之上开发营销工具，卖给淘宝商家使用，淘宝既节省了开发成本又创新了应用，并获得了收入的分成，实现数据共享、用户共享和商业价值共享。以开放模式承载的共享，是商业模式的创新，是数字化时代企业间的深度合作与共赢。

当前出现了很多新型经济模式，例如新零售、新制造、新金融、新服务、新媒体等，它们具有共同的特点，那就是应用数字新技术，在传统事物基础上进行数字化重构。例如新零售是通过运用大数据、人工智能等先进技术手段，对商品的生产、流通与销售过程进行升级改造，进而重塑业态结构与生态圈，并对线上服务、线下体验及现代物流进行深度融合的零售新模式。

同时，在开放共享浪潮的推动下，“共享经济”“API 经济”也应运而生。“共享经济”解决的是用户的需求，提升闲置资源的使用效率；从“分时度假”到“共享单车”以“共享经济”冠名的行业越来越多。API 经济则是利用互联网的 Web API 技术，将企业能力或竞争力作为 API 服务进行商业交换的经济模式。区块链技术引爆了电子货币、智能合约，其在共享模式中确保合约可靠，并映射在物联网的有形物体上形成数字资产。这些迅猛的数字经济革命必将带来更多的数字化红利。

1.2 时代拉动企业转型

数字化重塑了竞争格局，这不仅是一场技术变革，还是一场经营模式的变革，甚至是一场整个商业世界运行逻辑的变革。数字化转型不单单是采用物联网、人工智能、区块链等数字化技术，而是从战略、组织、人才、商业模式、运营模式、市场策略甚至到员工的工作方式等全方位的改变。

传统意义上的线性价值链瓦解，各价值要素重组成平台化的价值网络。以制造业为例，在工业 4.0 驱动的新型协同制造模式下，制造业企业将不光是自上而下地集中控制生产，单独地从事设计与研发、生产与制造或者营销与服务，而是从顾客的需求开始，到接受产品订单、寻求合作生产、采购原材料或零部件，共同进行产品设计、生产组装，各个环节都基于实时通信与大数据智能分析，从而确保最终产品能满足大规模用户的个性化定制需求。这种制造模式将使企业在面对市场变化时，能迅速轻松地做出响应，并保证其生产具有竞争力。这时，企业之间的协作关系必然要重塑，甚至企业本身的概念也要重新定义。

数字化转型的决心与坚持

数字化变革刻不容缓，转型对于生存环境不断恶化的传统企业而言，无疑需要一笔巨大的投入，同时意味着即将踏入充满未知的领域，其中最难的是要突破企业的基因。一家企业的基因早在创立之初便由创始人的性格、品德、格局、气质等因素决定。基因决定了企业自身的发展方向，还决定了公众对企业的印象，这些反过来都会强化企业基因的定向发展。就比如，万科之于房产，腾讯之于通信，新浪之于媒体，阿里巴巴之于贸易等。而若想超越既有基因，如果没有坚定和一往无前的决心，则无疑是一场艰巨的变革与挑战。

我们需要明确并深信数字化愿景，并且对变革的必要性和紧迫性也了然于心。那就必须要有坚定的决心、身体力行的推行和坚持，用数字化的理念和开放的心态不断增强实力，为变革提供不竭的动力，才能加速数字化愿景的实现。

形成数字化企业心智模式

黑石创始人皮特说：“我不满足于我所知道的和我以为我所知道的”。性格决定命运，心智模式决定成就。心智模式就是基于个体经验积累的认知框架，决定了一个人的思维方式和行为模式。基因是很难改变的，但是心智模式是可以改变的。过去的知识和经验会影响它，但随着新的经验积累和知识的掌握，心智模式也会随之改变。心智模式很像人工智能，具有深度学习的能力。

数字化心智模式更多的是思维与文化的数字化重塑，也是数字化战略执行的关键。具体表现在：应对变化的态度是拥抱还是抗拒；了解用户最深层次的诉求甚至了解人性，即从关注用户需求到解决用户痛点；穷尽事理到二进位制，软件定义一切；与合作伙伴实现价值利益共享共赢等。

真正执行数字化变革实践

数字化无疑将创造更多的机遇，但它无法一蹴而就。数字化转型本身只是契机，只有当企业文化、领导力及利润中心和成本中心的各流程真正接受数字化，从观念上认识到数字化的重要性时，才会真正迎来改变。

成功的数字化转型要求管理决策层共同支持全新的企业文化，确定新的数字化转型战略，明确数字化技术要实现哪些目标，并且制订涵盖人才、观念、文化、流程和组织结构的全盘计划，从而提升运营效率和降低成本；在企业上下推动创新、赋予员工更多的权利，鼓励适度冒险；明确并规划清晰的目标、长远的战略规划，并切实有效地执行，才能真正冲出数字化的迷障。毫不夸张地说，这是数字化转型中最难的一步。任何企业的存活都依赖于其生长和经营环境，变革意味着要离开原来存活的舒适区，到一个新的生态环境中重新发展，这不亚于脱胎换骨。但是当今数字化转型已经不是选择，而是唯一出路时，只有借助数字化创新，加快市场举措、运营流程、业务模式等方面的变革才是企业的明智之举。

1.3 企业数字化的凤凰涅槃

数字化进程迅猛，新兴技术公司层出不穷，未来的企业必将是数字化企业，没有与时俱进的改变、停滞不动就意味着错过一个时代；而拥抱变化、决绝转型，则意味着凤凰涅槃、浴火重生，从此展翅高飞。因此，深谙数字经济之道的企业将获得更多的竞争优势。

数字化时代能带来新的商业模式、产品特点和生态环境，所以大多数企业都在积极开展数字化转型实践，转变战略理念与运营模式，即使是体量庞大的行业巨头也都行动敏捷地进行商业模式的变革。这些深度转型的领先企业具有如下特点：以用户至上为纲、以业务创新为驱动，构建数字运营生态体系，实现敏捷高效的数字化运营。

1.3.1 用户至上，提供数字化体验

用户话语权已成为现代企业最重要的资源，与用户离得越近、互动越频繁，产品连接用户越多，用户评价越好；并且只有为用户创造真正的价值和极致的体验，才能得到认可。因此“用户主权”“用户至上”不再是老生常谈，而且是真正被切实融入到企业经营中的精髓，以用户的需求引导运营的方方面面，才能快速推动经营变革。

以用户的消费过程为创新重心，深耕细作

在数字环境下深入用户接触的各个过程中，从初步了解，到购买使用，

再到互动反馈，都需要对用户进行深入洞察和精准把握，与其连接和互动，分析端到端的决策流程和用户行为，掌握用户的真实偏好，在渠道、产品、服务和营销方式上进行创新，取悦用户并影响其决策。目前连接用户的渠道越来越多，如搜索、展示、社交等。哪类渠道能推动用户购买，使用户的分享更为有效？这就必须要对各个渠道的用户购买过程中的每个环节有深刻的理解，思考数字化能力如何能为业务设计提供最佳呈现。

在智能化的基础上交付定制化内容及体验

随着人工智能技术的高速发展，使用自然语言处理等技术量化挖掘用户的情感和偏好，根据应用的交互使用情况来确定用户的个性化需求，为其提供定制化的产品和服务，将成为主流，并拥有最大的用户满意度。提供个性化服务在服装设计、在线学习、精准医疗等领域将更加深化，例如人工智能教学能通过认知诊断模型根据学生的作答数据确定其相应的知识掌握状态，而不是传统的以分数来判定；能将教学知识细分成若干个知识点、传授方法，并形成灵活弹性的系统；可以根据学生的不同阶段和不同水平制定不同的学习策略，并不断优化、更新。

实时互动，提升与用户的情景交互体验

可穿戴技术及物联网的飞速发展改变了触及用户的方式，与用广互动的内容和体验都会发生变化。若能创造出更多的情景互动，获得的情报就会越丰富，从而可根据用户的需求有效地提供正确的产品。同样，数据与指标可以聚焦于发现用户的洞见，可以依据用户所需更好地加强数字化体验与实际体验的融合。以智能家居场景为例，设想一下回到家，音响自动开启；照镜子时，能看到你的健康指数；疲惫时，智能沙发体贴地改变弧度；打开电视，客厅灯光就自动调节护眼模式；当你沉入睡眠时，智能床品正实时记录睡眠数据，而在此过程中用户的使用习惯数据将被不断优化设置。因此，数字化并非针对某几次用户体验，而是要根据其反馈，周期性、动态地调整相关流程和能力，不断优化产品与用户体验。

【案例：麦当劳数字化升级未来 2.0】

麦当劳将转型重点主要放在数字化、个性化和定制化服务等方面，这三点不仅体现在市场营销中，还渗透到全公司的战略上。麦当劳经过一系列的战略布局，选择运用数字化技术将经营的各环节进行改造变革，提升服务效率，优化用餐体验。为了更好地支撑数字化，在人员组织层面，麦当劳任命了第一位“数字副总裁”，其作为首席数字官，加入麦当劳“全球数字团队”，核心工作为“用户互动、电子商务、数字服务和内容”。

麦当劳餐厅将完成“未来 2.0”升级，推出自助点餐、送餐到桌、“星厨系列”汉堡、数字化软件、移动支付、双点式柜台和电子餐牌七个创新模块，实现为用户提供从点餐到结账的全流程信息化智能服务。麦当劳“未来 2.0”重新定义了顾客的点餐方式、支付方式、餐单选择及服务内容，颠覆了用户对于传统快餐的印象，把更多的自由交到用户手中，如图 1-2 所示。

其中，动态电子菜单是一个物联网设备，同时是一个云端设备。它可以在天气很热时推荐冰激凌，这来源于和云端外部数据的结合。这种“应需而变”的标牌帮助顾客进行选择，并加深了商家与顾客的情感关系。同时，由

图 1-2　麦当劳“未来 2.0”数字化门店

于商家可以轻松地更新动态电子菜单展示的内容，所以顾客可以顺畅地做出选择并点餐，这种“应需而变”也成了开展促销工作的理想选择。

利用科技能力全面升级店铺服务只是麦当劳智能转型的一方面。另一方面，针对企业内部运营，自助点餐机除了满足顾客的点餐需求外，还收集和分析购买数据，支持麦当劳发现顾客的需求，把不同的渠道如线上点餐、自助点餐、手机点餐等的数据和餐厅柜台顾客的购买记录结合在一起，从而使麦当劳更加了解顾客，进而提供更个性化的服务、优惠和菜单。现在手机支付普及后，餐饮业可以通过线下手机支付将门店销售行为和顾客的线上行为连接匹配，为真正的大数据分析、应用提供可能。同时，麦当劳公众号有数量达千万级的粉丝，通过对销售数据和社交数据的分析，可以更精确地锁定不同的用户客群，比如哪些粉丝在购买，还有哪些粉丝只点赞、不下单，从而为社交媒体运作和用户转换战略战术提供更多的数据理论支持，如图 1-3 所示。

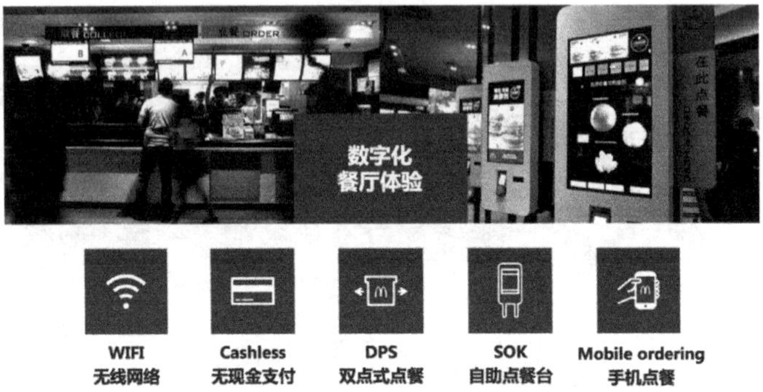

图 1-3　麦当劳“未来 2.0”数字化餐厅体验

1.3.2　业务创新，速赢数字化蓝海

在复杂的商业环境下企业必须足够敏捷、勇于创新，方可保证持续赢利。大多数企业从局部开始，重点运用在原有业务领域积累的经验和资源，通过新的技术建立独特的优势。在引入外部跨界经验的同时，有机、渐进地建立内部的创新能力，最终在思维模式和行为模式上产生由量变到质变的革新。

开拓新兴领域，深挖需求创意

数字化带来了无限创新的商机，之前很多无法实现的想法将成为新业务的蓝海。企业有条件为整个产品进行数字化或打造产品数字化 DNA，使用创新技术（如 3D 打印），在需要的时间和地点创新产品。例如，苹果公司是物理资产（音乐、视频、图书、游戏等）数字化的领导者，其 iWatch 智能手表以数字化的形式结合了其他行业如健康、保健等，交付软件并提供用户服务。通过这种方式，苹果公司创建了新的蓝海，获得了高利润和可伸缩的商业模式。

另外，我们可以通过人工智能等技术挖掘和理解用户的意图，实现对用户需求的预判，从而创造新的价值机会。数字化时代的创新需要以智能创意为手段，获取用户心智的个性化创意，全面占领用户的碎片时间并深入触达用户，通过用户需求和创意拉动创新的产生。

与合作伙伴创新融合的商业模式和产品

利用合作伙伴的知识、资产、数据和市场准入来提高对当前用户和新用户的价值定位，将注意力集中在核心竞争力上，并借助生态系统扩展自身的能力，也是数字化时代创新的主要来源。例如，美国的咖啡连锁店星巴克（Starbucks）通过全美 7000 家门店和 1000 万名会员的“我的星巴克”奖励会员忠诚度计划，与 Spotify 的超过 6000 万名用户联系在了一起，提供了一流的音乐生态系统，并与之建立了持续多年的互联。这种互联可以让星巴克的 MSR 会员在 Spotify 上访问星巴克音乐，从而关联店内播放音乐的曲目，并提供赚取“星货币”的机会。

【案例：耐克运动数字化打造】

作为知名的运动服装企业，耐克已成功转型为一个健身和生活品牌。通过借助社交媒体、移动技术和嵌入式传感器与用户积极开展互动，耐克正在打造一个由用户主导的品牌社区。从追踪饮食、活动和健身进程，到为用户发送运动提醒，耐克正在通过各种方式，确保用户随时随地获得所需的支持。

NikeID 是行业内产品用户定制化的标准和典范，其用户在选择具体款式时，可以在鞋面、鞋尖、鞋跟、外底、中底、鞋带、内衬等不同的部分，选择喜欢的花色和材料，还可在鞋的后跟处绣上长度在 6 个字符以内的个性签名，比如姓名拼音的缩写等，在 Nike 官网上完成设计后，最多 30 天内就能获得自己定制化的产品，如图 1-4 所示。

图 1-4　Nike 跑鞋的个性化定制

生产数字化产品和采用数字化技术进行产品设计

耐克还推出了多项量化用户运动的产品：针对跑步运动的手机应用 Nike+Running；与 Tom 公司合作推出了具有 GPS 定位功能的运动腕表、运动腕带 Fuelband，并针对 iPhone 里内置的 M7 动态协同处理器量身定做了日常活动记录应用 Nike+ Move，该应用也正式登录 App Store。

耐克认为：VR 和 MR 等先进技术在未来的运动产品设计中具有很大潜力，包括简化鞋类设计过程中的语音控制、混合现实和触觉反馈技术。例如，耐克的设计师头戴 AR 头盔，用语音“召唤”出一双 8 码的女士鞋模型；在鞋子下面安装超声波传感器，用来实现“隔空触摸”功能；最后，设计师把鞋子的模型放进平板电脑里，通过触摸笔在平板电脑上画出鞋子的外观设计。

推出 Nike+ 打造运动数字化生态体系

Nike+ 是一个集运动数据统计 App、会员福利、教练指导、全球活动、电商于一体的多功能数字平台，可以使用 Nike+ Running 记录跑步的时间、距离、能量消耗等各项运动数据；可以使用 Nike+ Traning 学习健身课程、制订自己的健康计划；还可以用 Nike+ 应用方便地在线上购买 Nike 的最新鞋子、衣服，获取最新的优惠信息、门店信息，成为 Nike 会员，享受耐克的免费配送服务和优惠政策，如图 1-5 所示。

图 1-5　Nike+ 多功能数字化平台

耐克还推出了针对跑步人群的公众服务账号 Nike+ Run Club，并强调社交属性，形成一个个跑步爱好者社群。跑步爱好者加入各自的社群，在社群中不仅可以分享运动的相关数据（像心跳、配速等），还可以听听别人的心得、建议、路线等经验；线下约跑，可提高品牌的凝聚力，用户之间互相推荐，更好地建设Nike的品牌形象，再配合用户从Nike+上传的跑步数据，优化自己的产品线。在耐克的Nike+ Run Club账号中，用户可以根据自己的位置寻找周边的跑步组织，找到更多的志同道合的人一起跑步。通过社交吸引更多的用户参与，接着通过数据形成用户黏性，进而使数据和社交两者相互作用，让用户完成在Nike+平台上的沉淀，这正是耐克O2O的精髓所在。

通过在数字化产品上的持续发力，耐克真正了解了用户的运动习惯，包括用户的运动频率、运动时间及位置信息等，可以在将来实现更加精准的广告投放。大运动量的用户一定是核心的体育人群，对于体育用品的需求也更加旺盛。从用户的运动地理信息库中，可以发现哪些区域的运动人群相对集中，耐克可以将这些信息开放给自己的代理商，优化代理商的门店位置，开展促销活动。用户的运动数据可以帮助设计师和产品经理们设计出更加贴合用户需求的产品。耐克跑步鞋产品总监在接受采访时就曾表示，他们从Nike+上获知有大量的用户是在夜间跑步的，所以会在产品上有意地加入更多的反光材质。

【案例：海外运营商AT&T的业务创新实践】

移动运营商身处智能手机革命的前沿阵地，但同时需要面对自己的原有物理网络、产品及用户交互机制，在进行数字化转型方面承受着巨大的压力，数字化与物理实体间界线逐渐模糊，完成数字化企业的转化意味着创建出一套涵盖全部数字化及物理渠道的一致性用户体验。

AT&T 拥有科研实力很强的 AT&T 领先技术实验室、AT&T Foundry 创新中心和 AT&T 车联工作室等机构。其中 AT&T 领先技术实验室的任务是针对当前行业、市场等的难点问题，通过发明颠覆性技术解决并推动未来的创新，其研究项目主要包括创建尖端先进的技术，用物联网建设中的数据分析、云服务、智能系统等对网络和服务质量进行管理。AT&T Foundry 创新中心则致力于科研项目与商业、设计和技术资源的结合，其职责是发现创新技术、高附加值产品和服务，实现技术、产品、用户的内外部连接和融合。

其针对每个与用户对接的层面提供用户的相关信息，同时为其准备好必要的业务背景。举例来说，在 AT&T 零售店中，销售代表现在会带着移动设备站在用户身边，在这些移动设备中保存着最新的实时用户信息，具体内容源自用户的服务更新、此前在店内保留的交互记录甚至来自社交媒体的观点数据，AT&T 建立了人工智能和机器学习系统，使用算法来自动执行呼叫中心程序和网络中断的分析和校正等操作。

1.3.3　平台模式，打造数字生态体系

数字化时代的平台模式是构建多主体共享的开放式协同生态体系，通过连接多个企业，实现群体需求对接，并且产生网络效应来实现多主体共赢。平台模式构建起新型的连接方式和价值分配模式。目前，平台模式的示范效应推动企业拥抱产业平台，“平台革命”已成为各行业谋求战略增长、重塑自身商业模式的时代主题。

构建平台模式，重构价值创造和分配过程，标准协同

构建平台模式是以效用为核心、以技术为支撑、以协作为原则的，打通企业所有运作环节，重构各参与者的价值链角色，重构优化价值创造和分配的过程。通过高效的协作机制与标准统一的流程管理，可有效地提升运营效率。企业从产业集群的纵向供应链层次向需求价值链集成的生态圈转型和升级，对产业价值链环节进行优化或者重新打造以获取更大的利益，同时对内部的运营价值链进行优化和创新排序，形成顺应用户需求的新商业流程。并且为了最大化商业生态的价值，与竞争对手也可以成为联盟，统一相关标准，打造更广阔的市场。

汇聚合作伙伴，实现内外运营管理一体和共赢

要适应数字化商业模式，就必须改革原有价值链，这要求打破长期存在的合作关系，无论是获取新的用户接触点，还是同业内的合作伙伴建立新市场。企业选择的数字合作伙伴需要富有创意以拓展必要的能力，实现多方合作的协同一体和价值共赢。例如，由于成本原因，传统的大型物流公司往往无法拓展中小用户所在的低价市场。在对外合作上，可以考虑通过在需求端搭建在线货运代理平台的方式，连接各大物流企业和小企业，在供应端辅以整合小微企业的运力平台，从而有机会实现全网覆盖、高速响应、最优成本、质量可控的“独角兽”第四方物流公司。再如，老牌公司飞利浦正在通过建立平台商业模式来拓展新的收入来源，其推出的飞利浦 HealthSuite 平台汇集了 Salesforce、亚马逊 AWS 物联网及阿里云这三大云合作伙伴，借助云平台前所未有的规模、速度和全球覆盖等优势，得以从对患者的管理、数据到消费，以及智能家用设备中发掘出新的市场机遇。

数字化 IT 系统平台化，前后台解耦，API 开放

IT 领域的数字化是要将支持关键职能且运行较缓慢的系统与快速运行且与用户直接互动的系统分离开来，实现前后台的解耦和公共能力的共享，快速响应市场并决策。阿里巴巴的“大中台、小前台”战略就是对此最好的诠释。全力搭建连接设备、物体和人的网络是数字化 IT 技术的主要特征，在以云计算和人工智能为主的 IT 世界中，构建开放平台和提供基于 API 的服务，可以联合更多的开发者开创万物互联的创新业务和应用。

【案例：中国移动通过能力开放平台打造生态】

中国移动面向合作伙伴及开发者，依托海量用户基础和优势资源，开放业务支撑能力、基础通信能力、账号认证能力、支付能力、物联网能力、数字家庭能力、数字化内容能力、大数据能力、云服务能力、行业能力等开创数字化产业新格局，打造统一的能力开放商店 open.10086.cn，与合作伙伴一起不断拓展连接范畴，拓增连接价值。对外部合作伙伴和第三方开发者开放入口，吸引创新应用；各个垂直能力开放同时运营，基于各自专业领域深耕细作、构建生态。

其业务支撑能力开放平台，秉承了“开放共享、合作共赢”理念，现已聚合中国移动全网及第三方合作伙伴的 IT 能力，面向渠道合作伙伴、公司内部各专业机构和个人开发者推出了能力开放及资源共享服务平台，有效地拓展“5+N”渠道合作新模式，打造 IT 能力开放运营新生态，实现了分散模式下的集中运营支撑，助力公司大连接战略快速落地。

开放 API 能力包括：业务办理、业务查询、计费代理、账务结算、在线支付、大数据、数字化融合产品及客服等。该平台实现了云化平台架构、能力 API 化、企业级能力运营。配合数字化业务的发展需要，从产品订购、数据开放，到业务运营、计费出账、客服等全方位开放服务。通过与外部大型互联网合作伙伴的销售渠道合作与能力开放，提升中国移动产品销售的数字化能力；配合与全国性连锁渠道、电商和重点厂商开展全网营销合作，面向社会渠道实现业务订购、终端销售等能力投放；支撑全网和省内产品，支撑平台进驻和平台对接及界面投放等多种合作模式；支持网页、PAD 等一云多屏的多样化销售手段。

中国移动已经实现与天猫、京东商城的合作营销，也实现了与全国连锁渠道苏宁、苹果旗舰店的深度合作，还加大了与重点终端厂家、连锁渠道、电商渠道等战略合作伙伴的“总对总”营销合作。中国移动产业链的上下游企业以高效的合作方式，创新的业务模式聚合并连接起来，构建起数字化营销的生态体系，实现营销资源共享、用户流量共享，进而实现数字化生态体系各个参与者的利益最大化。中国移动通过营销、计费、终端、客服的有效整合及持续的运营使业务更加创新，重拾价值链的掌控权；并通过能力开放来吸引合作伙伴进行融合创新，为最终用户提供更优的购买体验和创新的产品服务。

【案例：小米公司投资数字化产品打造生态】

小米在原有“铁人三项”的基础上提出新的“铁人三项”，即“硬件 + 新零售 + 互联网”智能生态图，其中硬件板块的业务依然是小米自身三大硬件体系：手机、电视、路由和外部的生态链智能硬件；互联网版块的业务包括 MIUI、互娱、云服务、金融、影业；全新出现的新零售版块则包含小米商城、全网电商、小米之家、米家有品。

小米从成立之初就布局生态，它是一支舰队，生态链上的每一家公司都是在高效运转的，涉及手游、电商、新媒体、移动安全、智能家居、医疗、互联网金融、影视制作、视频网站、移动地图、车联网、移动家政、移动教育、智能家电等众多领域。

小米在布局物联网生态时，除了搭建属于自己的物联网系统平台，做得最多的就是研发大量的智能硬件。对生态链企业的投资是为了打造提高小米智能硬件生态链及参与物联网竞争的能力。

米家是集结了小米生态链的精华之作，挂上米家牌子的产品出自各个生态链企业，比如小米空气净化器出自智米，米家激光电视出自峰米。只有生态链企业旗下优秀的产品，才能够挂上米家的牌子，其中有不少获得过世界级的设计大奖，小米的“米家”生态品牌如图 1-6 所示。

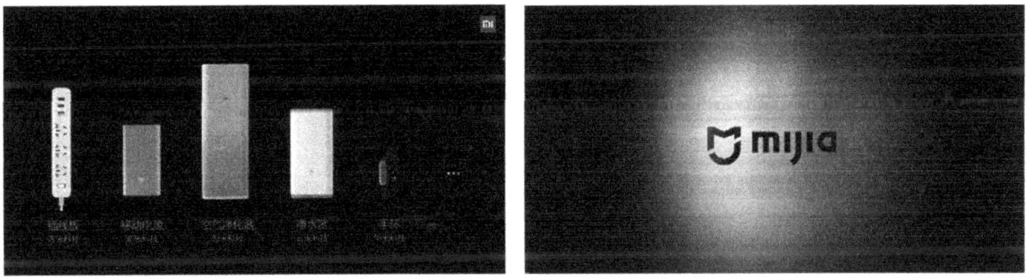

图 1-6　小米的“米家”生态品牌

随着小米生态链企业推出越来越多的自有品牌产品，小米又创立了米家有品，专门卖小米生态链企业的各种产品，是一个综合性的电商平台。小米还想把更多优质的第三方生产企业也拉进来做精品电商，而不只是卖小米相关企业的产品。

1.3.4 优化运营，提升效能和价值

生态合作模式会导致运营复杂，对企业管理、运营和信息化能力的要求更高。唯有转变经营理念，打造全新运营模式，才有可能在日益激烈的商业竞争中优化服务、提高效率。优秀的企业通过改善运作模式来实现商业价值的最大化，他们把数字化思维方式推广到整个公司的运营中，利用云、移动技术、智能商业分析等数字化技术，高效、敏捷地开展协作。

数字化运营管理和柔性敏捷的支撑模式

领先企业通过采用数字化的运营管理模式，快速交付产品原型，然后通过测试并收集用户的反馈，快速迭代、快速创新，不断修正产品，最终适应市场的需求。他们建立更加敏捷的工作流程，实现更紧密的团队协作，形成迭代性更强、更迅速的做事能力，更快速地进行更明智的决策。建设跨职能 IT 团队并采用 DevOps 理念和机制，让开发、测试、运维友好协作，将系统自动化并优化流程，加快软件发布与迭代的速度，并且有效灵活地支撑业务创新和持续优化，加速 IT 的精益运营与灵活柔性的运营支撑。

数据驱动的思维模式优化运营决策

每个企业都拥有相当多的运营数据，需要采用适合的工具和流程去挖掘

数据的真正含义，快速做出明智的决策并促进创新，制定具有前瞻性的发展计划。企业要整合大数据优化决策、改善资源分配，才能更好地倾听用户的声音。基于精准的信息数据流为企业的决策提供最权威的依据，快速应对日趋复杂的内部管理问题，实时应对瞬息万变的外部商业环境，并对前沿技术保持快速响应和构建最佳布局。

【案例：摩拜单车的智能精细化运营实践】

依靠物联网、大数据和人工智能技术，摩拜单车实时监测每一辆单车的运行情况，并通过大数据分析实时调度车辆、平衡车辆供需，实现精细化运营。

摩拜单车综合运用“北斗 +GPS+ 格洛纳斯”多模卫星定位和移动物联网技术，让摩拜大数据平台“魔方”可以实时地分析区域车辆分布和运行状况，同时综合分析时间、位置、天气、交通流量、出行特征等数百项变量，实现骑行模拟和停放预测，进一步调整供需平衡，最终达到智能化管理。

摩拜单车推出“红包车”，用户可以通过 GPS 定位找到“摩拜红包车”并解锁骑行，有效骑行超过 10 分钟即可获得现金红包奖励。这不仅是为用户提供的一次现金福利，更是摩拜精细化运营、智能化运营的创新举措。通过借助用户的自发行为，提升特定区域的车辆运转效率，降低车辆调配管理成本，实现精细化动态管理，从而推动整体运营效率的提升，也是解决共享单车“潮汐效应”的一大利器。

摩拜智能推荐停车点，由智能停车桩和地面围栏线所划出的区域组成（如图 1-7 所示），一体化的太阳能供电系统能够提供持久而稳定的零污染能源。摩拜智能推荐停车点通过智能停车桩智能模块的无线信号发射技术，加上精确定位算法迅速判断单车停放的位置及状态，实现了亚米级的定位；并通过大数据和红包车、信用分奖励、其他奖惩措施等引导机制，引导用户停车至智能停车桩附近，协助用户更便捷地进行车辆的有序取放。

图 1-7　摩拜单车的智能推荐停车桩

第 2 章

决胜未来，构建运营新体系

2.1 布局数字化运营

市场竞争与转型的成败取决于在运营这个主战场上如何应对。打造竞争力的关键是将营销的各环节通过数字化进行深度运营和实现，其整个过程是连接用户并产生价值的基础，涵盖用户、产商品、渠道、营销推广、订单交付等一系列关键运营要素，同时使用数字化的运营支撑体系，协同运作发挥最大效应。

2.1.1 转型主战场：营销运营

数字化改变了企业运行的商业模式，产品与用户的智能连接使得企业提供贴身服务成为必需，生产型和服务型的企业将融为一体，必须通过运营来拉动生产、优化服务。伴随着互联网、物联网与传统行业的深度整合，当前已经进入到以运营为主的阶段，所有的同质化竞争最后比拼的都是运营能力，如何利用物联网、人工智能、大数据、云计算这些先进的技术，真正做到增加收入、提高利润、让用户更满意，其核心一定在于运营。

运营涵盖企业生存的方方面面，包括行政管理、市场销售、生产技术和资金管理等。在激烈的市场竞争中，只有及时对市场变化做出反应，建立以营销为导向的运营机制，才能立于不败之地。

营销即发现或挖掘用户的需求，从整体的营造及自身产品形态的营造去推广、传播和销售产品，深挖产品本身的内涵，让用户深刻了解产品进而购买，并产生可持续性的收益。从 20 世纪初到现在，各大企业经历了以生产为导向到以市场为导向的转变，营销已成为企业的战略核心和立足之本。

在数字化背景下，营销呈现出无线化、社交化、个性化、互动化、整合化、智能化和感知化等新特点。当前的微信、微博等社交化应用提供了更加复合的数字化环境和更加全面的数字营销能力。在新的数字化渠道上，信息展示、口碑传播、品牌沟通、售后客服、忠诚度计划、广告精准投放和交易支付等所有与营销相关的操作都可以在一个平台系统上完成，与用户使用移动互联网的场景天然融合。随着营销的主战场转移到各种数字化阵地，营销方式也发生了颠覆性的改变，精准营销、移动社交、传统线下渠道的数字化、全渠道、线上线下结合、AR/MR（增强现实 / 混合现实）、场景体验等各种崭新的模式层出不穷。只有通过更加智能的营销模式，才能帮助品牌信息更快、更深地走进用户心里。随着数字化改革的深入，基于数据和消费趋势研究的营销创新正被越来越多的企业所重视。

而数字化营销离不开深度的数字化运营，数字化运营既包括企业营销战略、营销过程、营销方式及营销管理等方面的融合，把各个分散的营销动作统一，通过大数据分析指导企业进行科学合理的决策；也包括对企业内外价值链、合作伙伴、物流及信息流的融合。通过运营打造数字化前端市场能力，抓住竞争先发优势，实现全渠道交互，确保用户获得一致的体验。

重构数字化运营需要构建用户、产品与商品、市场推广、合作伙伴、渠道和交付等方面的能力，围绕用户的需求进行价值创造与生态共赢。因此，本书将数字化运营重点放在大营销范畴的运营领域，而暂不涉及对应生产、行政、资金管理等环节的运营操作。

2.1.2　数字化运营的关键要素

运营作为企业生存赢利的关键要素和要素之间的实现形式，决定着一个企业的市场经营成果。为了达到更好的营销效果，运营涉及数字化的用户运营、产商品运营、渠道运营、营销推广、订单交付等一系列关键要素，以及数字化的运营支撑体系等。本书将针对这些关键运营要素进行深入阐述。

用户运营：打造数字化时代的企业合伙人

数字化时代的用户是产品或服务的最终使用者和评判者，因此需要把其放在数字化战略的首位，所有数字化运营的环节都应该秉承用户至上的理念。客户是对产品或服务形成服务请求和达成买卖关系的人或实体，是产品和服务的真正需求者，是产品最根本的诉求和愿景的提供者。企业的客户与用户在很大程度上是重叠的，用户运营需要真正读懂用户所想、洞察用户所感、提供用户所要，将其变成数字化时代的合伙人来共创价值。

数字化用户运营的关键是构建与用户的各种连接，采用与用户相关度更强的智能思维方式，做出可执行的策略组合，比如通过大数据、人工智能的技术深入洞察，探寻用户显性与隐性的需求；通过深度交互，激发积极性与深度参与；通过差异化提升个性化体验，提升用户的连接感受，从而促进用户使用与传播。

产商品运营：连接用户，获取市场和品牌价值

各种创意在数字化推动下快速转化成为产品，产品为用户提供功能，满足用户的各类需求，呈现出智能多样个性和简约的特点。而商品作为产品进入流通环节的载体，在产品的基础上附加了销售属性，多态的产品催生更加多态的商品，商品变得更加灵活、融合和共享，其定价和销售模式也更为创新。

数字化时代产商品运营的范畴已经不仅仅局限在把商品卖给用户，而是希望用户能够一直使用和持续购买，不断分享和反馈产品的使用体验，所以应该从产品设计和开发环节就引入用户参与，进而成为价值共同体。数字化产品运营是连接产品和用户的一切手段，产品的“大运营”应该协同企业市场、研发 / 产品、运营、商务、销售等各部门，在从“产品规划”到“产品退出市场”的整个生命周期中建立产品与用户之间的连接，采取定制化设计思维来提供更好的用户体验，与用户共同打造满足其需求的产品。商品运营则需要从策略层面，例如商品结构规划、商品定价策略制定、商品库存策略制定和操作层面，比如商品类目管理、上下架等进行谋划。企业需要构建随需而变、融合创新的产商品运营的支撑能力。在产商品信息数字化的基础上，通过统一产商品基础语言，实现企业内及企业间无障碍地沟通，构建灵活的产商品模型来实现对多品类、多态产商品的统一管理。

渠道运营：延伸营销的数字化连接通路

数字化使得万物互联成为现实，将数以亿计的各种设备和消费群体变成新的渠道入口。渠道不再局限于线下的各类直销或分销渠道，不再局限于线上的各类电子商务平台。人、物、应用、内容等与人接触的触点都泛化为渠道，比如手机、平板电脑，甚至智能家电。用户在不同的平台和设备之间无缝互动，需要跨越多个运营渠道，利用针对每个用户最有效的方式进行运营。

因此，目前全渠道运营模式已成为主流，并赋予全渠道模式“通和同”的功能。“通”，是指打通各个渠道，用户在不同平台上的身份、权益如折扣、会员等级、爱好、订单等在全渠道打通。“同”，则是指用户在各个渠道享用产品和服务时可获得一致的购物体验，各个渠道之间实现协同和统一的渠道运营管理。

营销推广：实现营销的数字化活动手段

据统计，在数字化时代，人们对在计算机或手机屏幕上不停地滚动的新闻或广告平均关注 1.7 秒。那么，如何在这瞬间吸引人们的注意力，对营销人员来说非常具有挑战性。营销推广活动由于数字化技术和终端的极大推广，形式多样、创意无限，甚至可以跨越时空的界限，各种行业也可以跨界狂欢，极大地吸引用户的眼球和参与度，场景营销、口碑营销、体验营销等新型模式与以往只能针对特定用户及特定渠道展开营销活动形成了鲜明的对比。

现在，我们可以采用智能化、自动化技术软件工具来挖掘更大的营销潜力，深度洞悉用户的真实偏好和潜在需求，而之前只能通过市场调研获得的市场用户信息就显得样本太少、主观性太强；还可以基于强大的分析计算能力，提供营销推广活动过程的预设配置、演练和具体执行，实现对营销活动的持续优化；同时，个性化智能推荐实现，将让营销和运营过程更具智能化、程序化，且效果可衡量。

订单交付：到达用户的最后一千米

数字化的交易过程都是在线上完成的，订单交付是数字化运营的最终实现环节，也是贯穿于用户运营、渠道、产商品、营销活动的关键要素，是连接贯穿所有营销要素的纽带，是企业销售和服务过程的核心承载，是统合所有营销要素创造综合价值的终极保障。

我们需要打造并运营数字化订单交付能力，对用户、产品、渠道、营销推广等关键营销要素进行一体化支撑，从而最大化满足个性化需求，协助支撑产商品的融合、多态与可定制，实现全渠道的协同一体及内外渠道的跨界融合；通过企业间订购能力的开放实现企业数字化能力的共享和应用，真正打造跨界的融合商品销售能力；构建订单管理系统能力，用于管理产商品交易的信息处理，支持各核心业务系统在多种渠道进行商品销售、退订等服务，通过协同形成完整的业务流程，根据企业运营的需要动态地调整及演进。

支撑体系：使能数字化营销和运营

数字化绝不是企业的附加功能，而是核心业务的根本性转变，需要覆盖企业的多个职能部门：营销、供应链、生产运营和 IT 等；需要从组织、流程和系统等方面构建适合数字化发展的支撑体系，搭建新的数字平台并进行整合，以应对数字化变革，通过协同的流程贯穿于企业内部和外部，实现一体化运营与企业生态。管理者需要设定战略目标，团队则享有运营的自由度，保证以最优的速度为达成企业目标做出贡献。

IT 在数字化时代的价值凸显，成为数字化企业的生产系统。基于云技术的解决方案、能力 API 及敏捷运营 DevOps 等可以用来提升灵活性并加速产品上市。很多公司都成立了自己的数字 IT 团队，并采用“快速且灵活”的组织架构来管理 IT 交付和原型开发，采用新的工作方式和方法，与跨部门团队共同合作来讨论新的想法，并根据用户的需求和反馈进行改进，加快数字化的实现速度。

2.2 数字化运营大道之术

数字化营销运营，需要明确其数字化转型的战略定位，根据市场情况与自身情况制定数字化营销策略，并参考数字化运营框架，从战略到战术、从顶至下，全面打造数字化运营的关键能力，实现营销与运营的深度整合与最佳效能；并与产业内外开放合作、协同共享，构建协同的数字化运营生态体系。

2.2.1 数字化运营战略思考

引用著名的营销大师杰克·特劳特在《与众不同：极度竞争时代的生存之道》一书中的观点，在竞争对手如云的情况下，必须找到一种令自己与众不同的方式，即选择适合自身的数字化战略定位，告诉顾客为什么应该选择你，以及为什么购买你的产品。在营销运营策略方面，拥有特性、市场领先、市场专长、最受青睐、制造方法、跨界产品、爆款热销都能成就“数字时代的差异化”。成功实现数字化营销运营，需要从以下几方面进行思考与实践。

企业数字化战略

数字化转型，归根结底为企业对其战略进行深度思考与重新定位。所谓“战略”是确立企业的根本长期目标并为实现目标而采取必需的行动序列和资源配置。企业战略也用于预测未来的用户、市场和竞争的趋势，以及预测采取的行动对该趋势将产生的影响。管理学大师亨利·明茨伯格从不同的层次和侧面对战略进行了复合定义，如下所述。

○ 计划（Plan）：总体规划与基本准则。

○ 计谋（Ploy）：可操作性较强的谋略和计策。

○ 模式（Pattern）：一系列决策中形成的某种共性。

○ 定位（Position）：在竞争情景中的位置选择。

○ 视角（Perspective）：经久一致的思维方式。

因此，当数字化成为无法逾越的必经之路时，我们需要认真思考数字化战略规划。采用可操作实施的市场策略、数字化运营模式、市场竞争价值主张和定位，以及数字化转型的企业文化和心智模式，这些都是成功进行数字化不可或缺的战略要素。

在一个“数字化”企业里，几乎所有的商业关系如用户、供应商、雇员之间以及核心的业务流程都是通过数字化信息系统进行连接和沟通的，一套行之有效而且符合企业自身特点的数字化战略是赢得竞争的关键。数字化企业的核心战略，不应该是追求短期的市场份额，而是成为人与事物连接的第一节点。企业的市场价值，取决于其“瞬时、精准、低成本、大规模”的高效连接用户的能力，在连接的基础上利用互联网融合创新，提升经济效率，催化新技术和新业态，打造新型的数字化经济。

数字化营销策略

数字化营销策略是在总体数字化战略的情况下为实现其经营目标，对数字化市场营销发展的总体设想和规划。在制定营销策略时，需要关注未来的产业环境变化，关注未来的用户、市场和竞争状况，关注自身措施的未来可能效果。

数字化营销策略框架如图 2-1 所示，为适应数字化时代环境和市场的变化，建议站在战略的高度，以长远的观点，从全局出发进行数字化营销运营，明确中长期与中短期目标。好的市场策略需要具备以下特点，并随着环境的变化，对战略和战术不断修正和调整：

○ 用户至上的市场导向和渠道选择；

○ 创新产品业务和营销推广模式；

○ 与时俱进、动态改进的发展意识。

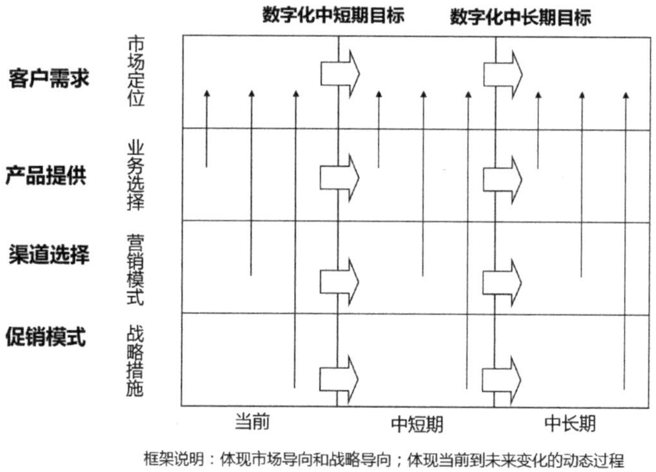

图 2-1 数字化营销策略框架

对于现代企业而言，营销策略往往是其战略的核心内容。对营销策略的定位就是以理性、科学的管理来把握需求差异巨大而且多变的市场，在激烈的竞争中保持持久的竞争优势。

在静态条件下，通过成本领先、产品差异化等手段建立的竞争优势可以保持较长的时间；而在动态条件下，任何竞争优势都是短暂的，因为对手可以通过模仿和学习获得同样的能力，或者干脆试图改变规则来“破坏”平衡。动态的市场环境要求对市场“高瞻远瞩”，在进行营销策略定位时要关注每一个环节，根据环境和市场的变化进行变革和调整。

营销策略不是一蹴而就的，也不是一劳永逸的，数字化时代市场的多样性和不均衡性加剧，不仅需要管理成熟稳定的业务，也需要关注市场上可能出现的难以预测的新兴业务，建议采用业务市场潜力和数字化能力矩阵进行分析（如图 2-2 所示），分析现有业务和新型业务，根据其市场潜力和数字化能力进行定位，制定对应不同的营销发展策略，例如对于数字化能力强且市场且潜力高的业务优先发展等。而这些业务的能力矩阵定位也会随着市场和技术的发展而不断变化，之前数字化能力强的业务未必一直会有领先优势，这时的营销策略则需要随之加以动态调整。

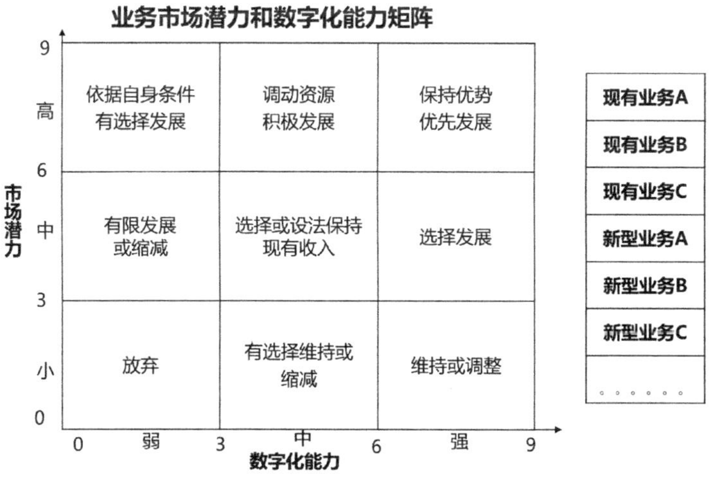

图 2-2　业务市场潜力和数字化能力矩阵

营销的数字化运营并不是营销层面的单点变革，而是融入整个运营价值链的全面变革。营销核心竞争力逐渐深入数据管理和内部运营的“内功”，实现数字化营销战略与内部运营流程优化和数据的对接。数字化运营利用先进技术从潜在用户中发现机会，到推动用户购买的全过程解决方案，包括互联网和用户洞察分析、跨渠道营销管理、交互管理、场景式和体验式营销、营销资源管理，等等。因此，构建数字化运营的框架并进行实现，构建内外部数字化运营生态就显得尤为重要。

2.2.2 数字化运营框架参考

数字化营销运营框架由战略层面和执行层面两大部分构成，在战略层面需要规划设计企业的整体数字化战略，并在此基础上制定对应的数字化营销策略。在执行层面包括以“用户为中心”开展关键营销要素的运营，构建数据驱动和持续优化的运营机制，整合资源与内外部合作伙伴共同构建数字化运营生态体系。数字化营销运营框架如图 2-3 所示。

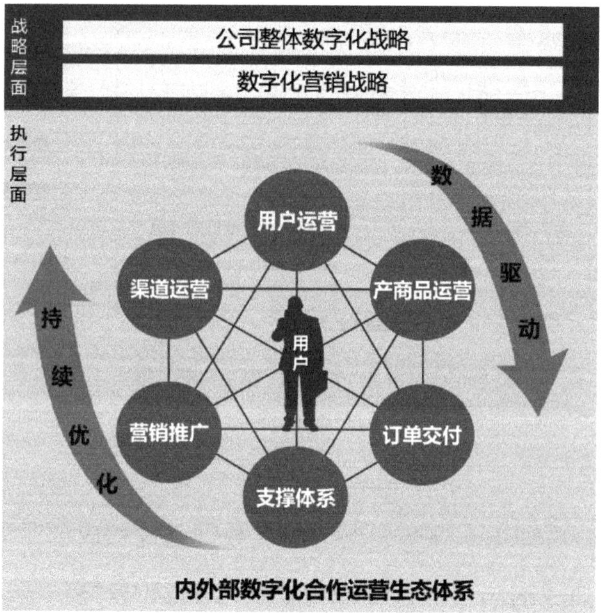

图 2-3　数字化营销运营框架

该数字化运营框架以用户为中心并把所有营销相关资源综合利用起来，从战略层面和操作层面都构建各类能力，将多种运营能力数字化实现并融合成整体，实现运营数据共享贯通的高度一体化营销，再造数字化生产行为与市场行为，充分调动一切积极因素以达到数字化营销的目标。

战略层面的运营能力构建如下。

- 企业数字化战略决策能力：企业战略规划、数字化产业环境分析、企业价值主张等。
- 数字化战略举措应对能力：完备的、全状态的运营管理和分析决策，跟踪、分析、应对公司战略的能力。
- 市场环境和竞争应对能力：市场环境、竞争对手分析、数字化营销战略定位、业务发展分析、细化和举措等。

执行层面的运营能力构建如下。

- 以用户为中心的运营理念：以用户为核心进行用户运营、产品设计、渠道推广、订单交付及用户服务，实施完善的用户体验运营，找到用户价值和企业收益之间新的结合点。
- 数字化运营管理能力：全局层面的运营长流程管控、状态管控、资源管理、规则管理、资源调配与动态调整，等等。
- 用户运营能力：针对用户的旅程，全程提供管理、交互体验、社会化关系社群运营、用户个性化运营等能力。
- 产商品运营能力：产商品营销战略，包括产品生命周期、商品结构、定价、库存、类目的规划、分析、设计、使用、运营等方面的能力。

○ 渠道运营能力：数字化渠道构建、全渠道协同、一致用户体验、全渠道统一管理运营等能力。

○ 营销推广能力：各种推广活动策划、定义、销售策划、执行、资源管理等。针对特定需求的市场营销推广活动运营、实现和动态调整等能力。

○ IT 支撑能力：合理的 IT 体系架构、核心功能、用户体验等，构建面向业务需求支撑模式、支撑业务和运营需求，构建敏捷高效的管控模式，实现 IT 管理有序、高质量等能力。

○ 数据驱动能力：所有相关业务数据分析和抽象概念具体化、大数据处理能力，通过大数据、人工智能技术分析和优化运营决策，实现精细化、智能化运营。

○ 持续优化能力：各个运营环节的持续优化能力、整体运营机制的持续优化能力、高效的质量改进，实现运营效率持续提升的能力。

○ 内外生态构建能力：构建完善的企业内外部基础能力环境，例如物流、支付等，与其他部门的协作管理、与合作伙伴的价值合作运营等。

以上这些能力之间相互联系、彼此影响，共同打造数字化运营。该框架讲求系统化运营管理，在企业的各层次、各部门和各岗位，以及总公司、子公司、产品供应商、供应链上下游及生态体系中所有相关合作伙伴共同行动，调配各类数字化资源，协同一致形成竞争优势。

2.2.3　实现协同的运营生态

在 2.2.2 节提到，生态已经成为数字化时代的关键词，打造适合数字化运营的生态体系更是重中之重，构建协同的优势效应，通过资源整合、信息共享、融合创新，实现从竞争到合作、从交易成本最小化到交易价值最大化的转变，才能拓宽企业发展的有效潜力。因此，数字化运营一定是协同的运营生态，或是深度融入生态的运营。

实现协同的数字化运营生态，不仅需要联合产业合作伙伴互利共生，打造开放体系能力共享协同的外部环境；还需要实现内部资源的协同，在企业内部形成运营合力；并且需要考虑物联网时代的万物协同，打造精细化的智能运营。

打造产业协同，营造互利共生

传统业务范围是基于产业结构与边界来划分的，随着用户价值的主导作用越来越大和行业边界越来越模糊，产业协同便成为由大变强的助推器。实现运营价值，需要基于生态体系中的多方参与者互惠互利，才能实现真正的协同一致。生态与平台是互生共存的，生态体系是建立在平台模式之上的企业网络化协同的整体图景。企业价值链的研发、设计、采购、生产、营销等各环节被放到网络化平台匹配供需，最大化地打破信息不对称，提高效率，满足用户体验。

过去单一的以产品或卖方为主导的时代已一去不复返了，对用户来说，选择一家店、购买一件产品，并不意味着一次简单的交易行为，而是包含服务、价值、理念、体验等多维度评价的综合行为。可以想象，例如未来的汽车行业翘楚未必是最好的汽车制造公司，或许是一家建立了互联汽车生态体系的企业，将购车、贷款、保险、维修和驾驶整合为一种个性化服务，通过物联网平台互相交流信息，通过无人驾驶等人工智能技术彻底改变驾驶体验。还可以将搜集到的信息进行充分的分析和整合，以帮助驾驶者找到最实惠的旅游套餐，也可以提前预测驾驶者的每一个需求，从而赢得用户。

运营的生态体系需要具有开放性，构建面向合作方搭建的开放式协同平台，整个系统的布局要能够相互支持和协同，同时不断吸收外界的能量来维持企业内部自身的生存与发展，以期最大限度地提升与外部合作的效率及发挥规模效应，与合作伙伴间形成多边价值增值。

BAT 是最早开始生态布局的企业。阿里巴巴以淘宝为中小企业搭建交易平台而拥有了大量黏性用户，通过投资新浪、高德地图、百世物流、天弘基金等其他业务进行流量导入和业务组合。对大数据的收集、挖掘和利用是整个阿里巴巴生态圈的特征。腾讯生态圈的基础是 QQ 和微信等社交平台，其投资了众多其他业务，如饿了么、滴滴快的、大众点评、京东、CJ Games 等，并依靠微信支付进行流量分发和实现快捷支付。腾讯依靠流量连接了社交与生活服务、游戏等其他行业，衍生出有高附加值的产品和服务。百度生态圈通过百度搜索、百度地图等作为流量入口，布局爱奇异、百度外卖、百度糯米、去哪儿、Uber 等流量变现节点，并积极发展百度钱包作为支付工具。

内部资源协同，形成运营合力

根据协同理论，一个系统能否发挥协同效应，取决于系统内部子系统的协同运动，各个子系统能够共同围绕一个目标协力配合。协同高效，才能产生聚变效应；协同不利，则会陷入内耗，甚至导致整个生态圈坍塌。

企业之间、部门之间、职能之间的界限在数字化企业中更加模糊。在企业内部，更多的员工需要具备跨职能和技能来支持业务的新型数字化方式。所有部门，包括人力资源、法务、财务、运营、市场等，都将寻求数据分析能力和数字技术能力，这需要减少企业内严格的部门界限，共享拥有关键技能的人才。企业依靠“内部资源能力”和“外部合作生态”，形成了持续价值创造、价值传递和收益获取的运营链条。

并且，企业随着规模的扩大创建出不同的事业部或者子公司，在内部生态体系的同一平台上，由于共同的用户、渠道、技术和其他因素的存在，这些事业部或者子公司可以共享各相关“子有机体种群”的个体价值，产生互利共生的关联关系；并且各个子公司又具有共性，如相同的战略导向、相同的用户特性、相似的价值链结构，这就需要内部能力协同统一并进行差异化管理，才能强化企业内部的竞争优势。

物联万物协同，智能生态运营

在数字化环境下，用户范围扩展至个人和企业甚至各类智能设备，场景更为复杂，红利进一步放大。随着运营重要性的凸显，物联网时代的企业的角色也在悄然改变，大量的公司看似物联网公司，实则为运营公司。

物联网涉及行业众多，价值链环节包括芯片提供商、传感器供应商、无线模组厂商、网络运营商、平台服务商、系统及软件开发商、智能硬件厂商、系统集成及应用服务提供商等，面对的运营对象有用户、企业、设备、平台等。在这样的产业环境下需要更为完善的产业协同。

新的运营势在必行，身在其中的各个企业都要连接周边生态进行合作，使其协同发展。基于其上的运营生态，不仅要求对用户有深度的理解和运营，更对每个专业行业的理解、生产服务流程的再造、生态协同的构建提出了更高的要求，运营关注点要从个人扩展至万物，具备面向个人和企业两大市场运营的能力，用生态运营实现产业价值。

物联网不是单独存在的技术，主要用于解决连接的问题，而任何一个有服务属性的物联网业务，都需要与大数据、人工智能等技术深度结合实现精细化运营；同时，对机器设备、终端、平台的协同也是产业高效运转的基础，人与物的智能运营将成为未来企业的标配。

诚然，协同的运营生态必将导致运营复杂，对企业自身的管理、运营和信息化能力要求更高，整合前后端合作伙伴势必会影响一些短期利益。但从长远来看，数字化运营生态产生的聚合效应，使得资源能够快速有效地在各个生态节点之间传递共享，促使单个组织的独立创新转变为生态体系内所有主体的协同创新，从而构建新的数字化竞争优势。

第3章

用户，数字化运营的合伙人

3.1 数字化时代的用户

时代在变革，各种数字化技术革新正在改变着人们的生活，刷朋友圈早已不是90后的标签，粉丝也不仅仅是年轻人的代名词。那么，现在被企业一直视为“上帝”的用户，究竟有什么样的特点呢？

3.1.1 活跃自主的连接者

在数字化时代，多屏娱乐和多元社交平台成为新触点，社交媒体占据大家更多的时间，渠道也更加多样化。用户的注意力在变得专注的同时，也更加碎片化，任何屏幕都不能长时间独占用户，跨屏互动已成为用户的新特征。

人们更乐意连接线上线下渠道，创造更便捷的消费场景，通过移动化渠道快速实时办理业务、解决日常生活中的常见问题并提升效率，例如家政服务、上门洗衣等。比如，现在职场妈妈们能在很短的时间内通过数字化手段为孩子准备好一款已经“下线”的玩具，并及时伪装“圣诞老人的作案现场”（如图 3-1 所示）。又如，用户可以利用手里的终端在短时间内获取酒店、餐饮、旅游路线等信息，来一次说走就走、一切很快安排妥当的旅行。

图 3-1　职场妈妈乐高购买记

数字化的终端与多场景化的 App 已将用户的行为习惯培养得十分刁钻，他们几乎永远在线，随时随地都有可能脑洞大开，提出诉求，而且期望按照自己的想法去尝试并得到结果。用户追求的是个性、独一无二及被重视和尊重，他们需要个性化的商品，喜欢定制自己想要的商品与服务，而用户所处的环境更加数字化、智能化，这些触手可及的终端使得随时随地的想法和个性化的诉求更容易得到满足，他们也更愿意主动参与到从创意到商品诞生的全部流程中。

场景化的 App 已经融入生活的方方面面，使用户可以随时随地查询并发表自己的见闻，与大家互动并分享经验和感受。如果要探求他们的内心的话，他们也是乐于分享的，因为在这个过程中能够实现自我表达，获得成就感，满足利他性和趣味性的综合诉求。互动、分享已经是数字化时代用户不可忽略的特点。只要用户愿意，就有更多的途径分享自己的真实感受和想法建议，好的、坏的、毫不顾忌、天马行空。而这种行为，跨越时间、地域的界限，已成为一种常态。

3.1.2　群体重构：社群化

打开微信，我们有意无意地关注了由于工作关系、兴趣偏好、生活方式、子女教育等所建立的各种专题群组织，这些群所组织的活动有节日礼包，有指定地点的停车费免单或打折，或者会员日活动等。一个微信群凝聚了大量的关注者而成为一个群体，代表了一类主题行为和主题需求。公众号也有类似的效应，在微博、BBS 及各类论坛网站中，人们因为对感兴趣的同类话题聚集在一起，形成了一个特定的群体。起初以线上的活动为主，大家针对这个话题，畅所欲言，分享相关的视频，分享自己的感受；慢慢地，大家讨论的内容渐渐扩展到更多的内容和主题，也因为这样的沟通，群内的人们彼此熟悉起来，彼此间的信任度逐渐加深，随后群里会组织活动，从线上搬到线下，同时随着各种口碑的传递，群里的人们可能发展成为朋友和合作伙伴，例如微博的明星粉丝团。

以上这些具有特定社会属性的群体，我们通常称之为社群。社群是一个非常古老的概念，一开始社群的定义是按照地域划分的，为一定的边界线所圈定的范围内人类或动植物的群体。如今，更先进技术和手段为社群的发展提供了更多的手段和途径，为社群的概念注入了数字化的活力，让社群的概念已经完全打破了地域的界限，跨越了时空。

从社群的创建角度来讲，因为一个爱好、主题、某个人物、一次学习等太多的理由可以触发一个社群的成立，因此具有场景性。随着社群的发展和壮大，社群内部也有明确的组织结构，并且随着社群的逐渐成熟，社群的划分变得越发垂直。

数字化提供了更多的场景性社群

从社群的发起原因来看，社群往往是因为特定的场景而创建的，这里的场景性是指以场景为入口，以数字化的工具和手段为路引，聚焦更多有共同价值取向和兴趣的用户群，实现企业对用户的每一次心跳的触动。场景囊括了时间、位置、环境、人物模型等要素，不同的场景映射不同的社群连接方式，多元化的连接引发社群多元化场景模式的互动。

对于不同的场景，社群模式大相径庭。社群的构成模式可区分为层级型、模块型和传递型等，对应与之协作的场景模式。

（1）层级型：对应层级型社群，场景主要为“兴趣风向型”。以兴趣聚集的社群，愈向兴趣中心靠拢的个体在社群内所处的级别愈高，如早期的论坛和贴吧都是以这种模式运作的。

（2）模块型：该场景是中心演绎的结果，一个中心裂变成多个中心，从绝对中心化转为相对中心化，内容更加丰富饱满，趣味性逐步增长，普及面也相对较广。模块型的场景模式在不断创新和发展，从最早的主题分类到具有个性化的标签式分类，再到主题明确的订阅号，场景模式开始多样化。

（3）传递型：应对场景有如下三种模式。

- ○ 点对群传递，即通过分享转发等方式进行信息传播，这种方式传播力度较广，例如朋友圈。
- ○ 点对点传递，即通过短信的形式，这种传递方式较为私密。
- ○ 群对点，一般以通知或消息的形式向个人用户传递，是产品推广的常用手段。

社群愈发具有垂直性

所谓社群的垂直性是指社群关注特定的领域或满足特定的需求，为这个特定的领域或需求提供更为深度的服务和信息。社群之所以呈现出垂直化发展，是由于人们的需求早已从满足最基本的温饱和够用的程度，向更高层面的方向发展，比如品质、品味、个性等，尤其是 90 后、00 后，他们生活在一个数字化时代更为发达的环境中，个性的张扬和独立性的凸显尤为强烈，他们的兴趣和爱好、关注的产品已经呈现出极度细分的特点，使得社群细分特征更加明显。例如，以当前热门的妈妈群为例，如图 3-2 所示，根据细分的年龄段、喜好和消费层次的不同，有着更进一步的细分，每个细分群体更专注与其感兴趣的领域并进行更多的交流和互动。

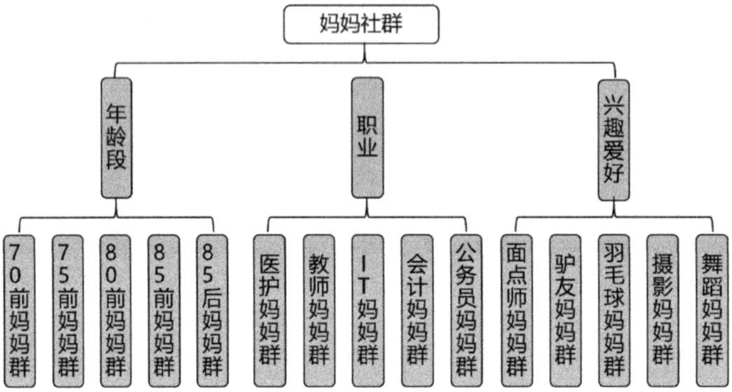

图 3-2　妈妈社群垂直细分示例

社群的组织更为有序

在社群的发展过程中衍生出社群效应，触发了基于社群化的新的商业模式，使得社群有着十足的活力。社群的发展也逐渐形成完善的组织模式，组织内井然有序，因为有序而有机，让社群更加积极正向地运作和发展。以内地某当红演员的粉丝社群为例，这个社群组织结构完善，不同部门间的协作顺畅，为该演员的演艺生涯添砖加瓦，如表 3-1 所示。

表 3-1　粉丝社群组织结构示例

管理组织名称	职　责
官方后援会	包括该明星各地的后方支援会，为该明星提供各种服务和调度。组织架构包括招新角色、投票角色、直播角色、用户端维护角色等
地区分会	在全国各地乃至世界范围内有不同的分会场，并不断地拓展
线上活动管理会	主要负责在各大社交媒体上发布信息，以及监控媒体信息发布的情况，如新浪微博、贴吧、官方 QQ 群，以及国际的 Facebook 等
活动基金管理会	负责各地活动需要制作手牌、灯牌、条幅、标语等各种活动氛围造势的道具用品及其他活动所需的物资，所以设立基金管理会，鼓励更多的人员参与
监督委员会	负责对地区活动经费开支的监督工作，监督机制的建立、定期账目明细公示等工作

虽然这样的社群都是粉丝自发组织的，但是可以看到成熟完善的组织构成，每个节点都有负责人，而且在各种娱乐媒体论坛中肩负信息的公布、公示及监督工作。这样细分的管理体系，让每个粉丝都很清晰自己的职责和工作场景。而不同地域的社群又会体现出有当地特色的社群文化，官方后援会提供相关海报的设计、贴吧直播、活动策划等，让各个细分的社群既独立又统一，在有共同爱好和追星的同时，会根据地域、平台、时间上有个性化的场景效果。所以，若要让所有成员都活跃起来，就需要建立场景化的社群组织管理架构，并由最合适的人来负责该模块的筹划管理工作，从而使整个社群有条不紊地运转，更好地为社群内的每个成员服务，也更好地为他们所喜爱的明星服务。

社会正在经历从“个体”到“群体”的过渡，进入一个“人人时代”。在连接一切来创造价值的今天，以相同价值观，共同归属感为主要特征的社群兴起，成为连接人与人，人与企业的重要方式。社群经济也因此成为企业思维向用户思维转变的转折点，社群经济真正的价值是由某个产品而凝聚起一群具有相同价值观的人，并通过人人参与、彼此帮助的形式让社群不断发展和壮大。这种互联互通形式不仅能让社群成员之间实现资源互换和共享，企业也能以此聚集用户智慧、不断创新升级。

3.1.3 转型，运营合作伙伴

在社交媒体等多种数字化技术手段的推动下，用户由被动消费转向主导消费，不仅导致企业价值链的主导权从生产商、流通商转到用户手中，还使得用户广泛、实时地参与到生产和价值创造的全过程中。他们愿意参与到企业产品的研发和推广中，提出个性化的需求，发表观点和想法。

比如有这样一个案例：明媚的阳光从落地窗照射进来，隔着纱帘室内的阳光并不那么刺眼，Jane 正在专心致志地画画，绘画是 Jane 的最大业余爱好，而今这个爱好已经不再是她自娱自乐的消遣，她的创造可以被更多的人关注。她的作品会发布在 threadless 的设计官网上，随后接受人们的评判，并有可能成为一个 T 恤的图案，被全球发行。Threadless 是芝加哥一家 T 恤公司，T 恤图案的来源便是世界业余艺术家提供的作品，这些作品会在 Threadless 的官网上展出，并接受投票、评选及评论，每周都会选择投票数在前 5 名的来稿作品进入生产环节。入围的图案创作者也会拿到一定比例的提成，不仅在艺术造诣上得到人们的肯定，同时获得经济上的实惠。Threadless 作品列表如图 3-3 所示。

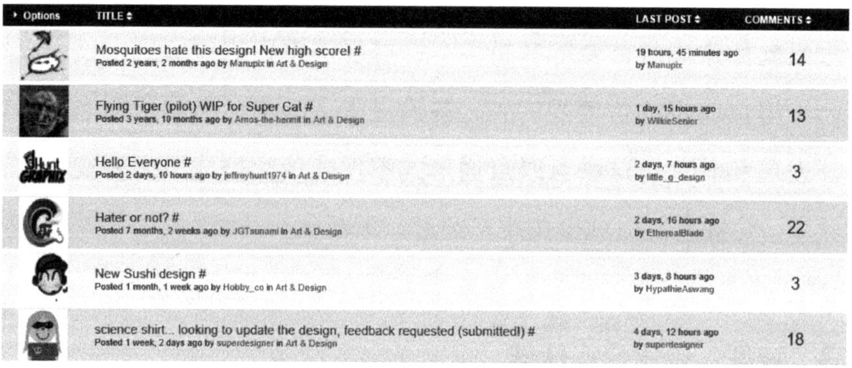

图 3-3　Threadless 作品列表

在这个案例中，整个 T 恤生产过程都有用户的参与和互动，是企业和用户共同的杰作，用户已经不单单是用户，他们是 Threadless 公司的设计师，是合作者。用户在使用和创作过程中充分发挥其对品牌的传播效应，助力产品的营销环节。用户作为企业合作伙伴的一面，参与了商品研发的创意及主动推广，其参与欲望得到了充分满足，同时获得了精神和物质上双重的收获。

小米的粉丝是非常活跃和积极的群体，用户的意见和建议在论坛上都得到充分的满足。每周所更新的四五十个需求中有三分之一都来自于“米粉”。作为最普通的用户，在这样高科技智能终端的产品中，融入自己的想法和建议，无疑也是一种肯定。“米粉”们自然会在 MIUI 上线的时候，为自己的杰作而买单。正是有了这么强的参与意识，才有了小米 MIUI 上线时，几分钟内就有数百万个用户涌入抢购的效果，“米粉”们又奔走相告，参与小米的推广过程，数亿元的销售额瞬间完成。在随后的小米产品更新过程中，用户会直接指出小米产品在使用过程中的问题和缺陷，使得产品得以改进和完善。所以，用户既是小米 MIUI 的使用者和用户，又是提升体验和销量的参谋。

总之，无论是在电商网站、社交媒体中，还是在企业的互动平台中，每个用户在消费着各种内容和连接的同时，也在创造着内容和连接。尤其对于互联网运营商来说，用户产生产品、用户产生内容（UGP，UGC）已经成为当代数字化产品和内容的生命力。所以，从产品的研发阶段，品牌的传播阶段、内容和产品产生阶段、产品的售后阶段，用户与企业可以实现深度融合的合作。数字化的技术手段和平台也为这种互动提供了强有力的平台支持，时代让用户与企业更加靠近，逐渐成为企业的合作伙伴。

3.2 时代变革，发力用户运营

时代在变革，企业和用户之间连接和互动的方式也随之发生着根本性的变革，正如 3.1 节提到的，由于数字化技术的存在，企业能实时感知到用户，两者深度连接构成了新型合作关系，因此用户运营就显得越发重要。企业需要树立价值共创的运营理念，深入洞察用户的行为，读懂和理解用户的诉求，支撑永远在线的服务，提升用户友好的感知体验等。

3.2.1 价值共创的运营理念

数字化时代的企业不再以生产产品和提供服务为导向，而是秉承价值共创的运营理念，重点引导用户使用产品和体验服务，贡献创意并创造价值。我们来看看在前面提到的案例中企业是如何做的。

对于 Threadless 公司，鼓励用户积极参与是他们一直以来的运营理念。它为用户提供了可以深度参与的平台，在 Threadless 网站上提供自助功能，满足用户按照自己的喜好选择图案、自助确定数量的诉求，从而积累了大量的用户资源，不仅在产品的设计上获得了世界范围内用户的支持，在产品的营销推广中也极大地应用了用户的口碑效应。当产品真正卖出后，参与产品的研发和推广的人都可以获得或者销售利润的提成，或者在站内消费可以使用的积分。另外，Threadless 不仅在 T 恤上做文章，还将产品范围拓展到多个领域，例如个人电脑、鞋帽，等等。另外，来自用户设计的图案还可以应用在与其他知名厂家合作的产品上，例如 Dell、巴西人字拖品牌 Havaianas 等。在这个过程中，最初产品的设计者可以获得多方收益，并形成了一个从用户到企业再到企业间合作的生态圈，共同创造价值，共同获得收益。

而积极营造用户的参与感并与“米粉”交朋友则是小米的企业文化。当时雷军会每天花一个小时回复微博上的评论，工程师也要按时回复论坛上的帖子，在每一个帖子后面都会显示这个建议被采纳的程度及解决问题的工程师 ID，这给了用户被重视的感觉。小米有一个强大的线下活动平台“同城会”，小米官方每两周都会在不同的城市举办“小米同城会”，根据后台分析每个城市的用户多少来决定同城会举办的顺序，在论坛上登出宣传帖后用户报名参加，每次活动邀请 30 ～ 50 个用户到现场与工程师当面交流，这极大地增加了用户的黏性和参与感。小米还会赋予用户权利，成立“荣誉开发组”，让他们试用未发布的开发版，甚至参与绝密产品的开发。虽然这种方式存在一定风险，但给了用户极大的荣誉感和认同感，让他们投入更大的激情参与产品的升级。

在产品研发、推广及优化升级阶段，用户的深度参与为企业注入了许多新鲜的血液，为企业节省了设计费用，使其收获了更多创意并得到更好的宣传，提升了品牌价值，由于创意来源于用户，所以用户更愿意为自己的设计买单，也为企业创造了直接价值。

企业在用户运营过程中，除了深度参与带来的产品和服务的价值，还由于数字化技术手段催生了更多新型的价值共创形式。用户所赋予企业的资产还可以更多元化，企业该如何盘活这些资产，充分利用企业与用户互动中产生的大量数据，从数据中发掘用户需求，引发企业新的增值点，这就是企业挖掘用户数据资产实现盘活；并且开发有活力的产品，吸引用户作为投资者参与到产品运营中，实现资本的众筹和用户的深度关注参与，这也是从资本运作的角度进行企业资产盘活的新方法。

用户数据的盘活助力企业价值增值

以京东为例，其在运营过程中，依托强大的电商大数据，十万多种零售商品、1000 多万种在线商品、2.3 亿多名真实交易人群，产生了海量的真实数据，形成数十种用户使用场景、上百个用户标签，可以有针对性地支持品牌调研、商品满意度、新品上市、活动效果反馈等信息，进行商品粒度筛选等专业性很强的调研，并输出专业性的调研报告。在这个调研的过程中，真实数据来源于京东的产商品管理、用户的管理环节及电商交易环节，数据的应用又可回馈于用户的诉求和期望。因为有大数据、人工智能技术的助力，这些用户行走之间所留下来的行为数据不再沉睡，还能通过挖掘其中的规律和趋势，发现新的需求趋势，形成有价值的决策建议。这也正是数据所带来的资产效应，京东数据调研价值共创的情景如图 3-4 所示。

图 3-4　京东数据调研价值共创

将与合作企业交互的庞大数据作为样本，将用户行为数据沉淀成为企业的数据资产，将数据资产应用于企业为各类用户提供趋势分析报告，这样具有统计意义的评估报告，对于其决策的指引和方案的制订无疑是一种强有力的支持。我们可通过数据分析深挖用户价值，根据需求和趋势进行创新，从而创造出新的价值。

用户参与到企业资本运作中，实现利益的共享

企业吸引用户以投资者的身份直接参与到运营中，投入成本。用户的收益与企业运营的利润直接相关。现代众筹是其中的一种新型模式，是通过互联网方式发布筹款项目并募集资金。相对于传统的融资方式，众筹更为开放，能否获得资金也不再由项目的商业价值作为唯一标准。只要是网友喜欢的项目，则都可以通过众筹方式获得项目启动的第一笔资金，为更多的创业者提供了无限的可能。

许单单，这位从互联网分析师到 3W 会籍式众筹平台创始人的华丽转身，为世人演绎了一场大家一起来喝咖啡、一起来创业的模式。3W 咖啡在起步阶段面向社会，通过简单的投资入股，很快汇集了一大帮知名投资人、创业者、企业高级管理人员，也随之引发了一股新的创业模式和潮流。在很短的时间内，3W 咖啡很快以创业为契机，将品牌衍生到了创业孵化器等领域。3W 咖啡使用了互联网创业圈和投资圈的融合效应，其所带来的圈子、人脉远远大于分红效果。类似的还有京东众筹、微信众筹、苏宁众筹等。

数字化时代带给企业可以尝试的更多机会，将产品的生产融入资金的过程中，通过用资本的杠杆吸引用户参与，为企业带来了更多的发展机会，同时锁定了目标用户群体。而这里的投资人更多地体现了“众”的特点，吸收社会大众的参与，让更多的用户以少的投入，融入到企业的产品研发、生产和运营中，并最终将产品服务于大众。而大众除了享用到优质产品，也因为投资而获得红利。这样，企业和用户共同承担项目的风险，共同获得收益，距离更近，成为一个共同体。用户很自然地成为了企业的代言人、推广者，更是一种泛化的渠道。

综上，企业与用户之间的关系，已经从传统的提供产品和服务，变为与用户共同创造价值的新型关系，他们共同发力数字化经济，这样的良性合作也是当前时代赋予企业的新型用户运营理念。

3.2.2 深入洞察，读懂用户

理解用户，读懂用户，对于企业准确定位用户的细分维度，掌握用户真正和潜在的需求，并且能够针对用户的需求给予精准的营销策略是非常有意义的事情。然而怎么算是“读懂用户”呢？答案如下所述。

- 获取用户的基本属性信息，这是读懂用户的基础。
- 获取用户行为信息和兴趣爱好，了解其生活方式，以及全行业的消费偏好，如品牌、消费档次等。
- 获取用户互联网使用行为信息，如浏览、交易历史信息等，了解其近期及潜在的需求特征，理解用户在不同阶段对哪些东西或内容感兴趣。
- 获取用户的互动分享信息和社交图谱，了解用户的社交情况并深度挖掘用户深层次需求的源泉。

客观地讲，“读懂”没有一个统一的标准，不同用户历程阶段的读懂方式不同，不同维度细分的用户群体也有不同的读懂方式。

从用户历程的角度洞察

用户历程都包括哪些阶段呢？这里先给出本书的定义，数字化用户生命周期历程如图 3-5 所示，它包括连接、购买、使用和分享四部分，每一部分还包含细分的环节。在用户连接产品过程中经历了获取连接，通过连接了解产品的更多信息，并与企业互动，实现更进一步的了解，用户依据这些信息开始产生购买意向，决策选择哪种品牌、哪个型号的产品。在决策明确后，用户下订单、支付，发生一次完整的订购过程，等待签收产品。随后进入产品的使用阶段，在使用过程中，评估产品的各种性能指标，并能按照用户的需求个性化地调整和配置，遇到问题可以通过咨询客服或其他途径解决。从与产品建立连接到产品的使用各个环节中，用户可以将对产品的使用体验分享到自己的圈子里，向圈子里的朋友推荐、向企业反馈产品的优缺点及可以改进的地方，还可以将有创意的点子反馈给企业，通过深度参与企业行为，获得企业产品和收益，或者通过资本运作参与企业经营获得收益。

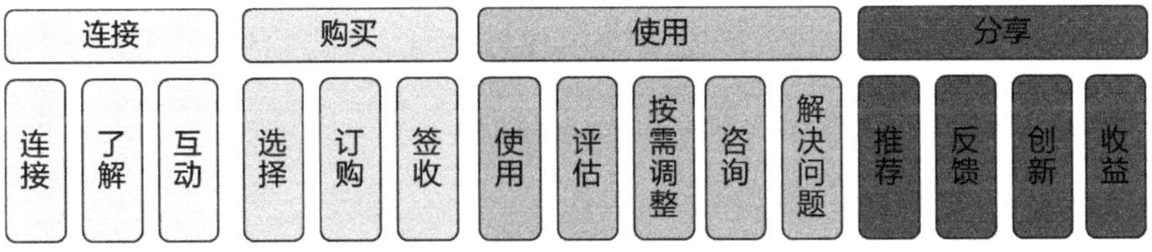

图 3-5　数字化用户生命周期历程

实际上，企业与用户的互动从用户被连接时已经开始，在用户的连接、购买、使用、分享的整个过程中，企业需要明白用户想要什么，期望是什么，用户最终行为的目的是什么，需要对信息的真伪做出准确的辨认，从分析用户与企业互动的过程获得更多的信息。知己知彼，才能对用户做到充分的了解和理解；读懂用户，进行深入洞察，才能为用户做到更好的服务。

1. 用户的连接阶段

用户历程的连接阶段，也是用户发生购买前的准备酝酿阶段，这个阶段的信息储备将直接影响其后续的决策。数字化时代的连接、手段和途径很是多元化，微博、微信、朋友圈、公众号、视频媒体、游戏，还有街头数字化广告，以及各种数字化的终端、可穿戴设备、智能家居等都是企业连接到用户的途径或渠道,也是用户连接到产品的途径。用户在连接到产品后，如果对产品感兴趣，则通过主动收集信息及与企业互动的方式对产品进行了解，包括产品特点及产品品牌等来辅助决策。这些信息如果与用户的期望都能匹配，甚至超出预期，那么进入到下一个购买阶段将是顺其自然的事情；否则，连接既是开始阶段，也是终结阶段。

无论能否进入到购买阶段，用户在这个连接过程中所有的行为都是有意义的。用户的思想、喜好和态度，都渗透在每一个行为当中，企业要通过这些行为洞察用户。洞察用户使用的渠道、点击率的变化，识别用户偏好的渠道，并因此调整营销策略，利用多触点实现与用户的多维度沟通，洞察其行为偏好及潜在的需求，实现最大化的深入洞察。

（1）用户对产品的关注点，如外观样式、颜色、功能、价格等。

（2）用户常用的了解信息的传播渠道，如官网、微博、公众号等。

（3）用户更喜欢且愿意参与的活动形式，如现场促销、文艺汇演、艺术摄影展等。

（4）用户本身的特性，包括人口的自然属性、生活方式的特征、行为特征、身份认证信息等，具体如下。

○ 人口特征信息：性别、年龄、学历、家庭状态、职业、收入水平、所属行业、毕业学校地域等。

○ 生活方式特征：消费特征（包括消费能力、消费地点、消费渠道、消费档次、消费偏好如美食、服装等）、兴趣爱好、生活方式等。

○ 行为特征：线上有网页类型、上网频度、时间段、社交软件及 App 软件使用类型等；线下有出行信息（包括方式、工具、规律、频度、目的即因公还是因私）、活动的商圈范围、经常联系的社交圈等。

○ 身份认证信息：虹膜、声纹、步态、人脸等。

2. 用户的购买阶段

用户的购买阶段，包括对于产品的选择、购买和签收三个环节。选择环节，也是用户对产品的关注点的详细分析，以及与竞品之间的比较阶段。这个阶段的信息更依赖于在连接阶段的信息储备。而在这个阶段洞察用户，则更要关注用户有购买意向后的行为，即用户购买的行为偏好，如购买的方式、购买的渠道、购买的品牌、购买的价格区间、优惠喜好、支付方式、货物的签收方式等信息。

- ○ 购买方式：线上还是线下、团购囤货还是随性即需即买、单品消费还是多品同时消费等。
- ○ 购买渠道：电商如天猫、京东、苏宁、当当、亚马逊还是微商、线下专卖店、实体超市等。
- ○ 购买品牌：国际名牌还是国内品牌，品牌的风格、档次等。
- ○ 价格区间：用户的消费水平，高消费档次用户还是低消费档次用户，价格偏好和对不同产品的价格预期等。
- ○ 优惠喜好：是指针对商家推出的哪类促销和优惠更感兴趣，如买赠、秒杀、团购、免减、赠券等。
- ○ 推广偏好：是指对于哪些类型的营销推广活动更加敏感，更会吸引其关注并积极参与，进而发生购买。
- ○ 支付方式：货到付款还是在线支付（微信、支付宝、百度钱包、信用卡等）。
- ○ 货物的签收方式：自取还是送货、快递种类偏好、收货地点属性，办公地点还是住宅地点等。

企业在用户发生购买的阶段，要深入洞察用户的这些行为，作为后续在用户营销推广和用户维系阶段更直接的指导方向。通过 AI 的手段，企业能够获取的信息更加充足和完善，更加了解用户的真正意图。例如用户当时的语音语调、面部表情等情感信息的捕获，可协助企业更为准确地对用户的心理做出判断，也避免了用户在冲动中做出决策。

3. 用户的使用阶段

用户将产品或服务购买到手后的行为，包括对产品或服务的使用、评估、按需调整、咨询、解决问题五个环节。此时，用户对产品服务使用的感受就是该阶段企业需要洞察的重点，包括用户的喜好程度和原因、使用偏好、咨询、投诉、问题解决等，而这些使用感受和体验影响用户的自推广和复购。这个时段捕获的信息，更多的是用户咨询投诉的相关记录和问题解决的反馈信息，同时有从社交媒体，用户的分享、互动，以及各种论坛的评论中获取的信息。

- 喜好程度和原因：特别喜欢、一般、不喜欢，原因包括功能性强、价格合适、携带轻便、服务贴心等。
- 使用偏好：使用时段、使用频度、个性使用设置、是否有替代品等。
- 咨询：使用过程中的主要问题和使用方法的咨询。
- 投诉：产品或服务质量的投诉，在咨询过程中未解决问题所引发的投诉，投诉处理的及时性和有效性。
- 问题解决：问题解决的途径和方式，如上门、在线、专卖店维修、返厂更换等。

企业可以采用高效、训练有素的人工客服、优化资源智能接待的智能机器人客服等，通过这些途径的开设，为用户提供更为有效和及时的使用服务，从而获得用户更为真实、正向的感受，提升用户对产品的忠诚度。

4. 用户的分享阶段

这个阶段主要包括用户的推荐、反馈、创新、收益四个环节，可以说是用户对于以上各个阶段综合感受的表达，包括用户对于产品或服务的品质、体验，如连接的顺畅性、购买的友好性、客服的贴心性、使用的便捷性、耐用性等，这些感受将是企业产品或服务定位的关键信息，也是后续产品或服务提升改进的方向。这些信息的获取来源于用户的所有行为轨迹，包括产品的评论、购买信息、购买频次等。

从不同的用户群体中洞察

用户细分是一个非常经典的话题，对不同类型的用户群体应采用不同的应对策略。所以根据营销侧重明确划分出用户群体是非常关键的任务，这离不开数据挖掘和用户标签化等步骤，而在这个过程中因为人工智能的应用，也使得用户群体细分工作变得更加准确和精细，洞察策略的制订提升了效率，同时对个体的认识也更加深入，从而实现差异化用户体验。细分用户群体可以有多个维度，进而根据自身运营情况为其制定有针对性的洞察策略。以下列举三种用户群的简单示例说明。

第一，从用户的生命周期划分：潜在用户、初次接触的用户、有过几次简单交互的用户、成熟的用户、有离开趋势的用户，对这些用户要有区分地对待和制定洞察策略，如表 3-2 所示。

表 3-2　不同生命周期用户的洞察策略示例

用户类型	洞察策略
潜在用户	挖掘潜在目标人群，分析其成为用户的转化点
初次接触的用户	用户的基本信息和基本偏好，对产品的关注点，用户常用的了解信息的传播渠道，喜好且愿意参与的活动形式、初步了解用户对产品的需求意图
有过几次简单交互的用户	完善的用户信息和兴趣偏好，对产品的关注点，用户常用的了解信息的传播渠道，生活方式，行为特征，购买方式、购买的渠道、购买的品牌、购买的价格区间、优惠喜好、支付方式、货物的签收方式、用户购买的真实意图、影响用户购买决策的关键体验
成熟稳定的用户	用户的喜好、购买习惯，服务使用，投诉处理，新品推荐等，积分使用偏好、活动参与推荐
有离开趋势的用户	近期用户需求的变化、用户离开的动向、竞品的选择动向、用户对于产品的满意程度

第二，从用户的消费等级对用户做群体划分：低端消费用户、中端消费用户、高端消费用户。这个维度的用户分群，通常是对有过交互历史的用户群体的进一步细分，从而更全面地读懂用户，如表 3-3 所示。

表 3-3　按消费等级区分洞察策略示例

用户类型	洞察策略
低端消费用户	喜好程度、消费区间、价格波动
中端消费用户	喜好程度、消费区间、特定产品的价格敏感区、新需求
高端消费用户	VIP 服务偏好、竞品使用动向、定制化使用偏好

第三，从用户的数字化使用程度来划分，包括以下几类：如生活中几乎没有特别数字化设备的参与；会有一些普通电视、电话、语音业务的手机数字产品伴随着日常的生活；常规数字化产品都已经融入生活，出门 App 叫车、购物几乎都是线上；几乎达到智能化，使用的数字化终端都已经融入了智能模块，智能家居伴随左右等。数字化使用程度将直接决定企业数

字化用户运营的策略。

综上，企业要读懂用户，应用现代数字化的手段，例如大数据分析、机器学习、神经网络、深度学习、专家系统等，融入用户的生活中，并与之进行互动。同时能够充分应用这些互动深入地洞察和了解用户，读懂用户的喜好，并在合适的时机将用户期望的信息推送给用户，从而提供用户最贴切的产品和服务，在这个过程中也可以进一步引导出用户尚未意识到的潜在需求和想法，给予用户极致的个性化产品和服务体验。

3.2.3 永远在线的用户服务

用户诉求随时随地、无处不在，具有跨越时间和空间的特点。这个时代的用户服务不仅局限于呼叫中心的服务，而是用户在关注产品、使用产品过程中所需要的所有服务。用户最不希望的是那个几乎永远打不进去的电话，也不喜欢那个永远搞不清楚、弄不明白自己意思的“客服人员”，以及不知所云的应用。用户最期望的场景是当需要出租车的时候，车就已经到达；想买东西的时候，想要的东西就在眼前；想使用终端的各种应用的时候，即使终端出现故障也能很便捷地找到解决办法。永远在线的企业服务提供了最佳的用户体验，每一次的接触都是一次用户服务，为用户提供各类关怀、信息咨询及不同场景的体验活动。例如节假日出行拥堵路段的提醒、天气情况预警、社会重点事件的报道和点评、新产品的试用订购、虚拟世界的角色扮演等。

所有这些都要求企业的服务永远在线、有求必应，从而确保用户随时随地能够获得连接并实时、高质量地响应其服务请求。

随时随地连接与实时响应

数字化改变了过去联系远端客服只有通过电话这一个途径的传统模式；“用户在哪里，服务就需要延伸到哪里”，所以电话、短信、PC 端、移动端及 App 等各种社交媒体端口成为多元化的用户服务渠道。应对用户能够接触到的多元化的渠道，企业需要进一步完善服务体系，整合包括：实体服务渠道（营业厅、俱乐部、用户经理等）、语音服务渠道（呼叫中心）、自助服务渠道（网厅、掌厅、微博、微信、在线客服等）在内的多重服务渠道，建设“一点接入、全网共享、高效运转、快速响应”的用户服务体系，以适应用户侧服务渠道多元化的新要求。

数字化技术赋予了更多的用户服务模式，除了人工客服，还有智能机器人客服、App 用户服务等。

1. 智能机器人客服

京东的小咚、微软的小冰、移动的小 E 都是我们在日常生活中接触比较频繁的智能客服。智能机器人在客服工作中已经扮演了很重要的角色。在客服领域采用智能人机交互与人工服务相结合的模式，两者无缝结合灵活切换。客服变得越来越聪明，刚输入一个词就知道用户要问什么？客服机器人通过智能化技术处理掉绝大部分的简单、重复的可识别处理的问题；聊天机器人能够减少甚至代替客服人员，极大地节约人力成本；同时智能客服的秒级回复使用户的服务体验提升；当用户和机器人对话时，人工客服可随时监控，涉及核心业务问题时可随时接入并提供更优质的服务。

2. App 客服

App 客服也是一种实时在线的模式，其用户服务人员不需要总是在电脑前办公，而是把用户服务安装到手机中，带着走。为此需要对手机端和电脑端做到信息的同步，一个用户服务坐席可以同时登录一台 PC 和一台移动设备，而且消息会同步到 PC 和移动端。这从空间上解放了用户服务人员工作地点受限的局限性，机器人和 App 客服如图 3-6 所示。

图 3-6　机器人和 App 客服

高质量的服务应对和问题解决

为实现高质量的响应服务请求，快速进行问题解决，我们可以从建设融合的用户支持团队，以及制定标准化的服务流程方面发力。

1. 用户服务人员与产品人员是融合的团队

当前，用户的选择多样化了，解决问题的途径和办法也更简单、便捷，随时随地能够有最优的方案和有效的服务。数字化的产品种类繁多、形式多变，很多产品可以进行个性化的配置和使用。这时，产品的使用和质量是用户咨询和投诉的主要方向。由于数字化产品的技术相对复杂，所以要求用户服务人员对其有着相对深入的理解和操作。因此，产品和服务需要有互动，将服务和产品结合在一起，优化产品本身，从源头上减少问题发生的可能性。为了使用户服务人员对产品足够熟悉，用户服务人员也可以来源于产品的开发和设计团队中。这样产品的用户服务人员与产品人员融合为一个团队，提升了用户服务人员的专业性，从而提升服务质量。

2. 服务标准化

此时此刻，客服的耐心、礼貌并不能够成为用户满意的理由，快速回应与一次性解决问题才能给他们带来惊喜。用户最希望的是企业在提升效率的同时保证服务的质量。随着服务渠道越来越复杂，服务标准化的必要性显得尤为突出。对于用户来讲，无论其在哪个服务渠道接入，均需要得到统一的标准化服务，即：统一的服务接触、统一的服务流程、统一的服务规范、统一的服务标准，这也对后端用户服务运营体系提出了新的要求。例如对于智能机器人客服，对于问题做标准化，对于问题的答案做标准化，在这个过程中，除了常见关键字技术，机器人需要具备分词、语义及上下文语境等 AI 技术，才能精准识别用户的每一个问题。同时，在不断丰富机器人语义库方面，需要对人工客服答复问题的方式不断学习，从而提升智能客服的服务能力。

【案例：京东智能化用户服务】

打开京东的用户端，无论是手机版还是 PC 版，都很容易找到客户服务的按钮和相关菜单，包括电话客服、智能客服、在线客服这三种模式，涵盖售前、售中、售后环节中的各种服务诉求，例如订单类、配送类、售后服务类、财务类、账户管理类等，为终端用户提供了便捷的服务获取模式。因为有智能机器人 JIMI 的帮忙，所以 24 小时的客服均在线，据京东数据显示，目前在售前咨询方面部分品类机器人客服的用户满意度已经超过人工客服，无论用户在何时遇到问题和困难，京东的用户服务都将在第一时间全力解决，如图 3-7 所示。

图 3-7　京东的用户服务

随着海量数据继续攀升，以及计算能力的继续加强，特别是计算成本的大幅下降，人工智能技术取得了种种突破，用这样一句话来形容：人工智能就好像是一辆无人驾驶的自动化汽车，输入了目的地，它就会在你没有感知的情况下将你带到目的地。有权威人士预测，在未来，用户和零售商之间 85% 的互动都会由人工智能来解决，技术革新将更有利于保障用户服务永远在线和高效准确。

3.2.4 用户体验，特殊争夺

用户体验可以视为用户对整体品牌形象、产品和服务本身的特质，以及与企业的交互和接触的过程中的体验和感知，旨在通过对企业各种体验要素的设计和管理、借助各种手段为用户设计有价值的独特体验，提高用户的满意度和忠诚度。数字化时代的用户体验尤为重要，是企业获得用户、实现用户的忠诚度、强化感知价值的必要手段。企业需要以提高用户整体体验为出发点，注重与用户的每一次接触，通过协调整合售前、售中和售后等各个阶段和各种用户的接触点，有目的、无缝隙地为用户传递目标信息，实现良性互动，进而创造差异化的用户体验。

试想一下这样的场景：小张是某运营商的忠实用户，无论周围同事、朋友有多少人都已经更换了另外一家运营商所提供的最新的宽带业务、IPTV 以及配套的电话业务，而且从价格到服务都有明显提升，可小张还是坚守着使用多年的运营商所提供的网络、电视、电话业务。直到发生了这样一件小事，周六早上起来家里就不能上网了，经过一个多小时的自我检查，可以很明确地断定不是自己家的问题，应该是网络提供商侧的问题，所以小张信心满满地拨通了运营商的客服电话，经过一系列烦琐的自助语音导航之后，他终于呼叫到了人工台，对端用户服务人员不耐烦地告诉小张，这是网络问题，请等待修复，却没有给出恢复的时限。小张挂了电话，沉默了一会，显然没有得到满意的答复，事实上小张已经开始不满，他最初的网络畅通的需求没有得到满足，接下来的用户服务链接又让他经历了烦琐而复杂的操作，最后结论却是无明确期限的等待。于是小张打通朋友们推荐的另外一家运营商的用户服务电话，就这样小张转网了。

回顾这个过程，一次糟糕的体验竟然改变一个多年用户的决策。数字化为用户提供了更多可选择的服务，同时提供了更多的关于产品、价格、服务及竞争产品的信息。所以，那些真正希望提供良好用户体验的企业，需要真正付诸行动之中，让用户从接触产品，到深入了解产品，到发生购买过程，以及后期使用环节等都能得到非常贴心的服务和最佳的用户感受。

提升用户体验感知的两个关键要素是必须要考虑的：其一，感知体验的主体——用户，在不同的历程所期望的用户体验是有区别的；其二，提供服务的主体——企业，需要对用户的不同阶段采取不同的体验感知策略和方式，获得最佳的体验效果。

在用户历程的不同阶段中，企业要充分认识到用户的期望，并且做出积极、有效的应对，从而提升用户的体验感知，数字化用户历程各阶段的期望分析如图 3-8 所示。

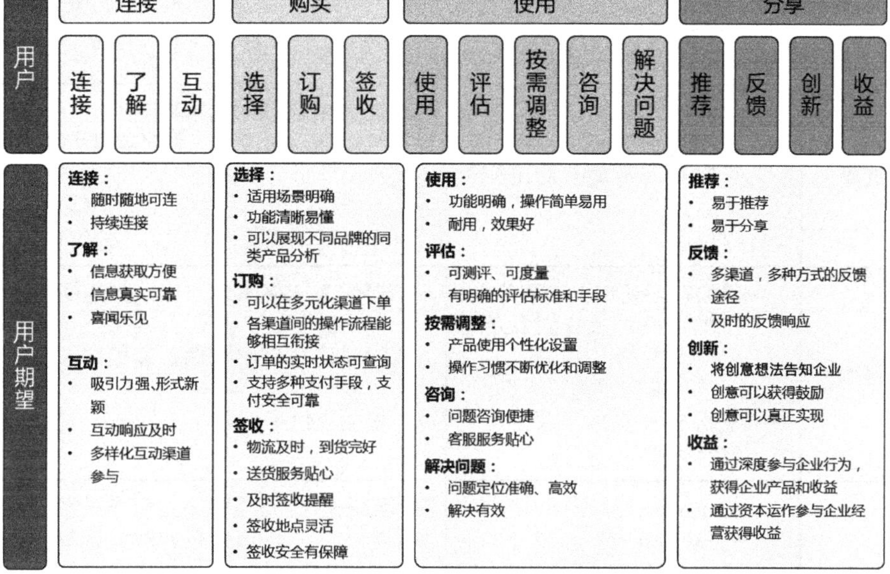

图 3-8　数字化用户历程各阶段的期望分析

针对用户各个阶段（连接阶段、购买阶段、使用阶段和分享阶段）的期望，企业的应对手段如表 3-4 ～表 3-7 所示。

表 3-4　连接阶段

环　节	用 户 期 望	企 业 应 对
连接	• 随时随地可连 • 持续连接	• 提供多元化的连接入口 • 稳定可靠的连接
了解	• 信息获取方便 • 信息真实可靠 • 喜闻乐见	• 及时的信息推送 • 清晰真实的语言描述
互动	• 吸引力强、形式新颖 • 互动响应及时 • 多样化互动渠道参与	• 互动响应及时 • 活泼友好的活动形式 • 提供多元化渠道与用户互动，如微博、微信，甚至还可以提供专门的及时沟通工具，如专属淘宝的阿里旺旺

表 3-5 购买阶段

环 节	用户期望	企业应对
选择	• 适用场景明确 • 功能清晰易懂 • 可以展现不同品牌的同类产品分析	• 提供完毕的功能清单 • 给出不同场景下使用的指导步骤 • 竞品分析同步展现 • 清晰罗列出不同款产品间功能、价格，以及功能优势点，以供用户选择
订购	• 可以在多元化渠道下单 • 各渠道间的操作流程能够相互衔接 • 订单的实时状态可查询 • 支持多种支付手段，支付安全可靠	• 提供多元化下单入口，渠道间流程协同一致 • 实时记录订单数据，确保订单实时可追溯 • 提供支付手段多元化，支付安全可靠
签收	• 物流及时 • 到货完好 • 送货服务贴心 • 及时签收提醒 • 签收地点灵活 • 签收安全有保障	• 与多家物流公司建立合作关系，或者自行建立物流体系，确保订单确认后及时发货配送。 • 物流环节一定确保物品的完好到达 • 货物即将送达，要及时提醒用户注意签收 • 支持多元化的签收点，如地铁、第三方统一接收点，小区物业等，另外签收地点在货物送达前，尽量满足用户对于签收点变更的要求 • 签收时确认物主信息，确保物归其主

表 3-6 使用阶段

环 节	用户期望	企业应对
使用	• 功能明确，操作简单易用 • 耐用，效果好	• 功能操作指导明确，图文并茂，避免二义性的误导，产品本身操作简单 • 在产品的设计和生产环节，提升产品品质，保障产品耐用性及效果，能够接受得起用户的挑战

（续表）

环　节	用户期望	企业应对
评估	• 可测评、可度量 • 有明确的评估标准和手段	• 产品的性能尽量能够有自我度量和监控机制，告知用户及时更换备件，及时报废等信息，以确保效果最优 • 提供可供用户参考的产品性能评估参数和指标，供用户定期测评
按需调整	• 产品使用个性化设置 • 操作习惯不断优化和调整	• 支持依据用户习惯个性化配置
咨询	• 问题咨询便捷 • 客服服务贴心	• 提供永远在线的用户服务 • 客服过程确保贴心、耐心，并能够给出有建设性意见
解决问题	• 问题定位准确、高效 • 解决有效	• 接到用户报障后及时反馈并安排解决，要派遣有经验的人员及时完成故障排查和后续的问题处理

表 3-7　分享阶段

环　节	用户期望	企业应对
推荐	• 易于推荐 • 易于分享	• 提供友好、便捷的分享界面 • 提供方便的推荐途径 • 提供适应多渠道分享的功能
反馈	• 多渠道，多种方式的反馈途径 • 及时的反馈响应	• 提供多渠道，多种方式的反馈途径 • 设置及时反馈的机制，对于用户提出的请求，及时响应
创新	• 创意想法可以说给企业 • 创意可以获得鼓励 • 创意可以真正实现	• 提供面向用户的产品的优化创新建议反馈渠道和收集机制 • 建立创新点子的激励和奖励 • 建立创意到产品的实现流程
收益	• 通过深度参与企业行为，获得企业产品和收益 • 通过资本运作参与企业经营获得收益	• 建立与用户深度合作的机制 • 吸引用户积极参与到产品生产销售、推广的各个环节 • 吸引用户众筹等方式参与

在管理用户历程的过程中，企业要注重提升用户的感知和体验，依托先进的技术手段和大数据分析的能力，建立用户体验质量体系来确保用户体验感受的全面提升。

树立用户体验至上的服务理念

我们需要坚持提供优质用户体验服务的理念，把用户体验作为数字化时代企业服务的最高标准，让用户体验成为驱动各个行业发展的原动力。用户体验上乘，用户热烈欢迎；用户体验不佳，用户则敬而远之。苹果的成功秘诀就在于：始终坚持不变的是满足用户的体验需求，不断推出更好甚至超越用户体验的产品！苹果是在履行“用户体验至上”理念方面做得最好的企业之一。

将用户体验管理嵌入运营的全过程

在运营的各个环节中都要考虑用户体验的贯穿及闭环，产品信息要与用户体验管理团队共享，实现有机互动。尤其是在产品上线前要进行用户体验测试，杜绝或减少先天性的服务问题。在产品设计环节，提供什么给用户应依据用户体验收集分析确定；在产品研发环节，工程师也需要通过微博、论坛、线下等渠道与“发烧友”进行直接沟通，了解用户的需求；在产品上线前，体验管理团队要安排用户体验测试；在产品上线后，推广策略也应依据用户体验进行分析，而且在运营过程中应持续对用户体验进行评估、监测，并对用户提出的意见建议及时评估、分析，考虑产品下线或更新完善。

建立数字化的用户体验管理体系

企业要通过提升产品和服务质量来提高用户体验，建立数字化用户体验指标考核体系，以及服务质量监控体系，通过监管并改善产品和服务质量的各项指标，实现整个用户历程各环节的体验最优。根据对企业的价值贡献对不同的用户进行分级管理，更好地向企业的价值用户提供个性化和差异化的购买和服务体验，保障满意度、保有率和忠诚度指标的提升。

明确用户体验改进的方向

用户体验管理中心将用户体验问题进行分析和任务分解，传递给相应的专业部门或属地。各专业部门要将用户体验元素纳入本专业管理制度和流程中，建立常态化闭环自查自纠的改善机制，主动发现问题、分析问题并及时解决。依托服务质量保障体系所监控的数据，由专门的监管部门负责，评估服务质量体系的完善程度，以及与用户期望的差距，从而明确提升服务质量的方向，并结合感知现状进一步明确未来体验改进的方向和目标，制定改进策略和采取关键举措。

人工智能也在助力提升用户体验。例如在上海国家会展中心，肯德基推出了首家“Original+”概念餐厅，在风格上打造了别致的就餐主题场景，如“江南风”“文艺范”“小清新”“新中式”等；并设置了人工智能服务场景，用度秘机器人作为智能点餐设备，按住说话就能直接点餐，使整个点餐过程妙趣横生。旅游网站利用 AI 技术，告知用户在什么时段购买机票最划算，这是将飞往某个目的地的相关大量数据作为基础，以机票的价格预测为用户提升购买体验。还有宝马的 BMW Connected 是一个通过用户自助系统和行车伴侣收集车主信息的App，除了GPS的功能，它还可以充当这辆车的车钥匙，增强了用户对于专属感和便利性的体验。在数字化技术的推动下，各种新型的用户体验层出不穷，挑战了我们的想象。

3.2.5 深度运营的会员制

企业争取一个新用户的成本是留住一个老用户的7～10倍，留住5%的用户有可能为企业带来100%的利润。会员制不是一个崭新的概念，是指企业通过发展会员，提供差别化的服务和精准的营销，提高忠诚度、实现多次购买、引发互动分享并实现口碑营销，并可以获取用户资料进行数据分析提供营销参考。会员制是企业对于用户的一种常见的管理和服务模式，传统行业有很多会员制营销运营的先例，比如连锁零售店、连锁酒店，航空公司等，会员制更为常见，既连又锁，可以满足品牌积分的整合和互兑，提升用户对品牌的忠诚度。

随着粉丝经济时代的到来，几乎各种类型的互联网企业都开始进行会员制运营。例如，腾讯拥有强大的会员体系，QQ会员拥有近80项特权，覆盖QQ、游戏、生活、购物等方面，并且QQ会员本身在不断扩展新的特权，提高会员的权益。QQ会员为用户构建了优质的线上线下生活圈，其特色的"QQ会员粉丝日"满足了用户基于特权服务与众不同的体验需求，创造了让用户享有稀缺资源的机会。而内容类数字应用网站则是通过数字化技术手段和形式提供各种内容产品的应用，满足用户不同的精神需求，包括视频类、音乐类、游戏类、阅读类等。这类网站大多通过会员制赢利，它们为会员提供了丰富的可选择的内容目录，提升其视觉和内容品质；提供丰富多彩的会员营销和优惠策略，提升了会员的尊贵享受。数字内容运营商会员制深度运营的特点如下。

○ 付费会员缴费周期分为月、季、半年和年四个档，每档拥有不同的定价。

○ 会员区分等级，以区分会员的权益，比如价格优惠、抢先看、点播优惠等。

○ 付费会员依据在线时长、活跃程度、会员等级和参与会员活动的方式获得积分。

○ 积分可以在平台内作为一种虚拟币兑换一定的服务或礼品。

○ 会员用户的互动（粉丝 / 月票打赏）与获取点币结合，提高用户的黏性和活跃度。

某中文阅读网站的会员体系示例如表 3-8 所示。

表 3-8　某中文阅读网站的会员体系示例

会员特权 \ 用户等级		免费用户	普通会员	高级会员	初级VIP	高级VIP
获得方式		注册起点账号	一次性充值1元（100起点币）	12个自然月内消费≥19900起点币	12个自然月内消费≥120000起点币	12个自然月内消费≥360000起点币
订阅价格		5分/千字	5分/千字	5分/千字	4分/千字	3分/千字
票务特权	保底月票	无	无	上月订阅满1000币=1	上月订阅满1000币=2	上月订阅满1000币=3
	订阅月票	无	当月每订阅满3000币+1	当月每订阅满2000币+1	当月每订阅满1500币+1	当月每订阅满1000币+1
	打赏月票	无	每打赏1万起点币默认投该书1张打赏月票（粉红票）			
	与免费用户相比，推荐票上限	无	无	+1	+2	+3
其他特权	专属会员标示	无	√	√	√	√
	章节赠送定价	5分/千字	5分/千字	5分/千字	4分/千字	4分/千字
	单日领取赠送章节上限	无	单本5章，共10章	单本10章，共20章	单本15章，共30章	单本20章，共40章
	申请书评区副版主	无	√	√	√	√
	给作者发站内信	无	无	无	无	√

美国电商巨头亚马逊在 10 年前就开始了会员运营，其对 Prime 会员设立了一定美元的门槛，会员可以享受一些个性专属服务，例如免运费、特殊优惠价格、专属会员活动等。该前置收费模式在推出伊始就对用户产生了具大的吸引力，加入后就可以享受更快捷的运输、廉价（免费）的部分 Kindle 电子书、视频，用户在尝到甜头后，会更加频繁地使用这样的服务，买更多的商品。买得越多，会员服务费用越摊薄，越来越划算，形成了用户的良性自激励循环。

可以说会员制是企业对于其用户的深度运营，而企业利用数字化手段可以更好地助力会员制，使其真正帮助企业留住用户并且最大化地挖掘用户的价值。会员制运营可以分为会员获取、会员成长、会员关怀和会员营销等。

会员获取——每个会员制运营的企业，无疑都把有效会员的数量作为平台运营的基石。不管是通过互联网引流来的、电视广告吸纳来的、微信营销关注来的、网络平台的各种营销方式吸纳来的，都可以成为企业的会员。社交媒体如微信、微博、QQ 等账号通过统一认证机制在不同网站之间的使用，使得成为会员的方式更加简单。因为有手机号、身份证号等唯一性信息管理的应用，实物的会员卡也逐渐失去了意义。

数字化给社群注入了新的活力，兴趣和关注点一致的用户组成了各种各样的社群，社群的运营模式就是会员制。无论什么样的社群，不管有没有具体的产品或者服务，只要社群的发起人设定了门槛（不是任何人员都可以进入），收取基础的会员费，就是会员制的初级运营。这种基于兴趣和社交发展起来的社群，天生具备很好的黏性与互动，类似于以往的俱乐部，是会员制运营的优良基石。但社群是否能运行好，完全取决于实现会员制后提供的服务和产品，优质的数字内容对于社群向会员制运营发展具有优势，用户越来越愿意为感兴趣的内容和知识付费。比如罗辑思维是知识服务商和运营商，它包括微信公众订阅号和知识类脱口秀视频节目。再如吴晓波频道是目前较大的互联网财经社群，它包括微信公众订阅号、财经类脱口秀视频及音频、书友会等具体互动形式。这家知名的财经自媒体，面向对财经感兴趣的精英人士，在社群与会员组织中清晰地对成员进行了定位。

随着微信号逐渐成为人们的另一个“身份证”，企业将会员体系与用户微信绑定，进一步融入“社交”元素，提升会员用户的活跃度和复购率。微信支付团队推出“支付 + 会员”模式，通过“支付即会员”“会员服务”“会员标签”“会员识别”“行业扩展”五大商业能力，将顾客消费身份与微信挂钩，帮助企业进一步将粉丝转化为商业业绩。顾客在使用微信支付买单后，企业可通过模板消息的触达能力，一键下发会员卡，降低了会员的转化门槛；也可通过会员模板消息向顾客下发优惠券，为下一单生意打下基础。此外，还可将微信粉丝与自有会员体系打通，查看会员资料和消费记录。

会员成长——建立会员等级及会员成长体系，通过各个级别会员特权的设置，激励会员成长，提高会员的黏度和忠诚度，减少会员流失率，把会员的价值最大化。会员的等级是会员身份的象征，是与会员权益直接关联的。如高端的钻石级，或草根级别的普通会员，所拥有的权益明显具有差异。企业可以通过成长体系激励会员向更高等级进阶，主要包括等级标准、会员权益和成长规则等。等级标准是一个体现会员价值且易于量化和理解的指标，例如电商的累积购物金额、QQ 的成长值等，会员等级可以付费购买，也有网站鼓励用户参与，将签到、评价等行为作为等级标准，建立相应的成长值考核标准。会员权益是激励会员不断升级的筹码，帮助企业有针对性地分配资源和服务。成长规则是成长值达到一定数值可以自动升级，还设置了等级有效期，重新评级。

不同行业对于会员成长激励略有差异。对于高频次消费的行业，单次的用户行为就很难给出高价值的会员激励策略，而对天天打卡登录的用户，给予类似精神鼓励的奖励，当会员体验提升到一定的数量，就转化成积分，直接代表会员等级的晋升。而对于低频次消费的行业，单次的用户行为则会带来高价值的会员激励策略。如航空业、旅游业，一次飞行或一次出行旅游则直接通过里程兑换成积分，助力会员等级的晋升。

【案例：腾讯 QQ 会员成长体系】

腾讯“QQ 会员成长体系”根据 QQ 会员的活跃度（成长值）的增长，形成各种等级（SVIP1~SVIP8），享有不同的功能特权、游戏特权、生活特权和装扮特权等，如图 3-9 所示。而成长值是通过每日成长值（不同等级会员的不同支付方式获取的成长点数都不同）、任务成长值（包括每日签到、关注微信公众号等）等方式获得的，如图 3-10 所示。

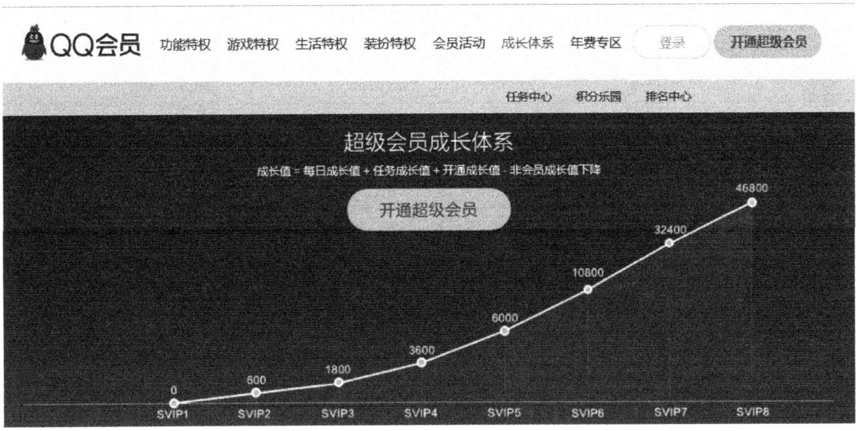

图 3-9　腾讯 QQ 会员的成长体系

图 3-10　腾讯 QQ 任务成长值示例

会员关怀——会员关怀需体现在服务的各个环节，包括为会员提供的专属活动、专属优惠、积分反馈，以及基于会员爱好创建各类的会员俱乐部等，旨在为会员提供更好的用户体验和专属服务，提升会员的忠诚度。以电商为例，可以提供如表 3-9 所示的会员关怀服务。

表 3-9　会员关怀服务

执行任务	详细说明
优先接待	会员分流接待，会员分级服务
会员积分	针对会员的购买提供积分、兑换和返现
主动推荐	主动推荐店内近期促销活动或口碑产品
发货提醒	发货短信提醒，提升用户购物感受
签收提醒	签收短信提醒，增强品牌印象
电话回访	安排评价处理及回访，解决不满意因素
急速退款	保证会员在规定时间内收到退款
生日关怀	发送生日短信及邮件祝福并赠予礼品
节日关怀	发送节日短信及邮件祝福并赠予礼品
过期提醒	优惠券及积分等过期提醒
会员日优惠	针对会员的打折、促销和多倍积分

根据会员等级的不同，给予不同等级的关怀服务，以达成以下目标。新会员：体验良好，服务满意，愿意再次光顾。活跃会员：体验良好，服务人性化，情感上感觉到关怀与尊重，愿意成为忠实用户。忠诚及粉丝会员：享受尊贵的 VIP 服务体验，情感上产生归宿感，成为积极拥护者和口碑传播者。

会员营销——只要是会员就有变现的可能，可以根据企业自身的特点做相应的营销，如：微信营销、电话营销、DM 营销、门店营销等。基于会员消费信息，以会员积分、等级成长等形式，挖掘后续消费力汲取终身消费价值，并通过口碑营销等方式，将一个用户的价值实现最大化。会员营销可以从以下几个方面开展。

○ 通过建立完善的会员积分体系让会员明确积分奖励及消费制度，体会到积分的价值，从而通过各种途径积累积分，持续消费并主动分享和传播。积分的获取方式包括常规购物积分奖励、积分奖励融入营销活动、邀请新会员注册赢取积分、评价分享互动赢取积分，并提供多种积分的兑换形式和商城礼品兑换，定期策划积分相关活动，如：积分抽奖、积分竞猜等，增加会员积分消耗速度，扩展积分的功能。还可以通过层次分明的固化权益来激励用户积累积分值的晋升；以动态积分兑换作为权益的中介，刺激用户的活跃度，从而实现其会员权益的增值。

○ 开展会员差异化营销。针对不同层级的会员，采用更有效的营销方式，促进会员向更深层次转化。例如对于普通会员提供会员专款限时折扣，对应 VIP 会员每月提供一款 VIP 会员商品或在指定日期以超劲爆的价格限量提供给 VIP 会员购买，增加会员忠诚度，做好关联销售，增加店铺销售额，同时做好邮件及短信提醒。

○ 进行会员社群的口碑营销，组织线上线下会员交流互动活动，如：通过会员俱乐部、韦德球迷会等增加参与感和互动性，激励会员发送邀请码邀请好友注册购买。激励会员邀请好友加入社群，从而壮大社群。组织一些提升会员增值服务的活动，例如生辰部、血型部、亲子部等，引发会员的社群效应；因为创意，提升会员的参与度，同时赚取积分。在数字化时代，很多人智能终端在手，只要动动手指，积分翻倍，何乐而不为呢？例如，通过生成专属二维码，通过扫这个特别的二维码，可很清晰地看到介绍人是谁，双方可以很准确地获得积分。

另外，在数字化生态体系下，基于平台模式的会员制可以提供用户更多的权益，平台会员可以在平台的企业联盟里获取联合积分，并可以通兑平台提供的权益。例如，大众点评的会员通过消费可以获得滴滴打车、每日优鲜等合作伙伴企业的优惠券和积分。通过生态体系下互联的会员可以实现会员流量共享，实现企业间用户的相互引流，增加新的用户；还可以实现会员权益互换，通过不同的企业品牌提供的会员权益，不但让会员享受多家企业的服务，并且实现企业增收和合作共赢。

3.3 用户运营之数字化实现

企业要实现数字化的用户运营，需要构建数字化的用户管理体系，通过适变数字化的模型优势，以数据驱动为动力，友好的用户交互体验，实现对用户的深耕细作和价值共创。

3.3.1 数字化你的用户管理体系

当下，用户管理体系需要更加适应数字化时代的特点，为满足高并发高访问量的要求、满足多触点的要求、满足用户随时随地不同终端的访问诉求，需要快速的响应速度、界面需要更加清爽友好、用户期望查询的信息能够即刻显示。这些要求促使用户管理体系应该具备如下的关键能力。

对用户来说，要区分和定义业务能力域，包括用户基础信息域、用户订购域、用户交互域、用户服务域、会员管理域、用户体验管理域，用户管理体系分布图如图 3-11 所示。

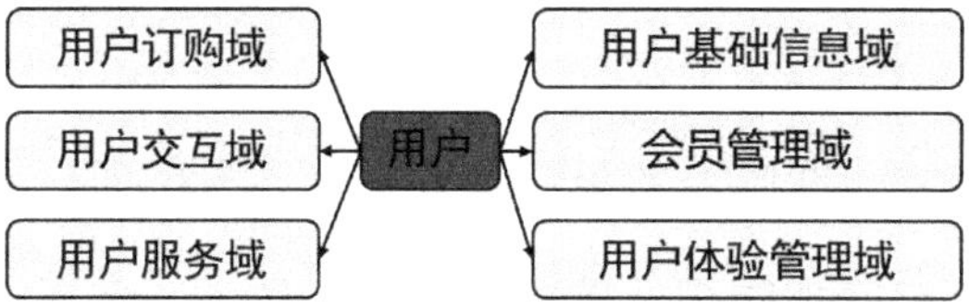

图 3-11　用户管理体系分布图

域是由一组业务能力紧密相关的服务聚合而成的应用实体；各个域具备高内聚、低耦合、操作数据对象独立的特征，域间协同可实现完整的业务流程，同时可以根据企业运营的需要而动态加以调整及演进。

用户基础信息域

由用户信息管理、账户信息管理、信用度管理、信用服务管理、用户级别管理、特殊名单管理、用户信息视图、用户鉴权组成。统一的用户信息视图管理通过整合用户信息为市场营销、销售管理、用户服务等提供从用户角度出发的、跨越用户生命周期的全方位用户信息的集合和展现。

用户交互域

用户交互域负责实现全渠道用户交互行为的管理，提供全渠道统一用户交互信息管理、渠道协同辅助支撑、用户交互事件管理、用户交互行为即时分析等功能。

用户订购域

用户订购域完成用户订购关系的确定，包括订购时间、订购内容、订购状态等。

用户服务域

用户服务域主要包括服务请求管理、用户维系管理两方面的管理功能。服务请求管理主要是实现对服务请求的流程化管理（包括：服务请求生成、分解、跟踪、关闭、查询以及模板的管理）以及对不同类型用户请求的处理（包括：咨询投诉请求、服务变更请求、积分服务请求、故障维修申请等）。用户维系管理主要是实现对用户维系活动的流程化、闭环管理（包括维系方案管理、方案制订、方案执行和评估）。

会员管理域

会员管理服务主要是体系化管理会员的积分策略，包括积分的计算、会员等级的评级、会员权益差异化享用等规则的配置和实现，支持永远在线的会员服务。

用户体验管理域

用户体验管理域包括用户对产品和服务本身的体验感受，如产品的易用性、服务的及时性、流程的顺畅性，以及在与企业的交互和接触过程中的体验管理，如售后服务的反馈时效、电子渠道查询业务的便捷程度等。

数字化时代的用户体验是其中最重要的环节，因此数字化的用户管理体系需要着重将用户体验纳入其中。引用已有的用户基本信息、用户行为信息、用户信用信息等，作为用户体验管理优化的数据基础，建立用户体验的管理包括如图 3-12 所示的步骤。

图 3-12　建立用户体验步骤

（1）体验需求分析：结合社会的发展趋势、文化因素等社会因素，以及用户行为信息，基于用户画像管理、深度挖掘用户的需求与期望，进而分析影响用户体验的关键要素。

（2）体验策划设计：针对体验需求的分析所涉及的关键要素，利用用户体验所关注的重点模型，对后续用户体验的过程给出设计和规划。

（3）体验触点分析：基于当前互联网数字化时代的特点，在多屏终端、二维码登录这些随处皆渠道的大环境下，为实现与用户的良性互动，需要能支撑这种随处可以接入的触点管控，并能准确获取触点的信息数据，分析用户在不同的触点需要的体验要求。用户体验优化设计是基于用户的体验需求分析的结果，对用户的体验需求做分级和分类，从而以群体等级方式为用户在不同触点提供定制化的体验设计，实现体验内容的互补和提升，达到更有深度的体验效果。

（4）体验实践：可以通过平台定义用户体验设计，即将设计完成的体验流程通过平台定义，并指导实践过程，包括对用户的提醒、指导。同时在用户体验过程中，能及时与用户互动，获取用户的反馈和具体的行为数据。这些数据将是后续体验评估的输入信息，同时在后续体验设计的提升上给出指导性建议。

（5）体验评估：针对每次设计并实施的用户体验过程，依据实践中所收集的用户数据，对用户的体验过程做评估、对用户体验进行深度分析，发掘以下信息，形成可读性的评估报告。

○ 体验的感知信息，包括用户的喜好、满意\不满意程度。

○ 体验人员的信息，什么人通过什么样的触点、什么样的渠道参与了体验，与事先设计的体验群体进行差异性分析。

○ 用户的具体行为数据，包括用户在不同触点上的操作行为、点击次数、浏览时长、用户发生订购的时间和方式等。

○ 通过结果，回归用户最初体验需求的发掘准确度分析。

（6）体验创新改进：在用户体验报告中，明确指出了体验中发现的不足处以及可以借鉴和发扬的地方，提出可以持续改进的突破点，为下一期的用户体验需求发掘以及设计提供输入。

综上，在用户管理体系中所包含的用户体验管理，是当前数字化用户运营的核心内容。在用户管理体系中与其他域的协作，能更好地管理用户并为用户提供最优体验和服务。

3.3.2　适变数字化的用户模型

数据建模指的是对现实世界各类数据的抽象组织，确定数据库需管辖的范围、数据的组织形式，以及转化成现实的数据库。将经过系统分析后抽象出来的概念模型转化为物理模型后，借助 visio 或 erwin 等工具建立数据库实体以及各实体之间的关系。从现实世界到物理数据库要经历概念模型、逻辑模型和物理模型三个过程。

在当前数字化互联网时代，数据来源多元化、数据格式多样化，从而使得对于数据质量的要求更加高。另外，互联网企业业务变化快、业务垂直拆分非常细等特点，使得在这个环境下数据建模有着以下不同于传统行业的特点和要求。

○ 互联网数据平台的数据模型几乎都使用了 NoSQL 技术。

○ 支撑高并发、高访问量的诉求。

○ 支撑不定期峰值的爆款、爆红系统的稳定性。

○ 支撑业务快速上线、生命周期短、快速下架的业务流程处理。

○ 支撑灵活、多变、易扩展的业务需求。

在 3.3.1 节中我们给出了对于用户管理分域定义的参考，建议一般的初级逻辑业务模型包括与用户相关的六个维度，分别是用户基础信息域、用户订购域、用户交互域、会员管理域、用户服务域、用户体验管理域。不同的域描述了不同用户的不同业务逻辑和业务内涵，并从模型的角度增加了适变数字化需求的内容。

在用户基础信息域的账号下增加了虚拟账户，包括数字化的虚拟货币、点数、经验值等。

会员管理域增加了会员管理的内容，以适应互联网管理的需求。

用户交互域分析可细分为交互工程信息管理、交互结果信息管理、交互内容的管理等。在交互内容上，适应当前的数字化需求，区分为应用类、内容类、操作类等细化的交互项。

用户体验管理域包括用户触点管理、用户体验设计、用户体验效果评估等模块的内容，充分适应用户无处不需求的高用户体验感知诉求。

用户管理体系模型一级视图如图 3-13 所示。

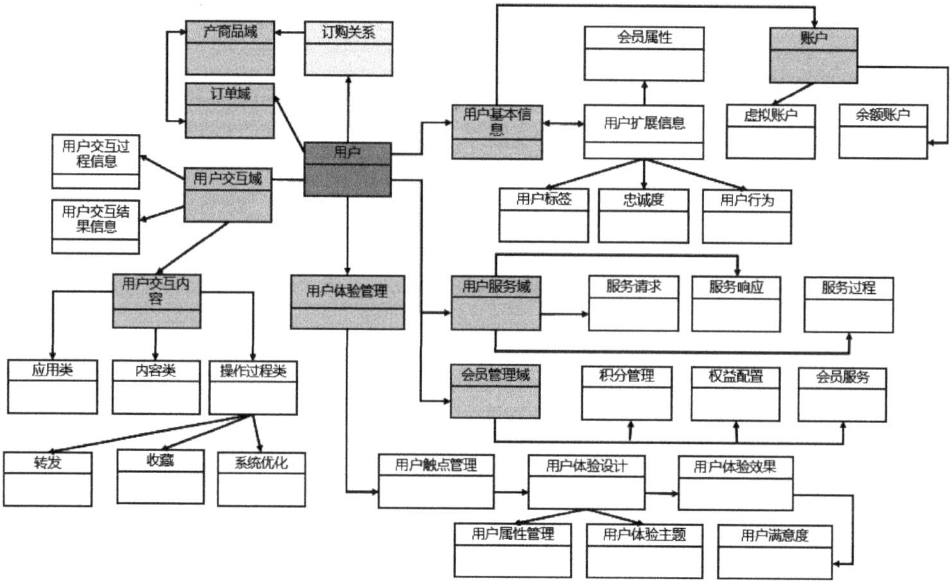

图 3-13　用户管理体系模型一级视图

用户概念模型域说明如表 3-10 所示。

表 3-10　用户概念模型域说明

概念模型域	说　明
用户基本信息域	用户基本信息域管理用户的基本信息资料、用户的各类扩展信息，包括：用户账号管理、用户标签、用户忠诚度、用户行为等实体及相互关系的信息
用户交互域	用户交互域包含用户接触、用户交互等实体及相互关系的信息，由用户交互域管理，与用户的基本信息域有引用的关系
用户订单域	订单域包含订单、购物车等实体及相互关系的信息，由订单域管理，与用户基本信息域及产商品管理域有交互和关联
会员管理域	会员管理域包括会员等级、积分管理、权益分配和专属服务的实体和关联信息，与用户基本信息域、用户交互域、用户服务域有交互和关联
用户服务域	用户服务域包含用户服务请求、用户维系等实体及相互关系的信息，由服务域管理，与用户基本信息域有交互和引用关系
用户体验域	用户体验域包含用户的接触点管理、用户的体验设计、用户体验效果管理、用户满意度管理等，与用户的服务域、用户的基本信息管理域有引用和交互

3.3.3　数据驱动用户运营

数字化时代，我们在浏览网页的时候、在刷微博的时候、在使用手机上门类众多的 App 的时候、在不分时段和地域限制的网购的时候，用户的行为轨迹已经被关注，历次的交易信息已经被记录下来，成为企业提供产品或服务的基础性数据。所以在当下，基于用户行为及社交媒体所产生的大量数据，加之大数据和人工智能等技术，使其发挥了巨大的价值形成企业的资产。因此数据驱动成为企业必须面对的战略级决策，基于数据的决策和分析才能支撑精细的数字化运营。

如何实现数据分析助力运营

数据化驱动的用户运营就是通过数据分析洞察用户所需所好，进而有的放矢地决策和采取行动。数据驱动助力运营需要关注用户是从哪里来的？新增用户和老用户有什么不同特点？他们如何使用产品，对于当前产品和服务的状态有什么建议？不同类型用户所关注产品和服务的差异是什么？

首先，根据专题明确需要分析的数据维度，可以包括如下方面。

- 用户的位置数据和行为数据。位置数据划定了用户日常活动范围和特点，结合用户经常活动区域的社会属性（社会公共职能、市民解构、消费水平等），并根据其作息时间、活动规律等行为数据，可以对用户年龄、收入、职业给出初步的分析。

- 用户近期在各种智能终端的浏览过程数据。由此可以看出该用户近期正在关注什么，对什么东西有需求。通过进一步分析浏览的次数和停留时间的长短，可以初步了解该用户对产商品的品质、样式、颜色等维度的偏好。

- 用户间互动交流的情绪数据。这种数据再次表达了其喜好，情感的数据吐露的是用户对产商品的褒贬。因为AI技术以及AR、VR技术在用户到达的地方有更多的应用场景，所以与用户交互的情感数据的收集就更加实时和细致。经过几层的筛选和过滤，企业对用户偏好的产商品有了一定的了解，为了给用户一定的引导性，通常企业还会提供与之相关的产商品并推送给用户，给用户更多贴心的选择。

○ 用户的购买历史数据。通过对购买历史数据判断分析，对于周期性使用产品，在用户即将再次购买前，给出及时的推送，那么再次购买变现的成功率会更高。对于低频次购买的产品，则注重分析其消费的品牌、价格等，定期给予对低频次物品配件、维修保养的提示等。对于特殊产品，如追星衍生产品、被追捧的数字化产品等，分析用户需求，按照其特点给出个性化的温馨提示和建议。

其次，进行数据分析。

数据分析通常包含数据准备、预处理、数据建模、模型评估等环节。高科技术发展到现在，作为数据分析领域，必须提到人工智能。常见的人工智能系统有专家系统、神经网络、遗传算法、智能代理。在进行数据分析和建模之前，要先明确是描述分析型、还是预测分析型。如果分析的目的是为了描述用户的行为模式，为用户做标签、定义用户画像，那么就采用描述分析型方法，通常使用的统计学模型有关联规则、序列规则、聚类模型等，在这个环节中，专家系统在目标用户群确定过程中也会给到更为有力的支撑。对于预测分析型则是要通过一定量的历史数据，形成一个模型后来预测未来发生某个事件的概率，常见的预测模型有分类预测和回归预测两种。分类预测中常见的场景有用户流失预警、用户黑白名单、用户信用度分析等，在这个过程中神经网络更能凸显其效力，通过神经网络强有力的预测能效，可协助企业来制定更多精准的营销策略。回归预测模型中，常见的场景有股票价格预测、违约损失率预测等。

第三，解读分析结果，并给出决策建议。

进行完数据分析，需要对数据分析的结果给出合理的解读来指导运营决策，提供用户运营的具体建议。用户运营的关键在于吸引新的用户、增值和激活存量用户，杜绝用户流失。基于用户数据分析结果，我们可以对重点VIP用户给予个性化的营销和重点关怀。对于存量用户，根据其兴趣偏好，激活其积极购买和使用的兴趣，例如不同用户群体给予特别商品的推荐或是一个更为适合的升级服务等，而对于潜在流失用户应该在特定的时间或日期给予维系和挽留的策略或是送上优惠的折扣，让用户在感受到被重视的同时感受到了温暖和实惠。应用前沿的数字化手段，比如VR、AR等手段，丰富用户体验的途径和经历，从中获取更多的用户行为和喜好数据，再利用人工智能、机器学习等挖掘算法，深度挖掘用户的需求。例如，有一家新生公司GROWBOTS，利用机器学习的算法自动探测营销活动，收集与活动相关的所有公开信息，从而丰富其知识库信息，可以更为精准地发掘潜在用户、优质维系用户、流失风险用户等，并实现无微不至的用户关怀。若发现结果存在误差，作为数据分析专家也要敢于接受，重新对数据模型进行修正和重新验证，以确保数据驱动运营真实有效。

以上介绍了数据决策的整个过程，下面以用户画像为例，分析数据驱动在整个决策和运营中的实践过程。我们可以从构建用户画像、匹配画像、用户画像价值变现三个步骤实现从用户画像建立到应用的全过程。在构建用户画像阶段，需要收集用户的历史资料数据，其来源往往是企业的CRM、企业的社交平台，以及其他所有与用户相关的互动平台，这些数据或是文本数据，或是视频数据，或是音频数据。接下来是对这些数据做预处理，包括对数据的清洗，去除数据中重复和不完整的数据，确定用户数据的唯一性标志对数据进行结构化处理，利用用户的唯一性标志与社交平台用户做匹配，识别多个账号而实为同一人的定位，完成用户的识别。针对被识别的用户，通过其性别、年龄、职业等静态信息以及其网页浏览、搜索和评论这些动态信息综合处理，利用模式识别、机器学习及人工智能等相关技术提炼出各种特征，实现用户的标签化处理。随后利用聚类、关联性分析、线性回归或者逻辑回归分析等数据挖掘常用的方法分析建模，预测用户会在什么类型的店面以及购买什么样的产品的可能性最大，通过多次验证，构建用户的画像。这些构建成功的用户画像将作为目标用户群组建立的输入，在日常的营销活动中，可以对一定区域的用户数据处理后与所构建的用户画像匹配，形成不同的用户群组，不同的群组会有不同的群组特征标签。

【案例：京东用户画像】

简单地讲，在京东奉行的数据决策管理战略中，“数据”便是企业的生命，经过 10 多年的高速发展，它存量了大量的交易数据、自营的物流数据信息及完整的标准位置信息数据等，这些海量数据便是其实现用户洞察的基础。京东建立了自己的大数据分析、决策支持平台，基于数据挖掘、人工智能、神经网络等相关知识的渗透和衍生，形成的用户画像示例如图 3-14 所示。由有户画像可分析用户活动的地理位置、地域购买偏好，以及实时和长期的兴趣偏好。通过对产商品属性和特定的分析，表征出产商品画像，并根据经营特点标记商家画像。对小区画像、产商品画像、用户画像及商家画像之间进行相关性分析、匹配度分析后，应用机器学习等技术手段，就可对小区周围进行仓库布货。当用户有诉求的时候，便能在第一时间给予应答，并在尽可能短的时间内让用户的诉求得到满足，达到京东一小时送达用户的目标。这个目标虽然是京东用来鞭策自己提升业务服务水平的动力，也充分体现了该企业站在用户的立场上，充分思考，体现其综合应用数据的能力，以数据驱动实现精细化高效运营和高质量用户体验。

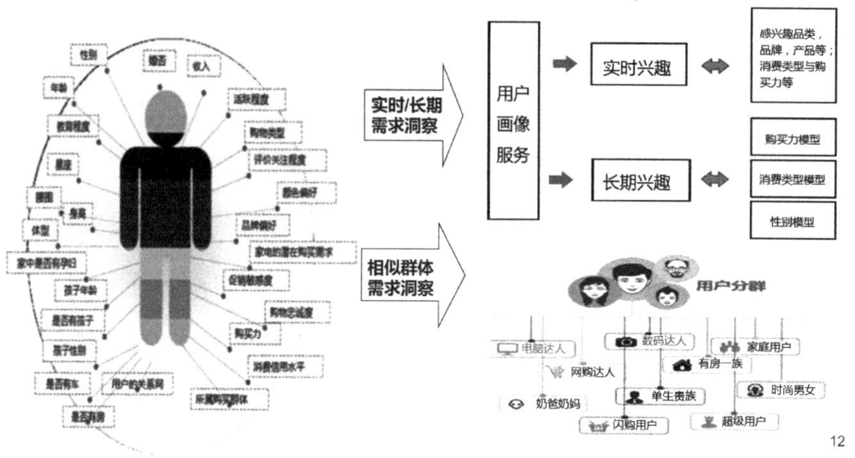

图 3-14　用户画像示例

构建数据运营团队执行数据驱动

无论是数据维度的分析确立、数据分析过程的定义和执行，以及分析结果的解读整个过程都需要组建数据运营团队，这通常需要借助业务专家和数据处理专家以及数据分析师共同的努力来实现。三者有机的结合协作，对于数据分析建模工作，以及从中解读出有价值的信息是一件非常有意义的事情。这些数据运营团队的成员各自的职责如下。

业务专家对日常相关的业务流程比较熟悉，能够敏锐地意识到商业数据的内涵，可以将业务需求转换为数据需求，进一步明确数据应用的场景，容易找到数据运营的突破点，从而找到新的商业机会和增长点。

数据处理科学家，拥有很强的数据处理技术能力，可以使用大数据处理手段和分析模式对数据进行充分处理和挖掘建模，利用数据处理工具等软件以及相关的编程语言对原始的数据做加工处理，采用人工智能的算法模型对数据做更高效的预处理。

数据分析师站在数据和业务的双重角度上解读数据，对数据科学家通过技术手段实现业务专家需求的输出结果给出合理的解释，或者对于数据科学家的建模结果是否真正满足了业务专家的需求给出明确判定，或者给出模型修正的意见。

通过业务专家、数据处理专家、数据分析师的共同磨合协作，从杂乱无章的数据海洋中找到蕴藏的价值，形成可以指导运营的策略建议。在整个运营过程中，数据处理专家以及业务专家可以应用新的数据对之前的结论再次验证，同时给出后续业务发展的预测，实现数据的正向闭环反馈。

3.3.4　多维连接、智能交互

要想获得竞争优势，就必须注重并优化每一次交互过程中的用户体验，确保跨渠道和跨市场营销的正常运作。用户交互管理，即构建综合的用户信息交互枢纽，利用数字化的技术构建起与用户沟通的交互渠道，识别不同的用户，并将他们按照既定的参数进行分类管理，最后建立有效的沟通关系并适时了解其对于产品的需求信息。在整个数字化用户管理体系中，用户交互域为其他域提供数据分析和共享的支撑。提供友好的用户交互体验，需要对内建立用户交互管理体系，对外开放友好的用户交互界面。

建立用户交互管理体系

在用户交互管理中，要实现全渠道用户交互行为的管理，并对交互行为数据做有效的分析和建模和辅助决策支撑，初步分析至少包括用户交互信息管理、用户交互过程统一内容管理、用户交互事件管理、用户交互行为即时分析，以及用户交互数据维护和渠道协同辅助支撑，这将有效地构建起一致及时的用户体验基础。

- 用户交互信息管理——负责统一接收各渠道用户交互的过程与结果信息，形成全渠道的用户交互数据全集。主要包括交互过程信息记录、交互信息过程记录、交互信息类型管理、用户交互统一视图查询等功能。支持各产品线的业务保持一致，充分利用用户知识和数据挖掘来发布产品特性，允许在多个系统中共享用户交互信息数据。
- 用户交互过程统一内容管理——负责实现用户交互过程中各渠道统一内容的管理。例如收藏夹功能，通过用户交互中心记录用户在各渠道关注的商品列表，为各渠道提供共享。不同渠道的下单记录、购买记录也可以共享，实现对用户信息的一致性、完整性展现。
- 用户交互事件管理——识别出与用户交互相关的关键时刻，并能及时做到快速响应和优化处置。主要功能包括事件管理、事件规则管理。

○ 用户交互行为即时分析——对用户与各渠道接触行为的实时分析，为各渠道提供用户接触行为的分析支持，例如用户交互时段分析、用户交互渠道分析、用户交互业务类型分析、用户浏览轨迹分析等。将各种规则、策略、推理与分析（统计结果和可能性）组合在一起，可产生对业务事件、用户数据、时间和分析结果的复杂推理模型。充分利用企业对现有数据挖掘工具的投资，运用尖端缓存技术有效满足实时用户交互提出的低延迟和快速响应要求。

○ 用户交互数据维护——实现对用户交互数据的管理，主要包括用户交互数据生命周期管理、历史数据获取、数据操作日志等功能。

○ 渠道协同辅助支撑——跨渠道用户交互协同的辅助支撑，主要包括协同信息提供、协同规则管理、协同规则判断。通过辅助支撑渠道协同，实现跨渠道统一的流程，提供一致的用户体验。

实现友好的交互体验

从与用户建立连接那一刻开始，依赖数字化的智能终端，企业与用户的互动一直在持续，因此足够友好和智能的交互式体验，对于提升用户的使用感知有着非常重要的作用。未来交互的方向就好比现在的 VR、AR、MR 技术，其实也是在模拟人与现实交互的一种过程。因此友好的交互体验，需要从视觉、听觉、触觉的维度来定义，即:满足视觉感受的界面提示交互、满足听觉感受的语音交互，以及满足触觉感受的触屏技术能力所带来的友好体验等。这些交互包括了所有交互的渠道、交互的内容、交互的方式以及交互的反馈等。

1. 视觉界面交互层面

（1）多屏统一：通过展示层对用户终端屏幕进行检测，路由到不同的页面显示模板和 UCD 来渲染界面，实现多屏统一，其实现原则如下：

○ 展示层具备终端屏幕尺寸检测能力。

○ 通过 H5 技术手段实现多屏页面的动态一致。

○ 各渠道前台技术架构统一，且与后端服务架构彻底解耦。

○ 统一 CRM 系统渠道接口，剔除重复功能，对接口服务进行归一化处理，协议上可以适配不同渠道对协议的要求。

（2）界面设计简约化：简化页面元素、优化界面及流程，提升业务受理效率与用户使用的友好感知。

○ 界面风格极简：采用扁平化设计，网格化布局，使用大量纯色，突出重点元素对比度与层级，提供清晰明确的视觉反馈。

○ 页面元素精简：在业务的每个步骤中放置关键的输入元素、删除不必要的元素，并尽量提供系统默认值、减少输入，并隐藏不常用的输入元素、需要时再展开。

○ 界面响应式设计：支持智能地根据用户行为以及使用的设备环境（系统平台、屏幕尺寸、屏幕定向等）进行相对应的布局。

○ 操作体验便捷：操作流程简单，办理过程有引导，操作步骤有示意，交互过程有提示，提示信息用户化。

○ 支持终端适配：能根据不同的访问设备和信息浏览手段，自动进行页面格式转换。

（3）页面布局：界面布局要有序、整齐、有明显的“区”、“块”的分界，切忌区块间以及区块内部的要素分布过于紧凑或松散。

○ 布局的区块要体现其功能性，如：标题区、操作区、提示 / 帮助区等。

○ 界面中最重要的信息所在的模块将是在屏幕中最明显的位置上，并且应该是最大的。要让用户在最习惯的部分看到该选项。

○ 界面布局的位置要尽量保证一致性，让用户可以无须重新建立对界面信息分布状态做重构。

（4）页面色彩：色彩搭配要恰当，色系搭配以用户在较长时间使用后不至于感到视觉过于疲劳为宜，切忌色彩过多、过亮，妨碍用户视觉交互。

○ 根据不同的产品使用“场景”，以及产品所适用的商家及用户群选择其合适的颜色。如管理界面经常使用蓝色、中国联通则要融入“中国红”的元素、中国移动则要融入“蓝”、“绿”的色调等。

○ 避免界面中同时出现 3 种以上的颜色。

○ 颜色的对比度明显，如在深色的背景中使用浅色的文字。使用颜色指导用户关注到最重要的信息，这样的配色要根据页面的色调信息进行筛选排序。

（5）界面组装组件化：采用组件化设计方式，使页面通过组件的组合封装即可完成页面开发，界面可以灵活调整、快速定制、便于风格统一，实现业务功能的重用，组件化设计原则如下。

- 组件丰富：基本涵盖页面所有元素，支持大多数页面组装。
- 高内聚：组件功能、逻辑、资源组织封装严密，边界清晰，依赖性低，易维护。
- 可重用：组件功能明确，实现清晰，API 易于理解，可重构。
- 可组合：支持组件组合成新组件与复合组件。
- 可扩展：提供组件扩展接口，便于新组件开发。

2. 听觉交互层面

人工智能技术带来了感知能力与自然语音输出能力的提升，即由触摸输入到以语音输入、图像识别为核心的全自然交互，其中语音交互将是物联网时代普遍的交互方式之一，它使人机交互以人类最熟悉的方式进行，利用机器翻译、信息检索、自动文摘、文档分类等现代智能化的信息处理手段，实现从一种语言到另一种语言的自动翻译，以及通过文档分类实现相关度较低的信息自动过滤，得到一个可以向交互者提供的答案，即实现智能决策，给予用户语音或文字的反馈。

现在市面上的智能机器人比较多，Amazon Echo 就是一个能真正完成简单指令的音箱，回归了人类最为简便的交互方式，当你喊一声“alexa，play xxxxx”就能播放你想要的歌曲，完全靠“吼”，彻底解放了双手（如

图 3-15 所示）。语音对话中每一句话都包含多个场景下的多个动作，同时语音相对不容易受时间、地点的约束限制，可在短时间内进行大量信息的获取与处理。其 alexa 智能语音助手平台已经拥有多项技能，除了查询天气、播放音乐、设置闹钟之类的基本功能之外，alexa 还支持预订外卖、Uber 打车、控制家用电器等各种功能。

图 3-15　Amazon Echo 智能音箱与 alexa 智能语音助手平台

在用户体验中应该着重关注语音交互的各个流程设计，设计语音唤醒时进行唤醒词的形象设计、注意唤醒后的声音反馈、防止误触发；而在语音交互类产品对话体验中则需要考虑：轮流说话的方式、合作式的对话、关注语言的蕴意及语境、具有线索引导等。区分指令式与闲聊式的交流，前者的回复关键是准确，对用户的指令快速找到答案并执行；而后者则需要具备与用户的同理心和共情感，使聊天具有人情味。闲聊式对话产品的体验依赖于对用户数据的收集，积累的对话数据越多，通过深度学习就越能给出让用户满意的反馈。在设计时通过奖励机制和可视化的鼓励引导用户来丰富数据库。根据内容、产品气质、品牌愿景定义产品的“听觉形象”，如调皮型、商务型，这些都需要与用户的使用场景有机结合，才能真正优化用户体验。

3. 触觉交互层面

随着机器学习、深度学习及图像处理技术的不断发展，模拟人的皮肤感知而生的智能触觉反馈开创了人工智能的另一领域。触觉技术被用于创造触觉效果，即在消费电子设备上的手势或触觉反馈。通过硬件与软件结合的触觉反馈机制，可以在数字化设备上为特定的互动体验创造与众不同的个性化触觉反馈，模拟更加逼真的独特体验。视频方面，当我们在看一场电影时，如果设备支持触觉反馈技术，你会感受到设备会跟随场景的变化而产生相应的震动。当医生远程控制的达芬奇机器人对患者进行手术时，在不同的组织和器官之间移动的时候有触觉反馈，所以可以很好地把信息反馈给外科医生，外科医生可以根据患者触觉的反馈决定用多大的力做手术。

在数字化越来越和现实世界水乳交融的过程中，人和机器的交互界面将不再受限于玻璃平面之下的二维世界法则，会变得跟现实世界一样细腻丰富，通过对基础用户信息管理的足够夯实，充分有效地应用合适的交互方式，综合运用简约明了的用户界面和清晰准确的语音响应以及灵敏的触觉反应，实现智能化的交互和对于信息的及时获取，与用户达到有效互动、提升用户感知体验。

第 4 章

产商品，连接的价值载体

4.1 数字化时代的产商品

随着技术的发展，产品在逐步进行数字化重构，原有的物理产品具备了更多的智能特性和连接特性，跨界合作及融合创新更加频繁。同时，由于用户对产品有了更多的个性化需求，所以产品有了更多的形态和卖法。

4.1.1 重新解读产商品

生活在发生变化，可视柜台、刷脸办卡已悄然出现在银行网点，原来需要面对面办理的业务通过数字化的线上交互即可完成。数字化的范围也越来越广，比如中国首家数字气味体验室亮相杭州，在这个实验室里，体验者在注视贴在墙上的一幅冰镇饮料广告的同时，可以闻到这种饮料的味道；

也可以在观察全息图像中正在盛开的非洲菊时，难得地闻到它的芳香。气味的数字化丰富了数字世界的可感知维度，在未来的行业应用中，数字气味技术将成为很常见的技术。

可以看出，创新与重构已成为数字化时代的主题，不仅有很多新型数字化产品不断涌现，传统产品也在不断重构中增加了很多数字化特性。比如汽车已经不再是单纯由机械和电子部件组成的产品，而是由硬件、传感器、数据库、微处理器、软件和各种网络连接方式等组成的复杂系统。

创新和重构可分为以下两种情况。

（1）在实物产品的基础上叠加数字化、智能化基因。例如，智能 Ad 冰箱既保留了传统冰箱的食物储存功能，又通过冰箱门上的智能终端、内置摄像头、图像识别、手机 App 等数字化手段扩展了功能，让冰箱成为集在线购物、影音娱乐、营养推荐等功能为一体的在线服务平台。

（2）通过颠覆式的数字化基因改造，完全改变产品的形态，实现完全的数字化。例如，腾讯新闻、今日头条等资讯网站及应用与传统的纸媒体相比，已经完全数字化了。

在软件定义零件、软件定义网络、软件定义世界及软件替代硬件零件的过程中，产品的属性发生了变化，数字化的组件成为产品本身的有机组成部分。这里把数字化产品划分为以下 5 类。

（1）数字内容类产品：为音乐、视频、游戏、电子书籍杂志、音频等内容资源。

（2）数字应用软件类产品：为各类 App 和软件产品，如下所述。

- ○ 传统互联网领域的内容应用，例如视频、音乐、阅读、资讯媒体及游戏等各类 App。
- ○ 网络购物等商务交易应用。
- ○ 搜索、支付、地图、图片处理、理财记账等基础工具类应用。
- ○ 社交软件类应用。
- ○ 新兴的物联网应用。
- ○ 其他应用。

（3）实物终端类产品：为手机、电脑、智能车载、智能穿戴、智能家居及 VR 和 AR 等智能终端设备。这类产品还具备连接属性和智能属性，例如阿迪达斯推出的“miCoachsmartball”系列足球能够自己测算速度、旋转数量、行进轨道、发力点等数据，帮助使用者发现自身存在的问题，从而达到更好的训练效果。

（4）通信连接类产品：为各大运营商提供的网络连接服务，实现了人与人、人与物、物与物之间的连接。

（5）平台服务类产品：为各类云计算平台、工业云平台、开放平台等平台。其中，云计算平台提供弹性计算服务、托管存储服务、内容分发网络服务、数据库服务；开放平台提供 API 服务、应用托管服务等；工业云平台提供工业现场数据采集、传输及云端的数据存储、处理及分析服务等。

数字化产品分类如图 4-1 所示。

图 4-1　数字化产品分类

上述这 5 类数字化产品既可以独立存在及销售，也可以相互融合再销售。平台服务类产品、通信连接类产品和实物终端类产品映射业界经常谈及的“云 - 管 - 端”的信息服务新架构，承载着数字内容类产品和数字应用软件类产品。

产品为用户提供功能，满足用户的生活、生产需求。商品则是产品的交易变现形态，可以说产品进入销售环节后才成为商品。商品是产品与销售方式的组合，产品可以通过不同的销售方式、形态交付给用户，让用户获得产品的使用价值。

产商品如图 4-2 所示，产品本身可以直接售卖，例如直接销售一辆自行车产品，则商品的形态与产品相同；产品也可以变换形态进行售卖，比如饮料产品可以按照不同的规格售卖，可以按单瓶或按箱售卖，单瓶和整箱是不同的商品。又比如，以共享单车为例，自行车这种产品已不再直接售卖给用户，用户购买的是自行车的分时租赁服务，在这种情况下商品的形态也不同于产品。再比如，通过对产品的组合销售，形成了新的商品。

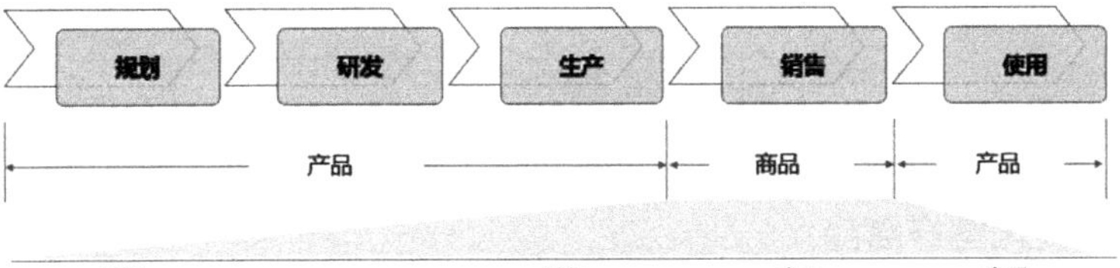

场景		举例	产品	商品
产品直接售卖		例如：自行车可以直接售卖	自行车	自行车
产品变换形态售卖	——规格变化	例如：可乐可以按听售卖，也可以按箱售卖	可口可乐	一听可乐 一箱可乐
		例如：小说可以按书或按章节收费	某书籍、小说	某章节内容 全本内容
	——形式变化	例如：共享单车以分时租赁服务的形式售卖	自行车	自行车分时租赁服务
	——组合变化	例如：电信运营商的短信、语音、流量产品以套餐形式组合售卖	短信、语音、流量	套餐、流量包

图 4-2　产商品

数字化产品具备的软件定义的特性，使得数字化产品具有高度的可分割性，产品可以被分割成不同的部分，这些部分在进行不同的组合后以新的商品形态再进行出售，可以看出：数字化催生了更多的商品形态。例如，数字内容产品可以按照章节或片段销售，也可以与基于内容的增值服务打包成新的商品出售。

另外，商品通过各种数字化渠道，配合各种灵活的定价模式、新颖的售卖形式如众筹、团购、秒杀等，形成了自己的更多特性。

4.1.2 典型的数字化产商品

数字化的产商品正在发生怎样的变化呢？数字内容、数字应用软件、实物终端、通信连接、平台服务所涉及的范围很广，无法一一列举。下面基于当前的热点与趋势，对数字内容、物联网、通信连接、融合创新领域的一些领先企业的产商品形态进行研究和分析。

典型的数字化内容产商品

目前，国内外各大互联网巨头及电信运营商纷纷布局内容产业，在“泛娱乐”策略的驱动下，各内容产业在细分行业间的边界越来越模糊，网络音乐、游戏、视频、音频、直播、文学等的跨界成为主要趋势，在音乐 App 上除了可以欣赏音频，还可以看视频、直播、音乐资讯等，在视频网站上也会有音乐、演唱会和直播。数字内容以 IP 为核心，通过多种服务共同挖掘粉丝的价值，以知识问答为主的直播答题迅速风靡网络，成为全民娱乐游戏，创新在数字内容领域不断涌现。

【案例：QQ 音乐智能生态产品布局】

随着版权市场的逐渐规范，用户在音乐消费上的付费意识和习惯逐步形成。QQ 音乐从听、看、玩、唱四大维度提供全方位的音乐体验，其产品的特点可总结为“海量数字音乐内容产品，全方位音乐体验应用”，从线上到线下多方位进行智能生态布局，全面覆盖个人、家庭和聚会等诸多使用场景。例如在“唱”领域，与创维 TV 版实现家庭场景下的合作，与友唱、K 米合作打造涵盖移动 K 房、mini KTV 和传统 KTV 线上线下的 K 歌新场景，在“听”领域与 AI 科技公司 Rokid 合作，联合打造更加智慧的音乐生活场景。

QQ 音乐有着海量的音乐数字产品资源。音乐产品的形态不断发展，包括数字单曲、数字专辑、数字 MV、在线演唱会等。数字专辑替代实体唱片成为主流形态，为音乐人变现找到了直接的方式，可为他们带来上千万的专辑销量。QQ 音乐产品资源供应丰富，包括 200 多家知名唱片公司及大牌明星的独家入驻，以及与热播音乐节目的独家合作等。音乐资源，又可分为流畅品质、标准品质、HQ 高品质、SQ 无损品质的数字音乐资源产品。

QQ 音乐还有很全面的音乐应用产品如图 4 3 所示，它包括 QQ 音乐、企鹅 MV、全民 K 歌、QQ 演出、车载互联、智能音响等应用产品形态。另外，QQ 音乐除了已被配置到未来的汽车中，还可以直接用智能音箱进行点播。

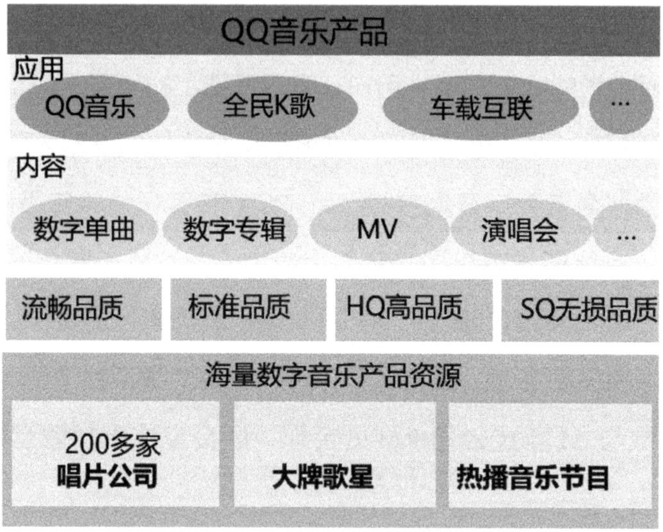

图 4-3　音乐应用产品

音乐应用已从最初的免费模式转变为收费模式，那么 QQ 音乐是如何将这些音乐产品面向用户销售并且实现赢利的呢？其赢利来源包括面向企业用户的广告收入、游戏联运收入，还包括：面向个人用户的收入，如用户付费下载、付费收听、会员、付费音乐包、音乐流量包付费、数字专辑售卖；演出经纪，如线上演唱会、门票 O2O；直播，如直播过程中的虚拟物品付费、增值服务付费；其他收入形式，如耳机、音响衍生商品的销售。

QQ 音乐的商品形态如图 4-4 所示。

QQ音乐商品形态

商品		举例		销售渠道
内容类商品	音乐包	付费音乐包	8～12元/月包 45元/半年包 88元/年	QQ音乐客户端
	数字单曲/专辑	在线收听	2元/单曲	QQ音乐APP，Web等客户端
		下载收听	2元/单曲 20～25/专辑	同上
	实体周边	实体专辑	《周杰伦的睡前故事》	QQ音乐APP，Web等客户端
	演唱会视频/直播	线上演唱会	12元/场	QQ音乐APP，Web等客户端 腾讯视频
	音乐流量包	QQ音乐流量包	例如：联通9元/月	QQ音乐APP，Web等客户端
虚拟商品	会员服务	绿钻,绿钻豪华版，享受音乐、游戏、演唱会、身份特权		QQ音乐客户端,QQ会员中心,腾讯支付中心QQ商，或第三方线上渠道（JD等）

图 4-4　QQ 音乐的商品形态

总的来看，音乐类产商品的特点如下。

○ 通过会员或音乐套餐的模式简化用户面临的海量数字内容选择。

○ 用户为品质产品付费，可免费收听和下载流畅品质、标准品质的数字音乐，并付费收听和下载高品质、无损品质的数字音乐。

○ 线上、线下融合，实现线上的演唱会门票购买，以及线下的实体专辑售卖。

○ 用户可以付费观看线上演唱会直播，并购买直播周边的虚拟商品。

○ 与电信运营商进行跨行业合作，如各类 QQ 音乐流量包的推广。

其他数字内容类产品，如游戏、视频、直播、文学作品等也有各自的特点。总而言之，数字内容类产商品的模式大体上基本类似，都包括构建会员体系、多种形态的产商品和订购模式等。

典型的物联网应用产商品

目前，全球物联网的发展呈现空间大、增速快的特点，国内市场的发展潜力很大，即将成为全球第一大市场。可以预测，物联网（IOT）将成为未来收入增长的最大热点之一。物联网的产业价值链复杂且应用场景多样，涉及的参与方众多，涵盖大量的产品和服务，需要多方参与合作才能更好地为用户提供丰富的端到端服务。

物联网类产品包括：面向个人消费市场的健康、汽车、运动、娱乐产品；面向家庭的家居家电集中控制、媒体与娱乐设备互联、电脑与手机设备互连产品；面向行业的定位/跟踪/导航、计量/检测、自动化控制、远程管理/调度、安全/监控产品。

【案例：Verizon 和 AT&T 车联网产商品】

Verizon 车联网服务 HUM 属于汽车后装产品，支持所有自 1996 年以来生产的车型（大约 9000 款）接入其网络服务。用户只须将 OBD 诊断装置插入车内的通用接口，再使用一台蓝牙控制配件就可以实现一键呼叫。其商品形态相对简单，所有产品作为一个整体销售，在不同的服务时间档次表现为不同的商品。

HUM的具体产品包括硬件产品、应用App及各种服务资费，如图4-5所示。

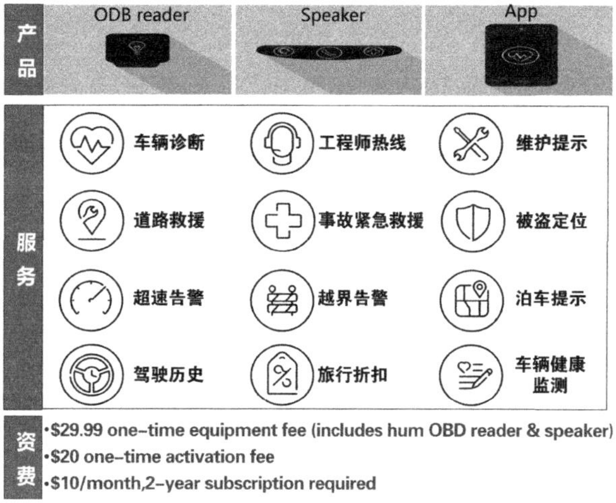

图 4-5 HUM 的具体产品

AT&T 的 Connected Car 战略与 Verizon 不同，主打汽车前装产品，发力生态，主要产品是各种服务，在面向用户销售时其销售商品的形态按照服务时间档次及不同的服务进行组合，用户具有一定的选择性，AT&T 的 Connected Car 产品形态如图 4-6 所示。

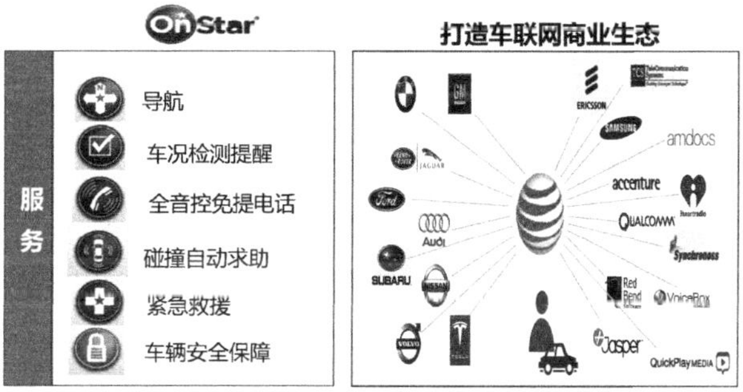

资费

服务时间	安全&语音	导航&数据
一个月	$19.95	$29.90
1年	$199.00	$299.00
2年	$359.00	$549.00
3年	$499.00	$729.00

图 4-6 AT&T 的 Connected Car 产品形态

典型的通信连接产商品

在移动互联网、物联网飞速发展的时代，网络连接是非常重要的一环，国内外的电信运营商向用户提供通信产品与服务，如语音服务、数据服务、短信及彩信服务、来电显示服务，等等。这些产品与服务看起来没有什么区别，但实际上这些产品的实现技术，如 NFV/SDN 等在不断发展。在 NFV 出现之前，电信产品的提供需要先进行网络建设，通过专有硬件实现语音、短信等功能。在 NFV 出现之后，专有硬件变成了数字化软件，通信功能也被数字化，不需要先进行专有硬件的部署，可以按照实际需要，有需求后再进行数字化的虚拟网元部署。

电信企业的通信套餐商品形态开始向“个性化”和“极简”两极化发展，通过不同的模式满足不同人群的需求。

【案例：新加坡电信 Singtel 的用户自定义套餐】

Singtel 在电信运营商的传统套餐基础上，推出了 Singtel Easy plan 用户自定义的套餐（如图 4-7 所示）。该款套餐与固定套餐的不同之处在于，用户可以自由定义套餐中语音、短信、数据流量之间的比例，可以根据预算购买不同档次的套餐商品，每一档次都有对应的 units，1unit 是一个标准当量，1unit 可折算成 25mins Talktime 或 250 SMS/MMS 或 0.25GB Data。

图 4-7　Singtel 的用户自定义套餐界面

来电显示、AutoRoam、Pay-As-U-Roam、Spotify 音乐服务等功能或增值服务作为独立的 Add-on 产品，可供用户自行选择，如图 4-8 所示。合约手机可根据用户选择的手机硬件自动展示相关配件以供选择，Singtel 的 Easy plan 套餐商品为用户提供了极大的定制空间。

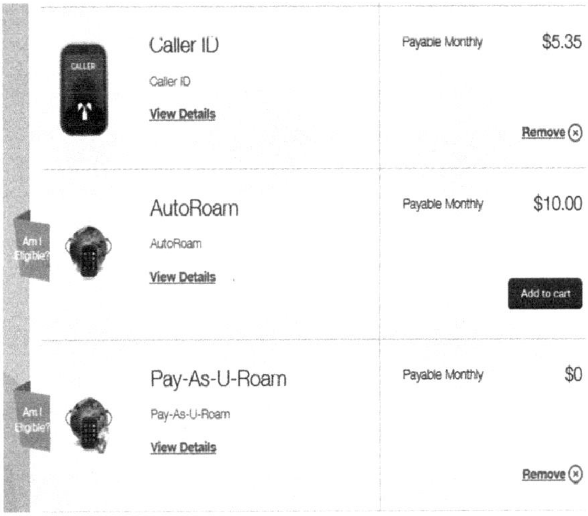

图 4-8　增值服务订购界面

【案例：Google project Fi 简化套餐】

Google 构想中的未来运营是简化产品及订购，降低用户决策的成本，所以 Google project Fi 提供的套餐及其订购极其简单。

- ○ 在同屏不超过三个选项的网页上进行订购时，订购界面如图 4-9 所示。
- ○ 为简洁资费结构，20 美元即可包一个月的无限量国内语音和无限量短信。
- ○ 数据流量每 GB10 美元，在全球 135 个国家采用单一数据费率，流量按使用量付费，没用掉的流量可按比例退回到银行账户。

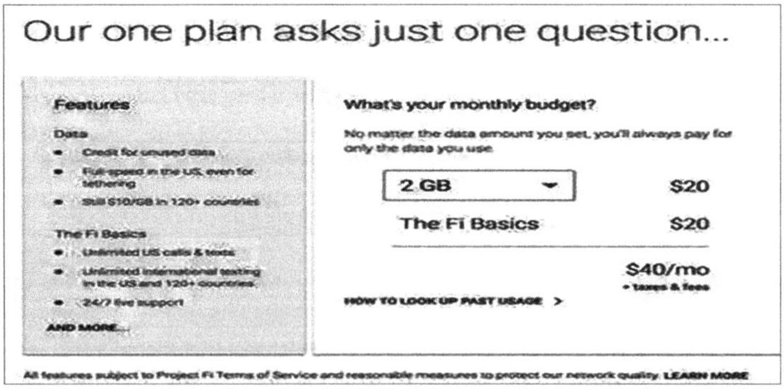

图 4-9 订购界面

融合的数字化产商品

数字融合打破了行业边界、组织边界及数字化产品形态边界（按数字内容、数字应用软件、实物终端、通信连接、平台服务划分），通过生态技术融合，使产品按照用户的价值重新定义并推向市场。

如表 4-1 所示的企业实践了不同模式的数字化融合，包括产品级的深度融合、商品级的融合销售等。

表 4-1　数字化融合案例及模式描述

融合案例	模式描述
亚马逊	**平台 + 内容 + 硬件 + 物流融合模式** 基于开放的高效物流配送体系和云服务平台，以电子书、音乐、视频和娱乐等数据内容为核心，加大 Kindle、Kindle Kire、平板电脑、手机等硬件产品投入。同时，布局线下实体书店，为其经营的 Kindle、Fire TV、Echo、Fire Tablet 等硬件产品提供线下体验，以使线上线下融合互动
腾讯会员	**会员的各项特权服务与各类内容融合** 服务于 IM 的 QQ 会员，以 IM 为中心向其他领域扩散，例如融合功能特权、游戏特权、生活特权、装扮特权等。QQ 黄钻服务于社区 SNS（QQ 空间），QQ 红钻服务于 QQ 秀，绿钻服务于 QQ 音乐，蓝钻服务于 QQ 游戏大厅……
动态在线教育（vipabc）	**应用 + 教学内容 + 终端** 基于教学应用软件，将基本知识以互联网方式通过终端传授给学者，并且通过互动、VR 及可穿戴设备的应用，形成异地、共享的模式
Orange 车联网业务	**平台 + 通道 + 终端** Orange 车联网系统分为三大部分：车载终端、云计算处理平台和数据分析平台，根据不同的行业对车辆的不同需求，实现对车辆的有效监控和管理。车辆的运行往往涉及多项开关量、传感器模拟量、CAN 信号数据等。驾驶员在操作车辆的过程中产生的数据不断被发送到后台数据库，形成海量数据，由云计算平台实现对海量数据的过滤和清洗，数据分析平台对数据进行报表式处理，供管理人员查看。 **通信 + 救援 + 医护 + 保险** 若车辆在行驶过程中出现意外，则车辆自带的传感装备将自动向呼叫中心发出救援，启动 GPS 定位系统和通信系统。呼叫中心可以与当事人进行对话，明确是否需要安排救援医护等工作，同时保险服务介入，进入理赔和保障环节
电信宽带融合业务	**基础电信语音业务 + 宽带 +IPTV+ 流量（定向 / 非定向）** 为了满足用户对当前语音、数据业务、电视节目及家庭语音、数据资源共享的诉求，运营商提供了家庭计划融合产品包，包含固定的语音时长、较大的数据流量包、IPTV、固话、宽带等，使用户随时随地处于网络中，拥有较低的资费。 手机语音、数据业务属于短流程业务，开通时相对简单；宽带、IPTV 等业务由于需要现场施工，受理流程较长，但这种长短流程相互融合的场景在现实中是必需的。可通过业务规范、管理办法及系统建设加强流程管理的模式，规避长短流程融合的问题

【案例：AT&T Digital Life 融合产商品】

我们以 AT&T Digital Life 为例，分析数字化融合产商品形态。

AT&T 于 2013 年正式商用其智能家居服务“Digital Life”，为其移动和宽带用户提供端到端的融合服务体验。其主要的赢利模式如下。

- ○ 以两年期合约的方式收取最终用户订购费（含设备）。
- ○ 与其他服务提供商进行商品打包销售，以增加新的设备销售。
- ○ 向海外运营商输出其智能家居平台服务，已输出至西班牙电信运营商 Telefonica。

通过分析其产商品，我们可以用“产品融合、商品分级”来概括其智能家居服务“Digital Life”。

（1）产品融合：通过自建平台整合众多合作伙伴产品和服务资源，包括硬件设备、安装服务、网络服务、平台监控服务、跨屏移动应用等多形态产品及服务，面向用户实现融合的端到端价值服务。设备型合作伙伴有 Cisco（家庭控制器）、Yale（门锁等安全设备）、Honeywell（恒温控制器）、Aon（照明控制设备）和 Linear（无线安全控制器）；服务型合作伙伴有 AT&T 品牌的安装服务商（具备专业资格认证的安全系统安装人员，例如水管工、电工等）。

（2）商品分级：基于融合产品设计分级的标准化套餐商品，以及灵活的可选组件商品，既简化了用户订购选择，又满足了个性化需求。

在 AT&T Digital Life 分级的标准化套餐产品中，基础版提供家庭安全监控基础服务；升级版提供增强的智能安全监控与控制服务；终极版进一步增加全面的智能安全自动化控制服务。不同的版本包含不同价格等级的设备，如图 4-10 所示。

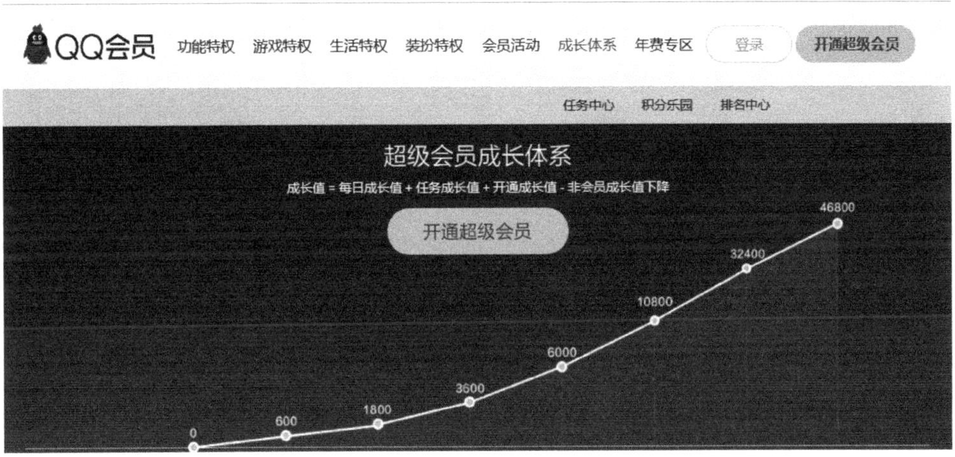

图 4-10　AT&T Digital Life 分级的标准化套餐产品

“Digital Life”在标准化套餐的基础上，提供了额外的可选组件包以实现增值的家庭安全和便捷服务，满足用户的个性化定制需求。如图 4-11 所示，Video Camera package、Door Pachage、Energy Package、Water detection Pachage 等都是额外的可选组件包。

Overview	Features	Devices	Fee
Video Camera Package Keep an eye on your house while you're away.	• View live or previously recorded video of your home. • Program camera to capture video or take a snapshot when motion is detected.	• 1 Outdoor Camera	Due today: $99.99 Monthly charge: $9.99
Door Package Remotely lock and unlock the front door or control your garage door. 2-yr agmt req'd. Early term (up to $640), other fees & service rest. apply. Due today: $49.99 Monthly charge: $4.99	• Control door locks and your garage from your smartphone, tablet, or computer. • Program multiple access codes for keyless entry to your home. • Set notifications to be alerted when doors are opened to let you know who is coming and going. • Program your security system to immediately disarm when the master door lock code is used for added convenience.	Choose one: • Garage Door Controller $49.99 ea. • Pushbutton Door Lock $99.99 ea. • Touchscreen Door Lock $149.99 ea.	Due today: $49.99 Monthly charge: $4.99
Energy Package Remotely adjust the temperature and control small appliances. 2-yr agmt req'd. Early term (up to $640), other fees & service rest. apply.	• Manage your home's temperature and control small appliances from your smartphone, tablet or computer. • Help conserve energy by creating programs to adjust your temperature on a set schedule.	• 2 Indoor Smart Plugs • 1 Thermostat	Due today: $179.99 Monthly charge: $4.99
Water Detection Package Help avoid water damage with water and temperature sensors.	• Leak notifications via text or email. • Monitor ambient temperature.	• 2 Temperature & Water Sensors	Due today: $49.99 Monthly charge: $4.99

图 4-11　AT&T Digital Life 增值服务

4.1.3　解析数字化产品的特点

各行业内的数字化产品形态多样、变化万千，各种创意在迅猛发展的科技下转化成为产品的速度之快令人咋舌，不同产品的融合也层出不穷。产品的发展趋势和特点总结如下。

产品智能化，形态多样化

随着 AI 技术的发展及应用的推广，产品变得越来越聪明，“智能”成为 2018 年国际消费类电子产品展览会（CES）的关键词，出现了智能取酒器、通过拍摄脸部照片分析用户的肌肤问题的智能镜子、关注老人摔跤问题的 E-Vone 智能鞋、关注老年痴呆患者的智能睡衣、AR 智能牙刷，等等。例如，好未来开发的“魔镜系统”人工智能辅助教学系统，可以借助摄像头捕捉学生上课时的举手、练习、听课、发言等课堂状态和面部有关情绪变化的数据，生成专属于每一个学生的学习报告。除了在教育行业，AI 在各行各业的应用都在不断发展。

由于承载数字化产品的平台和终端更加智能，我们通过手机、平板电脑、工作站等各种数字设备与物理世界发生了联系，这些连接与应用使得数字化产品的形态多种多样，任何行业应用都可以通过数字化形式令人耳目一新。前面提到的数字化产品只是冰山一角，未来将会出现更多的形态出人意料的数字化产品。

基于软件定义，没有做不到

数字化时代的产品完全颠覆了以往人们对产品的想象，未来所有的企业都将是数字化企业，而 IT 未来的核心是软件定义。在软件世界里，重构变得前所未有的容易，从而使整个信息生态加速向前发展。软件不仅定义了各种信息化的设备，其本身也在被重新定义。例如，Apple Watch 的软件定义表盘可以随时改变为用户想要的风格；智能手表通过安装“手电筒”软件也可以作为一个手电筒来使用，如图 4-12 所示。

图 4-12　Apple Watch 软件定义表盘

极简与个性化，满足用户的体验和诉求

用户对操作的要求永远都是简单和方便。简单得连孩子都会用的 iPad 被大众快速接受并广受好评。无法想象一个操作烦琐的数字化产品能够在当今时代得以生存。“大繁至简”引领了当今数字化产品的设计理念，多数烦琐的功能都能隐藏在简洁的使用界面和流程下，甚至在苹果的 iWatch 中，运营商的资费套餐都抛弃了传统的各种收费项目，变成以流量计费的简单模式。

在互联网及大数据的冲击下，企业家们一觉醒来，突然发现用户需求变了，用户对产品的需求越来越个性化。“私人定制”从以前绝不敢想变成未来的趋势，设想用户突然想要一辆汽车，就可以拿出手机，点开 App，输入你的定制化要求，然后就只需坐等工厂安排生产、组装和配送了。

例如，我国的电商巨头京东推出京 · 制战略，以定制为核心满足用户对个性化需求。京 · 制战略分为服饰定制和个性定制两个业务维度，除了已经上线了男装、女装、珠宝、眼镜四大品类的业务，在个性化市场上，京东电脑办公也打出了“私人定制”的牌子，可以实现 IT 设备的外观定制，还提供了包括主机、游戏本等硬件配置定制的服务。

产品融合，跨界合作生态共赢

各行各业都在进行数字化转型，数字化技术的发展在推进行业的融合创新，在生态圈内能力互通、流量引流、流量反哺，以用户需求为导向，面向用户进行跨形态、跨行业、跨企业重新融合。融合包括以下几个方面。

○ 跨产品形态的纵向融合。

○ 跨行业、企业的横向融合。

○ 同时跨产品形态、行业、企业的多元化融合。

通过融合可以打造生态经济，向用户提供包括自身和生态圈内第三方应用和服务在内的一体化服务。通过融合也推动了后台支撑与前台交互的变革。从业界融合的案例分析中，我们可以发现生态融合的方面包括：基于自身优势产品融合；基于数字化趋势的产品融合，重点关注物联网、内容、会员服务产品；用户价值最大和用户体验最优。从融合的深度进行分析，以用户体验最优为目标的融合适合做深度融合；以用户价值最大化为目标的融合适合商品级的浅融合以促进销售。

产品创新，场景驱动多维融合

数字化产品的融合是由场景驱动的，包括用户的消费场景及用户的使用场景，这些都会推动产商品的融合重构。在用户消费场景下通过产商品融合，企业可以进行有利可图的交叉销售，使交叉销售的机遇最大化，能交叉销售的产品通常是相关的，比如增强、互补或衍生，例如品牌经营向礼包化销售转变、打通整个消费过程的生态环境给用户带来更好的使用体验等。

用户使用场景下的融合，是为了满足用户在工作、生活等各类场景下的产品应用的便利性。如图 4-13 所示，针对用户自驾出行的场景，我们分别从五大数字化产品形态与不同行业维度交汇融合，创造出不同的数字化融合产品形态，例如汽车的远程车况诊断、物联宽带、车联网平台通知等。

其维度不仅仅局限于产品形态与行业，可以更加发散，个性化增维将最大限度地促进创新，例如我们可以基于用户使用场景的融合产品创造出以下应用。

- ○ 自驾出行场景：资讯娱乐行业 + 金融保险行业 + 汽车行业，即内容 + 应用。
- ○ VR 虚拟授课场景：家居电器行业 + 教育行业，即内容 + 应用 + 终端 + 连接 + 平台。

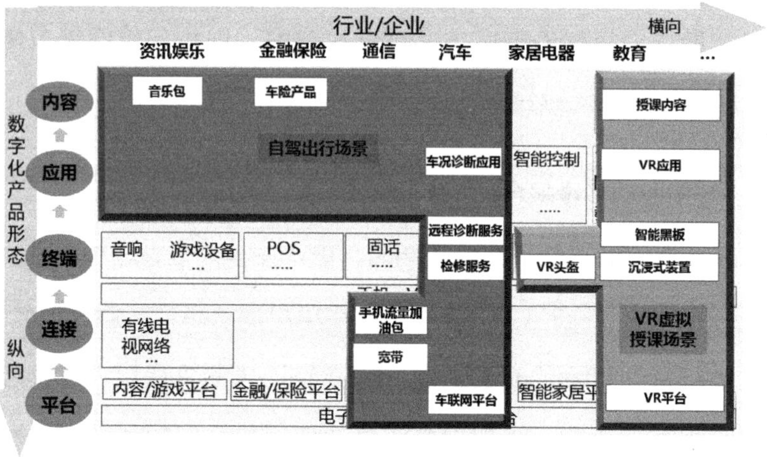

图 4-13　面向用户场景的横向纵向融合示例

这些创新不仅发生在用户服务市场上，也发生在企业市场上。创新服务与现有服务的整合与协同，将为用户创造更好的使用体验。同样，基于软件开发的各类平台可以基于软件定义的超融合架构，根据业务的需要，通过增加模块的方式增加计算能力或存储能力，以支持大量并发的计算能力或存储能力。

4.1.4 产品催生多态的商品

多态的产品产生了更加多态的商品，变化多样的用户需求也带来各种各样的商品销售模式，因此在数字化时代，商品变得更加灵活、融合和共享，其定价和销售模式也更加创新。

商品的多态，以多态的供应与销售方式应对多变的用户需求

在数字化时代，用户的诉求变化多端，售卖渠道也多种多样，促销、支付及物流配送也与传统商品的售卖有很大不同。商品作为产品供应品，其产品的多态决定了其售卖形态的多样，可分为单体、融合商品。融合商品又分为固定组合和可变组合商品、用户定制化商品。销售方式定义了商品的卖法、定价等，它改变了商品的价格。随着移动互联网时代的发展，如何把产品更好地包装以促进商品更好地销售、如何便捷地支付、如何更加多元多态地把产品交付到用户手中，成为了数字化时代商品的最大特点。

商品的融合共享，最大限度地提升商品的价值和利用率

融合是数字化产品的特点，也是数字化商品销售模式的创新之举。融合的表现形式包括：将不同类型的产品融合成一个商品，以提供多种服务，例如前面提到 AT&T 的数字生活商品；不同类型的商品的融合销售，包括线上与线下、媒介与渠道、内容与品牌，将营销和销售融入“场景”中，实现“情景交融”的传播境界和销售效果。

协同共享也是数字化时代的新型销售模式之一，在该模式下商品的使用权可以代替所有权进行出售，商品的“交换价值”也可以被“共享价值”替代。

共享经济产权层面的特点是所有者暂时让渡使用权以获取收入的租赁经济，数字化技术大大降低了租赁交易的信息成本，减少了信息的不对称，使原本不可能达成的租赁交易成为可能。比如，有一辆车就可以成为 Uber 或者滴滴司机，有一栋房子就可以成为 Airbnb 或者小猪房东，甚至没有什么实物资本也一样可以成为共享平台上的兼职厨师或者理发师。共享模式的汽车服务如图 4-14 所示。

图 4-14　共享模式的汽车服务

多态的商品销售定价策略

价格是商品价值的货币表现，定价即价格的形成是在营销组合中产生收益的因素。合理的定价不仅能使企业实现赢利，还可以使企业取得竞争优势。在新型商业模式频出的数字化时代，随之出现了多种形态的商品定价策略。

互联网强大的交互性和实时性，让数字化产品的个性化定价成为可能。个性化定价主要基于在数据支持下对用户使用习惯的了解，从而对产品和价格同时进行差异化。由于价格可以瞬间被改变，所以减价销售、抛售及其他形式的促销定价在互联网上很容易实现。比如，航空公司在网站上采用动态定价或者拍卖座位，最后时刻的销售甚至催生了尾票网一类的商业模式。同时，由于边际成本极低、产量不受限，企业往往可以对数字化产品进行各种组合，以实现最大利润。组合定价往往能提供比较大的折扣以吸引眼球，比如微软曾将 IE 免费捆绑在 Windows 上来阻击网景、占领市场。

新型的定价策略也在不断涌现。例如，共享式定价是由共享模式带来的衍生品，其实质是租赁模式定价，此类定价的最大特点是动态调整直至平衡。以快递跑腿服务平台为例，供需双方都是普通的低端用户，其共享经济体可以采取动态定价的策略。另外，在产品众筹时，针对还未面世的产品，支持者可以通过试用来对新产品的性能或服务提出自己的意见，同时提出众筹产品的价格建议。因此，所有定价都是可以动态调整的。

4.2 运营紧跟产商品之变

产品的数字化基因的发展，延伸了产品的生命周期，需要企业构建跨越产品全生命周期的运营能力，并围绕“用户至上”的理念，具备“柔性应变”的产商品运营能力来适应用户的个性需求。本节剖析在数字化时代下的产品运营和商品运营的特点与内涵，并提出“大规模定制”“生态融合”都是企业应对用户的个性化需求的新型模式，企业需要构建与其匹配的产商品运营能力。

4.2.1 数字化延伸产品运营

产品从进入市场，到成长、成熟，再到最终走向衰亡，这整个过程都属于产品的市场生命周期。更广泛的生命周期包括产品诞生之前的产品需求、理念、规划、设计、开发过程，就好比人的生命一样，在孩子诞生前，父母前期的准备和孕育的过程也是人生的一部分，人生需要打理，产品同样需要运营，产品的生命周期曲线如图 4-15 所示。

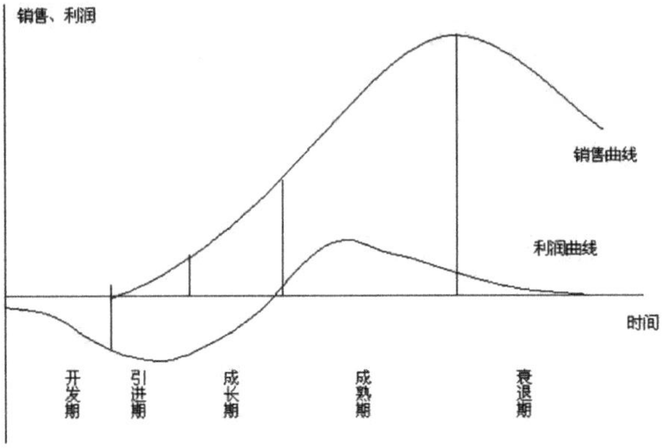

图 4-15　产品的生命周期曲线

在以往的传统行业中经常提到产品数据管理、产品生命周期管理、产品市场营销三个概念，产品运营似乎是在互联网公司出现之后才盛行的说法。互联网公司注重的产品运营是通过一系列手段打造吸引用户的、有活力的产品，产品运营需要思考业务的核心指标，重视数据驱动，基于数据分析结果进行运营手段的调整。对产品业务核心指标的重视，驱动着运营人员思考有哪些运营手段能给核心指标带来贡献，有哪些手段能带来业务增量，具体到每个运营项目的成本、收益比，比如此次活动投入多少、为公司带来多少流量、有多少转化，等等。

在数字化时代，产品数字化基因的发展导致产品的形态和特征发生了巨大的改变，这使得产品运营的范畴更加广泛，这意味着我们应该构建跨越产品全生命周期、具备应变能力的运营体系，才能顺应数字化时代的发展。

产品形态已经发生了颠覆性的变化，以智能冰箱为例，其形态的变化使得冰箱与用户之间的关系与传统的冰箱相比发生了改变，传统的冰箱在被卖给用户后，除非产品发生故障或用户打售后服务电话进行保修，否则企业与用户之间的联系极少。而对于智能冰箱产品而言，产品销售的完成是另一个运营阶段的起点，由此可以看出，数字化延伸了产品的运营范畴。在产品的使用阶段为用户与产品之间建立更加紧密的联系提供了可能，因此运营变成了需要跨越整个产品生命周期的运营。例如，海尔服务率先推出智能互联服务，当智能家电发生异常时，会通过网络自动发送数据到云端平台，自动诊断出故障类型，并将相关信息和解决方案同时发送给用户和服务方。又如，当冰箱温度出现异常时，App 会提醒用户查看是否忘记关好冰箱门，如果持续异常，则服务人员会主动联系上门服务。除了智能互联服务，智能冰箱也是一个集在线购物、影音娱乐、营养推荐等功能为一体的在线服务平台，产品运营的内涵也更加广泛。对于那些通过数字化基因改造、形态已经完全改变的产品，例如新型数字化媒体，其产品运营的方式更是发生了彻底的改变。

同时，数字化产品特征的改变对产品运营提出了新的要求，即产品运营需要具备应变能力。之所以这么说，是因为在数字化时代，产品的特征呈现出生命周期变短、极简与个性化需求并存、多样化、融合化等特点，这些特点对数字化产品运营的核心需求就是能应变。例如产品生命周期变短，就对快速引入新产品及支持产品快速、有序、体系化地退出的运营支撑能力提出需求；数字化产品快速迭代的特性，需要支撑 Software-based 产品对版本控制的要求，需要构建开发运维一体化的体系；简化及个性化的产品需求，要求产品能够按需而变。同样，营销、生产等运营也要按需而变，产品的融合化要求构建打破组织壁垒的融合运营能力与机制，数字化产品的多样化要求实现多态的数字化产品管理的需求，以及多态的产商品目录管理和多态灵活的订购支撑。

那么数字化时代“跨越产品全生命周期、具备应变能力”的产品运营内涵有哪些？可以总结为两点。第一，从对外的角度来看，产品运营是能够连接产品和用户的一切手段。对于不同的业务形态、产品形态及产品生命周期阶段而言，产品和用户之间的关系是不一样的，产品的“大运营”应该协同企业市场、研发、产品、运营、商务、销售等各部门，贯穿从产品创意到产品退出的整个生命周期，建立产品与用户间的连接，与用户在多个环节进行互动，打造满足用户的想法和需求的产品。第二，从企业内部管理的角度来看，产品运营是产品的管理机制，通过该管理机制来保障敏捷、柔性、有序的产品创意、规划、设计、研发、生产、营销、交付、服务等。数字化时代的产品运营如图 4-16 所示。

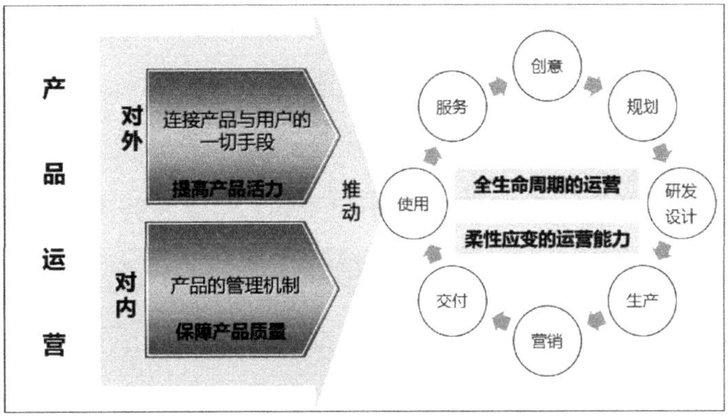

图 4-16　数字化时代的产品运营

如何制定数字化产品运营策略

产品运营具体包括一套管理机制、支撑体系及一切连接用户和产品的手段，来帮助打造更具活力的好产品。产品运营策略需要秉承“用户至上”的理念，根据产品的形态、生命周期阶段及需求场景的不同而形成不同的运营要求，并制定不同的运营策略与原则。

1. 不同类型的产品形态有不同的运营要求

不同形态的产品，比如内容类应用产品、工具应用产品、电商应用产品、物联网应用产品、终端硬件产品、通信连接产品、平台服务产品等的运营策略是完全不同的。比如平台电商有两端：一端是商家，另一端是用户。一般的逻辑是先做商家的运营策略来聚合商家，然后通过优质商家、优质产品来吸引用户，当用户达到一个临界值的时候，运营策略倾斜到用户端，比如如何提升用户在电商平台的购物体验等。如果是一个纯粹工具型的应用产品，比如搜索、支付应用等，那么这个工具对用户有没有价值是关键，运营策略就应该侧重于放大产品价值并传播出去，这时推广和渠道很重要。如果产品工具还不太完善，运营就要帮助打磨产品价值，让工具不再干巴巴，而是通过附加功能点变得有血有肉，就好比现在的导航 App 不单是一个地图工具，还嵌入了美食、酒店、用车、景点门票购买等服务来提升用户的黏性。而对于内容类应用产品，内容是该应用最为核心的资产，丰富、优质的内容是平台吸引用户的根本动力，所以产品运营的策略应该以提升内容的质量、增加内容的数量、引发内容热点讨论为重点。比如：除了通过专业编辑生成内容，运营策略还可偏向于引导用户生成优质内容并自发传播，或通过合作引入外部内容等手段来丰富内容。

2. 在不同的产品生命周期阶段，差异化定义运营目标

正如一个人在成长的不同阶段会有不同的生活状态一样，产品在不同的生命周期阶段其运营的目标存在差异，需要有适合其阶段的运营方式，所以在考虑运营策略时一定要结合产品的实际发展阶段。

在产品规划阶段，产品需要有与企业发展远景相匹配的清晰明确的定位和发展路线规划。规划需要考虑解决用户的哪些核心需求？如何与用户互动获取用户的创意？需要考虑产品附加什么数字化特性来适应时代的发展和满足用户的期待？需要割舍哪些传统产品、发展哪些数字化产品，等等。

在产品研发阶段，用户不仅仅是产品的用户，更是产品创新的参与者。这个阶段的运营目标是让用户深度参与设计，持续获取用户已知的和潜在的需求。用户与企业交互，即与企业的市场营销、研发、生产等人员协同

进行产品的创新。如：小米“橙色星期五”互联网开发模式就是以广大的小米用户为核心，由上百人的 MIUI 团队在论坛上和用户互动，听取用户的建议和需求，每周更新系统，并在保留基础功能稳定的基础上，把好的或不够好的想法，成熟的或还不成熟的功能都放入系统中，毫无保留地放在用户面前，供用户使用、测评。随后，MIUI 会在下周的第二天让用户提交使用过后的“四格体检报告”。该体检报告会以系统消息的形式从用户手机里弹出，每期参与人数达十多万。通过四格报告，可以汇总出用户对上周哪些功能最喜欢，哪些觉得还不够好，哪些功能正广受期待。接着小米工程师会根据用户的反馈对系统进行修改，协助产品在每周的版本更新中进行修复和优化。再如，普元的“Inside Out”的产品研发设计开放计划也将其“云计算”产品的研发设计过程全程对外开放，组建了十几个百人级的微信群，通过微课堂、话题讨论、公众平台这些数字化的手段，来组织大家调研需求和征集想法。

在进入市场后，探索期的产品上线时间短，还处在快速迭代的产品打磨阶段，运营需要挖掘种子用户并让其反馈体验，贡献好的创意，推动传播，帮助产品成长；成长期的产品需求已得到验证，需要快速占领市场，跑赢竞争对手，运营要主攻用户增长，拉新是关键；成熟期的产品已初步站稳市场也获取了大批量的用户，运营要做好用户留存和维系，同时着力完成商业变现上岸赢利；衰退期的产品已走到生命周期的尾声，替代品出现，用户流失，运营要做好流失用户挽回和尽量延长产品生命周期。不同的市场阶段产品的运营策略要随着阶段目标而加以调整。

3. 基于产品需求场景制定差异化运营策略

产品的诞生是为了解决用户的某个需求痛点，运营人员需要思考这些需求会出现在哪些场景下，产品和用户又会在什么场景下产生连接，在制定运营策略时可以充分考虑在既定场景下如何引导用户完成转化。例如：租车 App 主要场景包括短途周边自驾游、异地租车自驾游、旅游爱好者长途川藏青海游、商务出行、新手练车、春运回乡用车、出险替代用车等很多场景。运营人员可以基于不同的场景主推车型、营销活动等差异化运营，如全家周边游主推轿车并支持打折、赠送户外帐篷等活动。成都川藏长途游主推探险 SUV 车型并随车赠送汽车储备箱，练车租车赠送免费 2 小时陪练等。这些案例都是从用户的使用需求出发来提供服务，通过一系列场景化运营活动来提升业务目标。另外，基于场景的差异化运营，还可以根据需求的时间、地点不同而形成不同的场景。比如，可根据每日不同的时间段、季节和节日、地点的城市区域等进行场景运营，租车公司服务示例如图 4-17 所示。

图 4-17　租车公司服务示例

借助内容运营提升产品运营

前面提到，数字化产品包括数字内容、应用软件、实物终端、通信连接、平台服务，产品间的差异使得每一类产品都有其特有的运营内容，比如为开发者提供一站式服务能力的开放平台，一般包括能力开放引擎、应用开发工具、应用运行环境、应用商店等几部分。开发者在平台中得到丰富的能力，通过应用开发工具将能力聚合，形成满足用户需求的应用；然后由平台分配运行的基础设施资源，将其部署到应用环境中，最后通过应用销售商店展示给用户；再通过运营丰富服务能力、优化开发工具、优化运行环境、促进应用销售，使应用开发者、服务能力提供者、平台商都能获取相应的收益。因此，具备了智能属性、连接属性的数字化终端，其运营包括设备运行监控及主动式的售后服务提供等，商品运营是电商平台运营的核心。总之，数字化产品的种类很多，不胜枚举。

在这个以内容为王的时代，除了内容主导型数字化产品重视内容，一些技术型产品的公司也已经开始逐步重视产品的内容运营，因为用户的时间是有限的，只有深度的内容才能吸引用户关注产品，所以运营人员巧妙地将内容准确、有效地呈现给用户。对各类数字化产品的运营都很重要，下面对内容运营进行简单说明。

不同的内容应用的内容类型各有差异，可以是资讯内容、视频内容、音乐内容、阅读资源，等等，但内容类应用的产品运营不外乎包括：内容生产、内容入库管理、内容展现推荐、内容的热点运营。

内容生产的来源可以大致分为三类：UGC、PGC、外部转载。UGC是英文User Generated Content的简写，即用户生产的内容，目前典型的UGC产品是小红书、知乎、简书等；PGC是英文Professional Generated Content的简写，即专业人士（机构）生产内容，例如门户网站、视频节目、优质电台节目、大众音乐平台等内容都是由专业团队生产的，内容生产的手段也趋向数字化、智能化。在里约奥运会期间，“今日头条”实验室研发的AI机器人“张小明”通过对接奥组委的数据库信息，实时撰写新闻稿件，以跟电视直播几乎同时的速度发布稿件；外部转载是通过正规渠道联系授权得到作者许可转载外部的内容。

内容入库管理：海量的内容并不是随意堆砌在一起就可以的，如果没有良好的结构把海量内容保存起来，则所有内容都是一堆无法使用的“垃圾”。与实物相同，内容同样是需要入库管理的。入库管理第一步需要做内容的结构化信息处理，以音乐为例，音乐的直观表现形式是一首首歌曲，进一步分解之后，一首作品的结构化信息有：演唱者、唱片公司、专辑名称、发行日期，等等。同时，对于内容需要构建内容的分类体系，当内容多的时候，用户必定只选择自己感兴趣的内容来消费，分类就是提供一个选择的入口。同时，需要构建灵活的标签体系，相比分类，标签会更加灵活，就好比一本书放在一个书架上，但是可以往上面贴上N个标签：作者、中文、小说、当代文学，等等。电脑在搜索的时候，只要命中其中一个标签就可以找到这本书。

内容展现推荐是直面用户的一道程序，常见的推荐形态包括热门、排行榜、编辑推荐内容、个性化智能推荐。目前流行的个性化推荐系统，比如豆瓣 FM 的猜你喜欢、亚马逊的为你推荐，几乎都基于标签系统。

内容的热点运营能直接为内容带来阅读量、粉丝量、转发率，进而增加产品的下载量、用户数、商品的销售量，等等。做内容热点运营，首先要能发现热点，热点包括可预测的热点，例如年节假日、马拉松大事件等；也可以通过百度指数、微博热门话题排行榜发现热点；还可以根据产品的用户群、不同的用户圈层来发现不同的热点，比如针对母婴类，发现热点要关注孩子成长相关的内容，因为妈妈是女性，可关注时尚、情感等。发现热点后如何利用热点？主要考虑的是热点事件运营要贴近自身产品和用户，通过多角度拆分热点事件内涵，挖掘自身产品和用户与热点的关联，通过撰写图文资讯、微博、微信公众号、网络社区、合作媒体等渠道传播该资讯。

4.2.2　数字化时代的商品运营

产品运营关注的是为用户提供什么样功能的产品，满足用户的需求，从而吸引更多的人使用产品。但商业的本质是赢利，所以产品会以某种形式进入交换环节成为商品。这时商品要实现更好的销售业绩，商品运营就非常关键。作为产品的一个特殊阶段，商品运营关注的是产品以何种形态变现，如何实现更好的销售业绩。正因为商品运营对企业的关键性，所以本节对其着重进行分析。可以预见的是，随着人工智能技术的发展，商品运营也越来越智能化；比如阿里巴巴的机器智能推荐系统，双 11 当天产生了 500 多亿元的不同货架。其 AI 设计师鲁班，便借助 AI 技术很快设计出 4 亿多张商品海报，推动了商品运营效率的提升。

商品运营需要利用商品包装、组合和灵活的价格策略来吸引用户消费，这涉及商品命名、定价、促销等环节，涉及企业的商品结构规划、商品的定价策略、商品的库存管理、商品陈列优化、商品信息优化、商品类目管理等运营内容。下面从商品运营策略层面和运营操作层面对数字化时代的商品运营进行分析，商品运营策略与操作内容如图 4-18 所示。

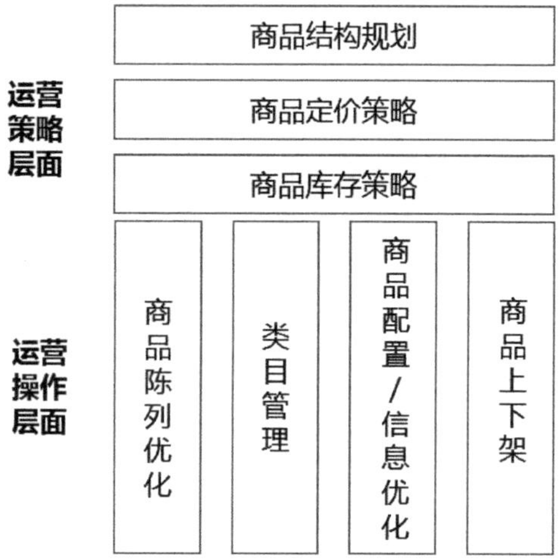

图 4-18　商品运营策略与操作内容

首先，商品运营策略层面包括商品结构规划、商品定价策略和商品库存策略。

1. 商品结构规划

不论是电商店铺或线下实体店铺，商品结构是企业商品运营中最根本的问题。商品结构是符合企业市场定位及用户需要的“商品组合”，商品很丰富，通过对商品进行合理的筛选，我们的销售资源如资金、场地等可得到合理的配置，获取最大的收益。从商品本身的属性来看，商品结构包括品类结构、品项结构，即要确定不同产品类别、每类别下不同产品在商品总构成中的比重，对于服装、鞋类等产品还要进一步明确款式结构、码数结构等。

对于虚拟的数字化产品、服务产品、数据产品，其交易平台也需要商品结构规划，对数字化产品交易平台而言，建议其商品结构规划围绕企业的生态布局战略展开，或者围绕满足数字化产品研发生产过程所需的各种要素展开。以阿里云服务市场这个数字化产品交易平台为例，如图 4-19 所示的商品品类布局就涵盖了基础软件、开发者工具、商业软件、建站推广、安全、专家服务、API 服务等数字化产品开发要素，也涵盖了物联网等新兴领域的布局。

基础软件	运行环境　运维工具　数据库……
开发者工具	源码管理 项目管理 消息队列……
商业软件	办公协同 销售管理 企业服务 财务人事 生产/供应链……
建站·推广	企业站 电商站 网站模板 定制APP 个性定制 推广与营销……
专家服务	数据迁移 培训认证 环境配置……
安全	网络安全 主机安全 应用安全 数据安全 安全管理 安全服务……
API服务	金融理财 电子商务 人工智能 生活服务 交通地理……
物联网	通信模组 家居智能 家电智能 工业城市联网……

图 4-19　阿里云服务市场商品品类布局

京东万象数据服务商城目前的数据产品覆盖了金融、通信、交通、营销、应用开发、商贸、机器学习、海关贸易等多个数据领域，包括 API 集市、块数据集市、报告集市、数据定制 4 大类服务产品，整个京东万象平台商品的结构规划都是围绕丰富“大数据”产品供需生态而建的。

从营销推广的角度来看，商品结构规划又可划分为引流款、利润款、活动款。引流款是为了吸引客流而存在的，这类商品的利润空间比较小。什么产品可以被定义为引流款？那些表现比较给力，比如购物车、收藏夹比较多的产品可以被定义为引流款，或者可以借助某些平台的直通车词库或搜索指数找到即将要热卖的产品关键字，更准确地预测用户需求，从而提供具有吸引力的引流款产品；利润款，指有让人满意的利润空间的产品，这种产品不需要拼价格，是店铺利润的主要贡献者；活动款主要是为了参加店铺或电商平台活动而存在的。

做好店铺的商品规划还与店铺的发展阶段相关。比如：在新店阶段无人光顾，该阶段的重点是根据前期的目标用户进行多方式的选品，以确认店铺的核心商品。在选择好主推产品后，做好主推商品营销计划，按照营销方案有节奏地一步步打造爆款。商品规划还与店铺的促销时段有关，在做促销期间的商品结构规划时，要提早做市场数据分析，比如可以使用搜索指数作为市场需求分析的依据，这能够较为客观地代表用户的需求。

总之，商品结构不应该是一成不变的，应该是动态运营的过程，随着时间、地点的变化，商品的结构可以不同。因此可以依据商品结构变化与业绩之间的关联，为商品结构的进一步优化提供更有力的依据。

2. 商品定价策略

定价的目标是促进销售，价格是市场营销组合中最灵活的因素，它可以对市场做出灵敏的反映。在市场需求和成本所决定的可能价格范围内，竞争者的成本、价格和可能的价格反应都会影响企业的定价策略。目前常用的商品定价机制包括固定定价和人工智能动态定价。动态定价指企业根据市场需求和自身供应能力，将同一商品以不同的价格销售给不同的用户或者细分市场。动态定价是否合理，观点各异，但对于企业来说动态定价的好处很多，当商品卖得很火时动态提价、销售额提升，当商品卖得不好时通过价格的调整便可及时清理多余库存，总之对于提升收益有很多好处。动态定价符合当今数字化时代的需要，它在买家和商家之间找到了更好的平衡点。动态定价被普遍用于航空和酒店的预订中，现在也开始渗透到电商领域。亚马逊、京东等电商都已经采用了动态智能定价算法。京东计划日常的非促销产品价格调整 80% 以上由系统自动处理动态定价。动态智能定价算法基于对价格、商品、用户信息的精准研判，通过持续的数据输入和机器学习训练，可以平衡商品的毛利润和销售额目标，计算最优价格。京东目前拥有超过 2 亿的活跃用户，超过 1 万家活跃的供应商，动态智能定价将大量人力从烦琐的重复工作中解放出来，在提高运营效率的同时保证了企业的收益。而传统的线下零售较难实现动态定价，因为频繁调价所需的成本太高，光价签就得做几百个。但随着新零售的发展，数字标签的应用使得实体店的动态定价成为可能。

对于新型的数字化产品服务，其定价模式更加多样、灵活、复杂。可以按照时间定价，例如云服务产品，可以按照包年包月的方式购买；也可以按量付费，按实际开通时长以小时为单位内发生的量进行收费，比如公网带宽按使用宽带流量计费，存储按照“存储空间 × 时间”计费；也可以按照调用次数定价，如图 4-20 所示的 API 服务就是按照调用次数阶梯定价的。

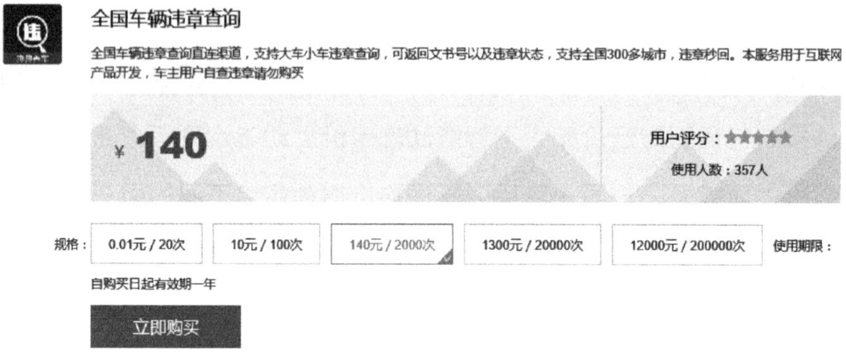

图 4-20　API 服务定价示例

商品还可按照计费模型动态定价，比如阿里云的“函数计算”产品的定价按调用次数、执行时间、公网流量进行综合定价，其计费公式为“调用次数费用 + 执行时间费用 + 公网流量费用”，其中，调用次数费用根据用户在所有函数上的调用总次数计费，每月前 100 万次调用免费，此后每 100 万次调用 1.38 RMB，执行时间费用与代码执行的总时间及为函数执行分配的内存大小有关。图 4-21 举例显示了每 100ms 不同内存大小的免费套餐秒数及相关价格。公网流量费用是指如果函数使用了公网进行数据传输，则按使用的公网流量根据公网流量价格进行计费。这个产品最终的价格是基于实际使用情况动态计费的。

内存（MB）	每个月的免费套餐秒数	每 100ms 价格（RMB）
128	3200000	0.000001435
192	2133333	0.000002153

图 4-21　按照计费模型动态定价示例

3. 商品库存策略

无论是线下零售终端还是线上商城，商品库存的管控都很重要，如果库存控制不力，就有可能导致商品过多或不足，商品过多则容易导致滞销积压，商品过少则丧失销售机会。库存管控首先要对商品的库存进行规划，包括库存数量规划、库存货位规划。

合理的库存数量规划能够及时满足用户的需求，减少库存积压造成的损失，提高利润率。库存数量规划要求在正确的时间保有合理数量的库存。库存数量规划按场景可以分为常规时期的库存规划和促销活动期间库存规划。比如：为迎接双 11、6.18 等各种电商节，不仅需要对促销期间的备货进行规划，而且需要对促销前货品和促销后货品的数量进行规划。

合理的库存货位规划有利于解决商品库存作业的流程速度慢、效率低以及空间利用不足的问题。商品的货位规划会考虑动销率、商品之间的相关性、品类的同一性等因素，利用与这些因素相关的一些规则进行运算，优化库位分配。比如：以动销率为基础的规则，会将商品按照动销率排序，再将其分为三至五组，按动销率的大小划分区域，区域内再按品类、品项来划分，动销率越高，离出入口越近。除此之外还有很多其他库位规划法则，通常货位优化是一种优化和模拟的数字化工具，它可以独立于仓库管理系统进行运行。因此，综合使用多种策略或交替使用各种策略在虚拟仓库空间中求得满意效果后，再进行物理实施，不失为一种较好的实际使用方法。

虚拟的数字化商品是没有实物形态的产品，所以无须有形的仓储设备，一般也不存在库存数量及库存管理。但是在数字商品的资源有限时，需要通过库存管理的模式实现资源的管控，比如：移动运营商的套餐在 5.17 活动期间限量半价订购，在这种情况下需要对虚拟的套餐商品，通过库存管控资源促销。

另外，商品运营操作层面的内容包括商品陈列优化、商品类目运营管理、商品配置 / 信息优化、商品上下架等。

1. 商品陈列优化

店铺形象加上货物摆放规划，构成了商品陈列管理，优化商品陈列管理的目标是优化店铺形象，并且使高业绩的产品易见、易找、易选。

店铺是与用户接触的门面，直接影响用户的购买心理，谁都希望走进一个整洁温馨的商店，所以不论是一个实体店面还是一个网店，其作为一个营销进行的平台，都应该塑造品牌形象，让用户产生心理上的认同感，从而促进买卖的进行，所以店铺优化是商品运营的一项重要工作。

实体货架 / 虚拟货架作为一种有限的资源，需要对其进行合理安排，使有限的货架发挥最大的效益。电子商务平台可以分析页面上陈列的不同商品的点击、销售情况，可以分析同一商品在不同页面的陈列效果或者在同一页面的不同位置上陈列商品的效果，最终为商品选择最适合的陈列位置。商品陈列优化一方面优化了页面布局，让用户花更少的时间找到想要的商品，提升用户体验，增加用户的黏性；另一方面实现了提升销量的目的。

对于线下门店，随着新零售的发展，实体店面也要有新的技术手段来采集线下的用户行为数据，为实体门店的货架优化提供数据基础。

2. 商品类目运营管理

电商平台类目和属性的管理是商品管理的基础，类目属性搭建得好能促进销量，更好地服务商家和用户。大部分电商平台的类目体系都分为前台类目与后台类目，后台类目体系相对比较稳定，给商家建新商品使用，前台类目面向用户，所以前台类目划分要能够使用户快速找到想要买的商品。一般来说，前台类目的设定首先要考虑用户购买行为的搜索逻辑，要考虑类目是否足够丰富得能供用户选择。比如图 4-22 所示的母婴类购物网站，可以按照宝宝的生活场景进行类目分类，分为喂养、洗浴、出行、安睡、游戏、服装等划分类目；也可按照宝宝成长过程中标志性时间进行分类，例如孕期、0 ～ 6 月、7 ～ 12 月，等等。不同性质的电商平台还有很多其他类目划分的方法，通过这些优化，流量可以快速、准确地流向商品。

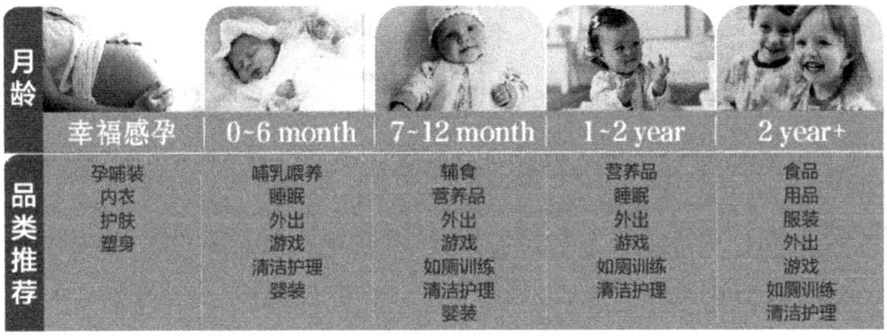

图 4-22　某母婴购物网站的前台类目

另外，首页前台类目的位置是非常有限的，比如 1 号店有 4000 多个叶子类目，没有办法全部一一对应并在前台进行展示，寸土寸金的位置决定了前台类目的玩法必须灵活、多样化、个性化，要经常进行前台类目的调整以适应变化。比如季节变化、大促节点都需要对前台类目进行相应的调整。当换季时，前台类目要展示的商品就要根据各季节用户需求的变化做出调整，进入秋冬季节，服装类目里原来的连衣裙、T 恤就不再是用户关注的热点，而毛衣、羽绒服等就需要被尽快地调整到前台类目上。圣诞节、春节，巧克力等热销类目就会在前台类目中采用标红的形式展示。比如 1 号店周年大促，在所有前台导航的一级类目中都能找到引流到品类分会场的链接。又或者前台类目会根据当前热点在类目中把品牌、型号设定为类目，比如前台类目有华为 P9 这个型号词，这就是抓住一个当前热点，精准定位用户的需求。

3. 商品配置 / 信息优化

在从类目或通过搜索到达商品列表页时会有几页甚至几十页的商品呈现，这时如何快速地找到所需要的商品就需要属性也就是商品的信息帮忙，所以设置合理的商品属性信息至关重要。属性的完整性、丰富度和准确性都很重要，属性的丰富度越高，用户可选择的余地就越大，才能帮用户真正快速地找到需要购买的商品；属性信息越完整，就越能更好地把商品的信息展示出来，帮助用户更好地了解商品；属性的准确性也相当重要，属性填写得不准确，会直接导致前台商品信息的不精准，导致顾客购买产生障碍，甚至会引起投诉。

商品信息的优化影响销售转化。商品本身能不能吸引用户有赖于商品详情、名称、主图、评价等商品信息的优化。比如，美观整洁的详情页能吸引眼球，同样的一款商品，卖的价格差不多，买家永远会看一下商品的详情页介绍，商品详情页越详细，便越可以让买家清楚地了解商品的情况及该商品是否适合自己，详情页的好坏能直接影响买家是否对本店铺的商品下单。随着新零售的发展，线上线下一体化，用户在逛实体门店的时候可能会随时拿出手机扫描商品的二维码来获取更详细的商品信息，所以商品信息的持续优化运营是商品运营的一项重要工作，商品信息需要商品运营管理人员长期的维护和优化。

4. 商品的上下架

商品的上下架是商品运营的常规工作，在一些第三方电商平台上，产商品上下架的时间直接影响着商品的搜索排名，比如：淘宝后台会按照一定的时间模型，有限抓取离下架时间近的产品，越接近下架时间，产品权重越高，展现机会越多。一般来说，在这样的第三方平台上，为了使商品获取用户的关注，都是选取用户流量高峰进行上下架操作的，同时避免与同类的高竞争度产品在同一时段上架。对于企业来说，面向全渠道的商品运营系统，需要构建高效的商品上下架管理机制，通过批量上下架、定时上下架等功能，提高商品上下架的效率，减少工作量，轻松上线商品和服务，为商品的上下架优化提供便捷工具，并获取更多的流量。

4.2.3　用户至上的运营应变

数字技术可以提高生产效率，可以延伸产品的附加价值，同时使商业模式发生新的转变。世界知名体育运动品牌——阿迪达斯积极推进自动化生产与定制服务，顾客只需在阿迪达斯店里的跑步机上跑几步，阿迪达斯就能快速获取跑步者的足部特征及各项数据，并利用 3D 打印技术制造出顾客的这款跑鞋，正是 3D 打印这一数字化技术的发展使其商业模式有了转变的可能。总之，当前的时代是产品异常丰富的竞争时代，用户已经不再为买不到自己想要的东西而发愁，却为如何与众不同，如何能找到适合自己的产品而苦恼。为贯彻“用户至上”的理念，我们应该如何应对用户多变的需求，同时能满足企业规模生产、降低成本、获取利润的诉求？于是，“大规模定制”“生态融合”便成为目前很多企业希望选择或已经选择的应变模式，期望通过新的模式实现运营的灵活性。

大规模定制应变用户的个性化需求

“大规模定制”的概念出现得很早，1970 年美国未来学家阿尔文·托夫（Alvin Toffler）在 *Future Shock* 一书中提出了该模式的新设想。1987 年，斯坦·戴维斯（Start Davis）在 *Future Perfect* 一书中首次将这种生产方式称为“Mass Customization”，即大规模定制（MC）。2011 年德国政府在汉诺威工业博览会上提出的工业 4.0 概念中提到 C2M 模式（Customer-to-Manufactory 顾客对工厂），这是近年来随着技术发展兴起的新型定制模式，是大规模定制思想的新体现。简单来说，大规模定制就是根据用户的个性化需求，以大批量生产的低成本、高质量和效率提供定制产品和服务的生产方式，为用户提供充分的商品空间，从而最终满足顾客个性化需求。

产品大规模定制化对企业自身的运营带来了新的冲击和挑战，基于大规模定制的运营模式是真真切切的以“用户需求”为导向的营销模式，需要打通前后端的整体运营机制。与“标准化产品”的生产销售模式相比，“大规模定制模式”在产品的设计、产商品信息的定义、展现、定价、库存、售后等方面存在很大的不同。下面以红领集团为例分析其运营模式的差异性。

【案例：红领集团，服装大批量生产转型大规模定制】

以服装行业为例，红领集团历经十几年的研究和实践，利用互联网技术从一家传统制衣企业成功转型为实现大规模定制的智能工厂。在传统的西装定制过程中，从量体、打板到剪裁、缝制、熨烫都需要手工制作，这样能够在最大限度上满足用户的个性化需求，但是生产效率低、制作周期长、人工成本高。纯手工高端定制西装的生产周期约为 3 至 6 个月，售价最低约需 1 万元。红领的定制西装从接单到出货最长用时 7 天，价格根据面料质量的不同，最低只需 2000 元。红领的模式基本上是直销的方式，用户直接与红领打交道，不需要与代理销售沟通，通过 App 定制下单。定制模式与标准化生产模式下的差异如下。

（1）可配置的商品数据定义，西服商品销售 BOM 数据示例如图 4-23 所示，它支持用户在商品销售环节选择不同的基础样式、面料、里料、领子、袖口、胸袋、口袋、纽扣、刺绣样式等，支持专属尺码、标准尺码，支持在标准尺码的基础上对袖长等进行调整，支持用户对身材的类型进行选择。

（2）基于配置的动态商品定价机制。对于西服，面料决定了西服的价格，在用户选择不同的面料时商品价格随用户的选择而调整。

（3）基于基础板型的产品数据定制。带有量体数据的订单进入工厂，根据用户量体信息抽取出相近属性板型的 2D/3D CAD 文件，按用户量体数据及修改要求进行修改后形成定制板型的产品数据用于生产。

（4）按单模式的在制品、产成品的库存管理。

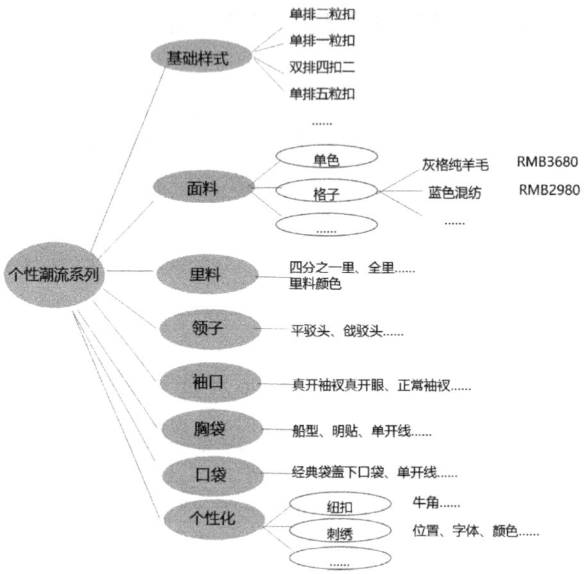

图 4-23 西服商品销售 BOM 数据示例

红领对于大规模定制的成功探索开启了传统制造业与信息化技术深度融合的新范式。这种新范式包含了工业生产的互联网思维、全程数据化驱动的生产流程，减少了层级化的组织，用户和制造商直接联结的运营模式等，使得个性化需求和工业化的大规模生产得以兼容。大规模定制不是一个新生事物，Dell、联想等企业很早就实施了按单装配（CTO）的生产模式。只是随着数字化时代发展，个性化需求广泛，数字技术的发展也使得更多的行业能够采用大规模定制模式满足用户的个性化需求，满足需求的过程便是企业产商品运营模式转型的过程。

生态融合引领创新应变用户个性化

“生态融合”是数字化时代企业应对产品、用户个性化的另一种重要理念。前面提到基于平台模式构建生态体系，使能行业融合创新，面向用户跨形态、跨行业、跨企业对产品重新进行融合定义并推向用户，向用户提供包括自身和生态中第三方应用和服务在内的一体化服务。正是这种基于生态的产品深度融合推动了企业多方位创新，包括设计创新、技术创新、生产创新、营销创新、服务创新，使企业获取更大的竞争优势。例如企业办公协同软件致远牵手滴滴、携程、云学习，整合企业用车、企业商旅、企业学习等产品与服务，构建统一企业门户入口来满足企业用户的商旅、出行、人力发展等全方位需求。传统家居行业也在积极布局家居生态体系，泛家居产业联盟通过跨产业的优势资源整合，重构家居生态链，满足消费升级的新需求。例如海尔发布全程管家模式，建立起用户主导的服务和响应、供应商提供资源实现良性循环的服务生态圈，实现服务创新，为用户提供全程成套服务解决方案和品质生活解决方案。成套服务解决方案可以为用户提供成套设计、成套安装、成套清洗、成套延保和换新回收 5 大类服务；品质生活解决方案则包括净水、净衣、净空气、净地面和净家电 5 大解决方案。以上这些都是各行业的企业在创新方面的有益尝试，通过创新最大化地满足了用户的个性需求。

生态融合也带来后台支撑与前台交互的变革，因为产业跨界融合不是简单的多元化发展，而是通过构建生态体系，让生态内的企业互动交流，与用户互动交流，在产品规划设计、生产、营销、售后等各阶段协同运营，打破原有产业或企业间的分工界线，之后通过企业分工链条的重新组合，建立起一种有序的新的产业内或企业内的分工链条网，这在本质上就是运营模式的变革，这种运营变革体现在产品设计协同、产品生产协同、产品营销协同、产品服务协同等多个方面。

产品设计协同，其运营变革以满足用户多样化的个性需求为目标，新产品开发的目标由传统的面向产品功能转变为面向用户的需求。以智能家居行业为例，随着智能家居由爆款单品向系统发展，智能家居产品具有明显的跨界合作趋势。在智能家居产业生态系统中，软硬件及技术支持等不同的模块被具有不同优势的互联网巨头、厂商包揽分割，企业间需要跨界合作，优势互补。比如海尔推出了 U-home 系统平台，基于这一平台面向用户推出的各类家电、灯光以及安防等家居设备均可实现跨品牌、跨产品的互联互通。在海尔大生态体系里，海尔集团建立了顾客、供应商、一流研发资源并联交互，产生创意及解决方案的开放式研发模式。通过与顾客的深度交互丰富产品的设计创意，每天有超过百万活跃粉丝参与海尔产品的互动，产生上百项有效创意；海尔通过与供应商深度交互，并让供应商参与用户交互和前端设计，根据自己提供的模块接口，形成模块化解决方案；通过与世界一流研发资源深度交互，实现并联快速产品开发，以最快的速度实现颠覆性创新，快速、低成本、高质量地给用户提供超值的产品和服务。生态体系内各主体之间开放、协同的研发体系，使得海尔产品能够顺应数字化时代用户需求的不断创新发展。

产品生产协同，其运营变革要求保证生态内不同企业的生产活动的有序、高效、节奏一致，使零部件、模块和子系统等的生产在质量、成本和交货期等方面满足要求。

产品营销协同，其运营变革在于要求生态内企业间实现产商品协同管理、渠道协同管理、促销协同管理、营销资源协同管理等。

产品服务协同，其运营变革在于服务生态圈的构建实现了用户、企业、服务资源之间的协同。

总之，打造生态使产品的独立创新转变为多元主体的协同创新，突破了企业的创新资源和能力的限制，促使创新主体之间通过信息、资金、人才、技术以及品牌等资源的共享来降低创新成本，分担创新风险，提高创新绩效。

4.3 产商品运营数字化实现

产品运营与商品运营密不可分，所以产商品运营的实现需要统筹考虑产品与商品的运营，能够同时满足产品运营和商品运营的要求。要实现随需而变、融合创新的产商品运营，就要在产商品信息数字化的基础上，通过统一产商品基础语言，实现企业内及企业间无障碍沟通；通过构建灵活的产商品模型应对多品类、多态产商品的统一管理；通过应用组件化思想构建敏捷柔性供应链，实现个性化定制模式下的销售、生产运营；通过生态构建，实现企业间的开放协同，实现产品的深度融合创新及商品的融合营销合力，满足数字化时代用户消费升级的需求。同时要借助 AI 技术，帮助我们实现高效运营。

4.3.1 产商品运营的支撑能力框架

统筹考虑产品与商品的运营管理需要具备什么样的支撑能力？这与产品所处的生命周期阶段、产商品形态、业务模式密切相关。与产品的生命周期阶段有关是指在规划、研发设计、生产、销售阶段，每个阶段关注的重点不一样，对支撑能力的要求也不一样；与产商品形态有关是指实物类的服装、家电等产品与手机 App 类产商品的运营是不同的；与业务模式相关是指“按用户需求定制”模式对产商品的配置、销售与生产之间的协同性的要求与“标准化产品”模式也会存在差异。

对于一家企业来说，涉及产商品管理和运营支撑的系统有很多，包括面向研发的产品生命周期管理系统（Product Lifecycle Management，PLM）；包括实现企业内部采购、生产、库存、销售管理支撑的 ERP/SCM 系统；电信行业的 CRM/BOSS 系统。实现对外销售的电商平台等渠道系统都有各自的产品或商品运营管理能力。

在数字化时代，为满足融合创新、个性化定制的发展趋势，企业在数字化转型时需要重新思考在每一个业务环节如何实现产商品运营管理，如何消除信息孤岛，如何一体化地共同支撑新的业务模式。总的来看，在整个产商品运营支撑框架中，企业需要具备如图 4-24 所示的支撑能力。

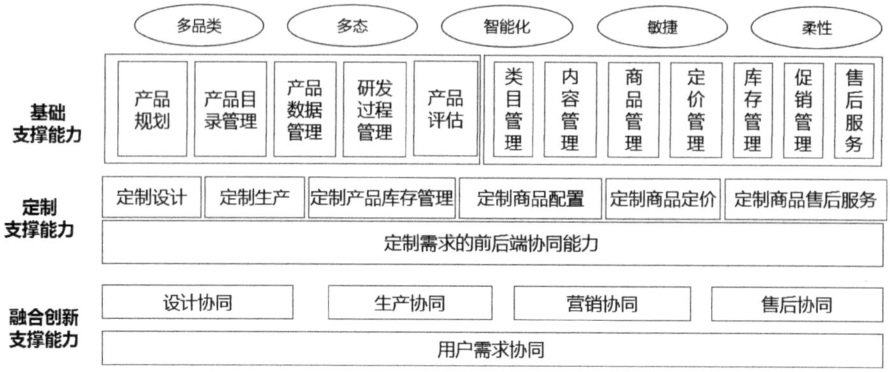

图 4-24　产商品运营支撑能力框架

（1）面向产商品全生命周期的基础支撑能力，例如：产商品信息的“数字化”“标准化”管理能力；多态数字化产商品灵活定义能力；产商品品类扩展能力。

（2）敏捷柔性的个性化定制支撑能力，比如：定制化产品设计能力、定制商品配置能力、定制商品定价能力、定制需求前后端协同能力、定制生产能力、定制产品库存管理能力、定制商品售后服务能力等。

（3）跨内外组织的融合创新支撑能力，比如：设计协同能力、生产协同能力、营销协同能力、售后协同能力、用户需求协同能力等。

基于这些能力构建的企业运营管理机制，支撑企业多态、个性化、融合创新的产商品运营需求，数字化产商品运营机制如图 4-25 所示，其核心实现思想包括如下三部分内容。

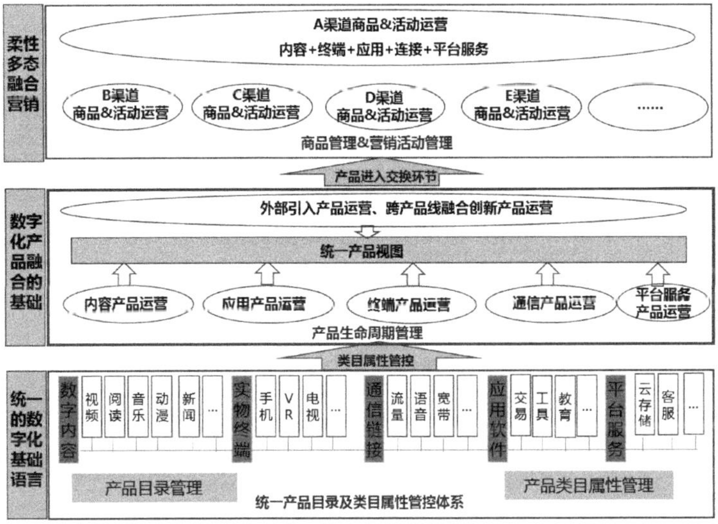

图 4-25　数字化产商品运营机制

○ 统一的数字化基础语言。包括构建企业或生态内统一的产品类目、统一的类目属性管控体系、统一产商品模板。

○ 产品组件化、标准化、可重用，夯实数字化产品的融合基础。

○ 商品销售及营销活动管理的自主性、灵活性，支持柔性多态融合营销的定义。

4.3.2 “数字化”产商品信息

数字化时代无论实体产品、虚拟产品都需要对其信息进行数字化，以方便用户在数字化渠道了解产商品，提高产商品的可见性，所以完善的产商品信息将会提升线上、线下购物体验。产品的信息包括产品名称、品牌、规格、成分、功能、包装、视觉效果、使用说明、认证、标准、语言、厂商、搜索属性等内容，商品信息包括价格、促销活动等内容。

信息“结构化”

产商品信息“结构化”是“数字化”产商品信息的初级阶段，目前的电商平台普遍还处于此阶段。各平台首先需要在系统中建立一套属性库，类目的属性都是调取属性库里的数据。属性通常被划分为三类，分别是产品属性、营销属性、通用属性。产品属性是产品固有的，需要满足浏览专业度需求，有一定的行业标准可遵循，比如对于单反相机，专业买家关注的属性会有很多，如曝光和对焦、驱动系统等。营销属性需要满足多维度浏览需求，可以是非标准化的，比如服装类目，女装会有风格属性，淑女的、韩版、小清新、欧美、街头、复古等，这些属性并没有特别严格的衡量标准。通用属性是几乎所有类目商品都会涉及的，比如最常见的是产地，所有商品都有自己的产地，属性库在搭建完成后就会被各个叶子类目调用，在前台便充当了导购属性、描述属性等角色。

产商品展现“视觉化”

仅带有图片、视频和文字等表现形式的电商商品信息展现方式可能在未来被替代，虚拟现实革命预示着未来的品牌内容将从文字过渡到图像、从 2D 过渡到 3D。淘宝提出名为“Buy+”的 VR（虚拟现实）电商概念，京东也正式成立了 VR/AR 产业联盟，布局相关产业。采用 VR 技术的在线商品展示将大幅提升用户的购物体验，并有效减少商品退换问题，以此为基础的新型互联网商品展示技术将有望得到快速发展。

位于美国硅谷的创新企业 Apollo Box 是主打新奇产品的垂直电商企业，正在积极用新的科技手段来呈现电商产品。这家公司推出了一个销售生活时尚产品的在线商城，他们为电子商务体验带来了名为“Teleport”的 AR 功能，Apollo 在线商城通过 AR 模式浏览商品的情况如图 4-26 所示，Teleport 功能允许用户在家中观看和放置 3D 虚拟产品，通过产品可视化让顾客更清晰地了解产品，从而促进在线购物。为了能在 Apollo 的在线商城上通过 AR 模式浏览，供应商需要发送产品图片或模型，而这家初创公司会将其转换成 3D 文件对商品进行建模。现在越来越多的智能手机正在内置深度传感器，可精准地测量周边的 3D 环境，从而实现虚拟物品与现实环境的更好融合。

图 4-26　Apollo 在线商城通过 AR 模式浏览商品

产品组件信息“深度数字化”

未来，随着数字化的发展，不仅产品的描述信息、视觉展现会进一步优化，并且会对整个产品的生产过程进行深度数字化，例如实现产品组件和产品生产的全数字化。

可以构想一个场景，用户家中某物品的一个小零件坏了，以现在的模式，用户可能打电话找售后服务人员或者自己上网寻找对应的零件购买并邮寄到家，找到配套的零件也不是一件容易的事情。而用户在网上购买零件时，可以不购买实物而是这个零件的三维打印模型数据，随着 3D 打印等创新技术的发展与普及，用户可以选择就近在需要的时间和地点生产物理产品，这将会改变未来产品的交付模式。

4.3.3　统一产商品的标准语言

在数字化时代，产品是多态的，种类也很多，包括数字化应用产品、电信服务、实物终端产品、平台产品、融合产品等，并且各类产品的管理差异大，不同品类产品的信息属性、SKU 都会存在差异。例如：若描述手机终端产品，其属性包括品牌名称、型号名称、颜色、内存、内存版本、操作系统、手机网络、屏幕尺寸等，对于同一种型号的手机其库存 SKU 是按照颜色与内存的组合而各不相同的；若描述手机套餐产品，其属性会包括套餐档次、月费、套餐内数据流量、套餐内主叫时间、短信开通代码、资费编码、套餐外流量资费、套餐外国内语音拨打资费、多终端流量共享等属性，则是按照不同套餐档次如 188 元、288 元等来确定 SKU 的。

商品也是多态的，商品售卖的形态包括单一商品、组合商品，组合商品又分为固定组合商品和可变组合商品、用户定制化商品等。总之，如何把产品更好地包装为商品促进销售、如何便捷地支付、如何交付产品，这些手段更加多元和多态。

企业需要通过统一、柔性的产商品管理架构，满足多态数字化产商品的灵活定义，所以在一个多品类支撑平台上，需要构建灵活的产商品定义实现方式，支撑品类的不断扩展，支持灵活的 SKU 配置。就统一架构下的多品类产商品的定义而言，标准语言是关键，包括企业内部语言的统一及与企业外部产商品语言的互通，标准语言包括属性结构化管理并统一、统一的产商品类目、统一的产商品类目属性管控、统一的产商品模板、统一的营销活动模板等。统一类目管控体系支撑多品类扩展的情况如图 4-27 所示，具体的实现方式建议如下。

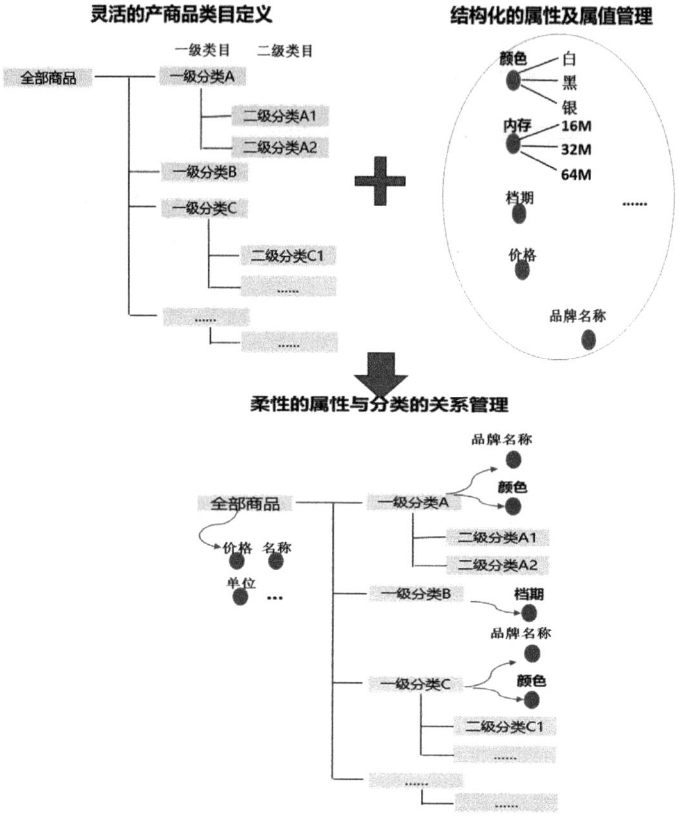

图 4-27 统一类目管控体系支撑多品类扩展

（1）对各类产品的属性 / 属性值进行结构化管理，建立全平台或企业统一的属性池。

（2）构建企业级统一的基础类目树，支持分类的灵活定义及可扩展，当企业或平台的品类增加时可动态增加。

（3）通过属性与分类的关系管理建立属性与分类的关联，所有下级分类继承上级分类的属性，通过每一个叶子节点所继承的属性集实现对类目属性的管控。

（4）产商品模板挂接在叶子类目下，每个模板会继承本类目的所有属性，在此基础上在模板层级对属性、属性值集合进行自定义。定义哪些属性是决定 SKU 的关键属性，定义属性默认值、排序权重等。商品模板的属性可以分为商品级属性、SKU 配置属性和 SKU 级属性三大类。

○ 商品级属性：商品 SKU 共同的属性在商品级维护。

○ SKU 配置属性：配置属性的不同组合对应商品 SKU。

○ SKU 级属性：每个商品 SKU 是存在差异的，需要单独维护值的属性。

（5）在创建产商品时，选定模板后界面基于模板动态展现需要维护的属性，进行产商品的维护，这样每个相同品类下的产商品展示给用户的信息是一致的。

【案例：淘宝类目管控体系及达尔文商品管理机制】

淘宝网作为一个日成交量上几十亿的电子交易平台，在线商品数目已经超过了 8 亿件，产品品类跨度很大。在原有的商品体系下商家各自创建商品，同一个商品由不同商家创建，商品的基础信息等都会存在不同，故商品信息杂乱无章，发布商品流程冗长，管理商品非常不便。信息的杂乱也让消费者很难找到确定的商品相关信息。为了改变这个现状，天猫采用了新的商品管理模式，建立统一的类目管控体系和达尔文商品管理机制，希望通过新的模式，在一个统一的平台上支撑多品类商品定义，同时提升商品数据质量，下面简单介绍该平台的商品管理模式。

淘宝前后台的类目管控体系如图 4-28 所示，主要由以下几部分组成。

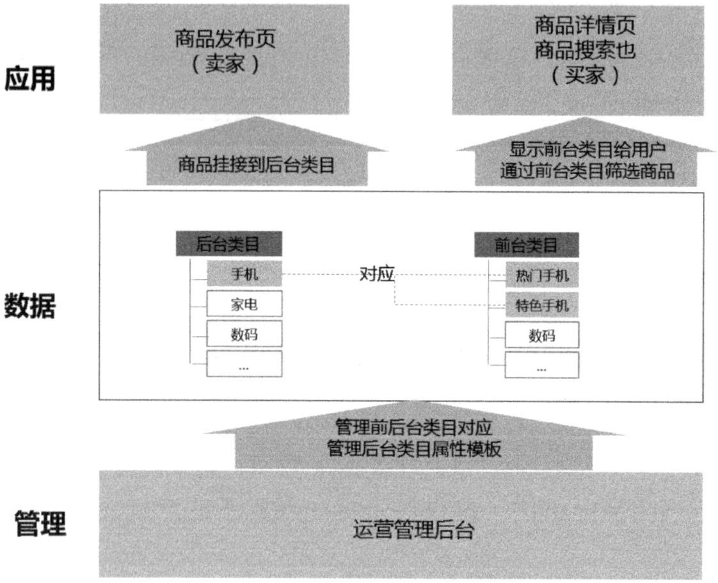

图 4-28　淘宝前后台类目对应

（1）类目分为后台类目树和前台类目树，后台类目主要面对商家，商家在后台发布新商品时需要将商品挂载到相应的品类上，比较稳定。前台类目面向用户，方便用户筛选查找商品，并且会根据季节、销售策略、活动进行变动。

（2）在后台叶子类目上挂接商品属性模板，控制每个品类包括什么属性，平台内的产品维护都遵循类目属性。

（3）类目下挂属性分为关键属性、销售属性、非关键属性三类。关键属性是指唯一确定商品的属性，如：商品的品牌、型号；销售属性决定了SKU，如手机类目的销售属性为颜色、内存；其他描述产品的属性就是一些非关键属性。

（4）前台类目通过跟后台映射间接和商品关联，一个前台类目可以包含多个后台类目，一个后台类目也可以映射给多个前台类目。

达尔文管理机制是天猫的新商品体系，将原来的商品信息一分为二，分为产品信息和商品营销信息两类。产品信息包括品牌、型号、颜色、尺寸、材质、制作工艺，这些产品信息都是出厂时就确定下来的不会因销售渠道的不同而改变的属性。商品营销信息包括价格、库存、运输等，商品营销信息是非标准信息，由卖家自己决定。

达尔文管理机制还增加了 CSPU 维度（最小颗粒度产品），并将 SPU（Standard Product Unit 标准化产品单元）与商品 ITEM 一一映射，CSPU 与商品 SKU 一一映射。通过提高产品的数据质量，提高商品信息的确定性。

对产品信息采取新的入库机制，把产品信息交由这个品牌的品牌商或授权商家来进行维护，其发布的产品信息通过审核之后，存储在天猫产品库中，其他商家可以使用这个产品信息加上营销信息发布商品，这样当用户在营销前台搜索时可以看到正确且一致的信息。另外提供了错误反馈及纠错机制，使用系统 + 运营机制的方式维护一套准确的产品库，通过产品实现管控商品，以确保商品信息的确定性。

该产商品管理机制的优势包括三点：为商家，缩短商家发布商品流程；为用户，提高用户使用的方便性，更容易找到需要的商品；为平台，有利于优化搜索并进行大数据智能分析。这个案例就很好地描述了企业是如何通过统一语言实现多品类产商品运营的。

统一架构下的多品类产商品定义，除了标准语言是关键，产品的组件化和营销活动多样化配置也是实现多态运营不可或缺的要素，产品组件化可以将原子的产品灵活组合成新的产品，满足产品灵活多态的销售需求。针对不同类型的数字化产品，可以按照如图 4-29 所示的不同颗粒度进行组件化配置，实现更大的灵活性。对于营销活动，可以通过为不同类型的营销活动设置不同的营销活动模板，实现灵活配置，支撑多样的促销方式。

数字化产品类型	产品组件化原则建议	
内容	音乐 / 视频 / 阅读等内容	销售的最小颗粒度内容或不确定具体内容的内容包 例如：音乐：单曲；书籍：单本或章节；视频：单集或一部电影；音乐包产品、阅读包产品
	会员服务	独立的服务功能 例如：QQ 皮肤特权、免费阅读、阅读折扣等
	虚拟物品	不可分割的独立虚拟物品 例如：游戏道具 1、钻石、虚拟鲜花
应用	软件	每个 App 或软件模块 例如：某围棋授课 App、ERP 的库存管理模块
	功能服务	应用内独立的功能 例如：游戏的关卡
实物终端		实现完整功能不可拆分的硬件 例如：iPhone7 手机
通信连接	通信服务	独立通信服务功能 例如：语音、来电显示、自动漫游、WiFi 上网、手机保护服务
平台服务	功能服务	独立的最小颗粒度的平台服务功能 例如：标准存储服务、独立 API，等等

图 4-29　产品组件化

4.3.4 个性化定制即未来

个性化定制是数字化产品的主要发展趋势之一，个性化定制不像现在买汽车，只有颜色、型号等非常有限的几个选项，而是涉及关键零件如发动机，过去每一款车只有一两种配置可以选择，现在从引擎到内外装饰都可以按用户的个性化需求进行定制，在德国宝马 5 系的生产线上，有可能一个月生产的所有车辆都没有一模一样的，因为宝马 5 系的用户可以选择配置的种类高达 3 万种，已经完全实现了个性化定制。“用户至上”的产商品策略体现在满足用户的个性化需求上，按照大规模定制的理论把个性定制分为如图 4-30 所示的 5 种模式。

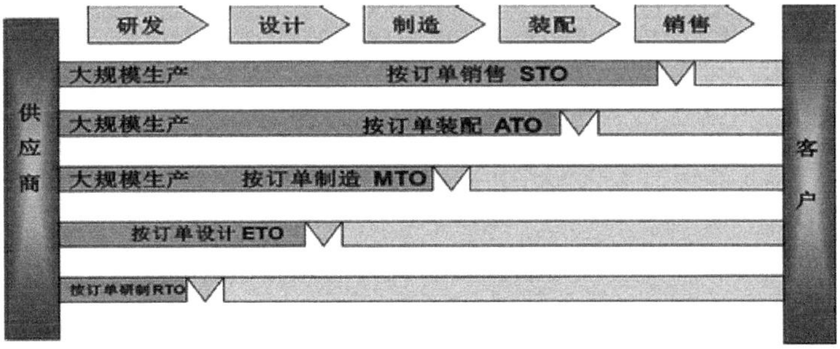

图 4-30　定制化生产模式

（1）按订单销售（STO Sale-To-Order）又称为按库存生产（Make-to-Stock），产品已经生产好存放在仓库中，只有销售活动是由用户订货驱动的，所以是非常有限的个性化。

（2）按订单装配（ATO Assemble-to-Order）是指企业在接到用户定单后，将企业中已有的零部件经过再组装配置后向用户提供定制产品的生产方式，如模块化的汽车、个人计算机等，在这种生产方式中，装配活动及其下游的活动是由用户订货驱动的。

（3）按订单制造（MTO Make-to-Order）模式是指接到用户定单后，在已有零部件的基础上进行变型设计、制造和装配，最终向用户提供定制产品的生产方式，大部分机械产品属于此类方式，前面提到的红领服装公司也属于这种模式。变型设计及其下游的活动是由用户的订货驱动的。

（4）按订单设计（ETO Engineer-to-Order）是指根据用户订单中的特殊需求，重新设计能满足特殊需求的新零部件或整个产品。

（5）按订单研制（RTO Research-to-Order），是指根据用户订单中的特殊需求研制产品。

在数字化时代，产品、过程、手段的数字化使得组装和生产不再局限于制造行业，还可以扩展到很多其他行业，包括虚拟数字化产品的数字化组装、数字化生产。

实现大规模定制的核心思想包括：组件化和延迟。组件化指构建标准化、模块化、可重用的实体的或虚拟的数字化产品组件，组件化产品可以组装成新的可按用户需求定制的产商品形式；延迟指不过早地生产出最终的产品，只在收到用户订单后，按用户定制商品的要求，把各个组件组装或生产出最终的产品。当然不是任意组件的组合都能形成一个最终的产品，必须定义组件之间配置约束关系，从而保证配置的有效性。

实现定制化产商品的销售及规模生产时，需要从定制设计、定制生产、定制产品库存管理、定制商品配置、定制商品定价、定制商品售后服务、定制产品前端需求获取，以及与后端生产需求协同这几个方面考虑运营支撑系统的实现。

面向产品族设计，灵活定义产商品数据来支撑生产与销售

为实现大规模定制模式，产品设计不再针对单一产品进行，而是面向产品族进行设计。首先，利用标准化、组件化的思路进行产品设计，降低产品的内部多样性，形成标准化通用的组件产品、零部件。组件化使能数字化产商品进行柔性定义，企业需要梳理其各类传统产品及数字化产品，构建标准化、模块化、可重用的产品组件，并且建立公司级统一的组件产品库并共享产品数据。在这里可以参考制造行业 BOM（Bill of Material）的方式定义产品族包含的组件，利用它能够高效地创造和产生一系列派生产品。BOM 是制造行业定义产品的结构数据文件，根据不同的用途，BOM 有许多种类：比如设计 BOM、计划 BOM、制造 BOM、成本 BOM、保养维修 BOM、销售 BOM 等。面向产品族的产品 BOM 一般被称为超级 BOM，能够描述无限种可能的产品变体。在一个超级 BOM 中需要包含“组件结构”和“配置约束”两部分。在销售环节，产品族的 BOM 向用户展示，供其选择表达个性化需求，并基于用户的个性化需求动态计算产品的销售价格，因此 BOM 是一种支撑个性化定制产品数据的非常灵活的实现方式。

Warmoth 是北美的一个很有名的吉他琴体、琴颈定制商，这几年开展了在线销售业务，除了成品吉他，还包括吉他定制销售。吉他定制业务中按照吉他琴体的 Model 定义不同的产品族，并且把琴体相关的木料种类、面板、侧板、共鸣箱、弦枕、配件等按照组件化的思想进行拆分设计，每个组件有不同的选项并且选项之间有配置约束关系，这些共同组成琴体产品的结构数据文件。如图 4-31 所示为 Warmoth 的线上商店，在选择 Model 后与之相关的不同参数选项会在页面中展现，允许用户个性化定义，可个性化定义的参数包括上面提到的组件信息。

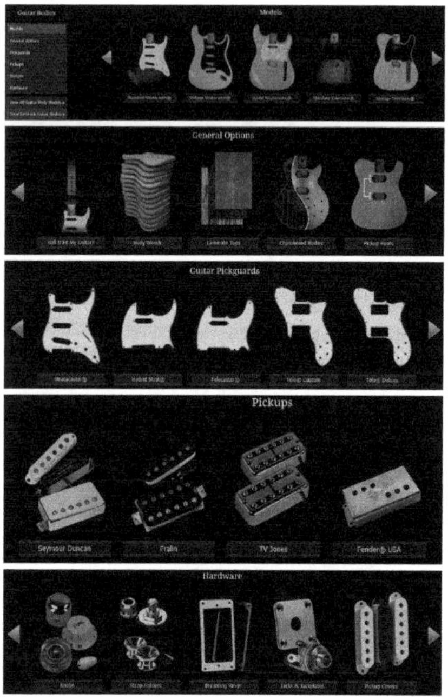

图 4-31　Warmoth 线上商店

定制生产

在获取用户的需求后，会将定制订单传递到后端工厂进行生产。企业需要推动生产侧改革，要建立个性化定制、柔性化生产能力。柔性化的生产能力需要企业自身的数字化转型推进及智能化发展。举个极端的例子，在饮料的生产车间里在生产线上连续过来了四类瓶子，每个瓶子都自带一个二维码，里面记录着这是为小顾、小睿、小瑾、小红定制的饮料。第一个瓶子到了灌装处时，通过二维码的无线通讯告诉中控室的控制器，说小顾喜欢甜一点要多放糖，然后控制器就告诉灌装机器手“多加一两白糖！”；第二个瓶子过来，说小睿是孕妇要控制糖摄入量、不要糖，控制器就告诉机器手“这个不要糖！”；第三个瓶子过来，说小瑾要的是奶茶，控制器就告诉灌饮料的机械手“你歇会儿”，再告诉灌奶茶的机械手“你上！”；第四个瓶子过来，说小红正在减肥，只喝苏打水并且要加柠檬，控制器就告诉苏打水的机械手进行柠檬苏打水的灌装，这就是智能工厂柔性制造能力。利用柔性生产运营管理平台可实现多品种、小批量的定制生产。

定制商品库存管理

采用大规模定制模式时，在接到用户的需求后才能进行组装或生产，生成的这些产品可能表面上看起来是一样的，但实际上内部的组装零件、参数按订单个性化的要求存在差异，这就需要在生产过程中对半成品、再制品、成品进行有效识别，识别是哪个用户的产品，需要按订单进行产品库存管理。这些产品需要借助数字化的手段，比如 RFID 卡、二维码标签所属订单及产品订单的要求，需要一个支持按单模式管理的成品仓库管理系统，实现同一订单产品进入库的同一货位，实现基于订单的库存视图，实现高效的按订单捡货、包装、装箱、发运管理。

定制产品的售后服务支撑

在个性化定制的产品交付用户以后，会出现服务的难题。因为零件是个性化定制的，维修人员可能都搞不清设备具体用的是哪个型号的零件，如何有效地进行服务？拿哈雷摩托车来说，对于这样的高端休闲摩托车品牌，其顾客要求摩托车无论从颜色、造型或是配置上都必须能够实现个性化的定制。因此，哈雷摩托车现在的做法是在1200个零部件上实现自由组装，所以每一辆摩托所使用的零件都是不一样的。这种定制化的模式增加了售后服务的难度，售后服务人员需要获取产品的定制信息，才支撑售后服务工作的进行。所以需要采用专门的手段收集和分析这些定制化相关的数据，不仅可以对用户提供良好的售后服务体验，也能为后续的产品设计提供参考。

4.3.5 打造竞争力：融合创新

前面提到产品的融合创新支撑能力是构建竞争力的重要方面，怎样才能更有效地实现生态融合，是很多企业都在积极探索的方向。总结前面的企业的实践，可以看出对于产品级的深度融合模式，需要构建包括企业内部的协同和生态内企业间的产品设计、生产等协同机制，需要大家共享产品数据，根据对方的状态和反馈及时做出业务安排；对于商品级的融合销售，也需要打造生态内商品数据共享及营销协同机制。总之，无论是产品级的融合创新，还是商品级的融合销售，都离不开企业协同机制和开放体系的构建。这其中，一方面需要理顺生态内融合创新协作流程，构建协同的机制；另一方面需要通过开放平台创建生态，才能实现融合创新。

理顺融合创新协作流程，构建协同机制

企业间深度合作的产品融合开发，需要在明确企业双方合作战略、产品整合思路的基础上，进一步理顺协作流程、明确数据共享机制。而实现企业间流程协同、数据共享，依赖于构建一个统一协同平台，串联起企业内外的研发、生产、销售和售后。

从协同关系上看，协作可以归纳为有委托和被委托关系的委托协作、有明确的上下游协作关系的上下游协作、复杂的平行交叉协作这三种协作关系。在这些协作关系下，协作管理的对象和精度要求不同，有些协作除输入、输出外特别关注交付结果，有些协作要求对协作过程进行管控，有些则特别关注协作过程中的数据共享和数据状态的动态变化。为满足这些管理要求，协同平台可以通过任务管理模式、定点数据共享模式、开放式动态数据共享模式三种方式实现协同管理。

（1）任务管理模式是针对具有明确的委托协作关系，以完整的任务发布给被委托方，并动态掌握被委托方的任务执行过程状态以实现协作的管理，这种任务可以是研发任务、生产任务、售后服务任务等。通过任务的创建、发布、接收、执行过程控制实现协作过程，实现对信息的实时掌握，支撑协作目标的达成。

（2）定点数据共享模式是针对关注交付结果的协作，把交付结果采用数据定点发布方式实现内外部协作，此类协作需支持数据发布、接收和追溯。

（3）开放式动态数据共享模式是针对平行交叉协作关系下的数据共享协作，需要动态地反映数据的每一次信息更新和状态变化。

目前业界经常采用产品生命周期管理系统（PLM）搭建统一协同平台，PLM 的最终目的就是建立一个管理产品生命周期中各种数据、过程和应用的协同平台，通俗地讲，就是让产品设计、工艺、工装、采购、生产、质量、售后服务等在相同的用户界面下对唯一的数据源进行正确的操作，各类管理工具使用同一种语言互相通信、协同工作，从而提高企业生产效率和产品创新效能。现在，在产品生命周期的每个阶段基本上都由相关软件，如 CRM、ERP、SCM 进行管理，通过 PLM 系统整合这些现有系统，实现了产品全生命周期的协同运作。除了内部的协作，PLM 协同平台同样支撑与企业外部协作。协作平台基于中心化的协作任务管理中心、数据发布管理中心、数据共享管理中心建立内部协作区、外部协作区，实现企业内部及跨企业协作，构建协同机制。

通过开放创建生态，打造产品融合创新与营销创新

1. 基于开放平台实现产品融合创新

基于开放平台的产品创新体系，是面向企业合作伙伴和个人开发者实现互联网应用创新的开放体系。产品的数字化组装要求系统在不同层面都具有快速的集成、开发与定制能力。数字化的产品可以由企业的各种资源、能力、业务及聚合来的合作伙伴的各种数字资产，按照用户的需求快速产生。在能力开放平台中，其体现为各种面向开发者和合作伙伴的 API，能够任意组合与裁减。以阿里云为例，阿里云平台一方面承载自身能力的开放 API，同时可以托管第三方的开放 API，从而做到向上下游扩展自身及其合作伙伴的价值链，最终提高产品融合创新的能力。

科大讯飞开放平台依托其人工智能技术优势，对外提供的听、说、读、写等全方位的人工智能服务，以“云 + 端”的形式向开发者提供语音合成、语音识别、语音唤醒、语义理解、人脸识别、个性化彩铃、移动应用分析等多项服务，开放能力目录如图 4-32 所示，并迅速集成到开发者的产品中，让产品具备“能听会说会思考会预测”的功能，吸引更多的人进行创新，丰富人工智能的应用场景。

图 4-32　科大讯飞开放平台能力开放目录

2. 通过打造营销开放体系，助力商品融合销售

在数字化时代，虚拟的数字化产品与服务越来越多，区别于实物商品的组合打包销售，对于数字化虚拟商品，越来越多的企业通过构建面向营销的能力开放实现数字化产品销售，以及跨企业的数字化商品的打包销售。以运营商为例，中国移动、联通都与多家视频网站跨界合作，推出流量融

合产品，包括视频网站定向流量和会员权益打包产品，用户可以在微信、App、第三方渠道实现定向流量和会员权益融合商品的订购，这个过程涉及用户购买资格校验及后续的流量包和会员权益的开通，这些都需要通过视频网站企业和电信运营商的营销开放体系实现。整个营销开放体系还包括办理资格校验、订购、用户服务体系的衔接、结算，等等。

第 5 章

渠道，延伸数字化触角

5.1 数字化时代下的新型渠道

当产品从生产者向最后的用户或产业客户移动时，所经过的途径都可以被称为渠道。在不同的时期和行业中，销售渠道不尽相同，渠道需要顺应时代的要求而变。在数字化时代，数字化、智能化是渠道发展的方向，包括传统渠道不断地通过数字化转型以适应时代的新发展，同时不断涌现出了更多新型的数字化渠道。

5.1.1 渠道的前世今生

本节将对手机营销渠道的案例进行分析，希望该案例能帮助大家对渠道的发展变迁有更清晰的认识。

【案例：手机销售渠道从线下到线上再到全渠道的发展之路】

1. 第一阶段：线下渠道大发展阶段

从 1995 年到 2007 年，手机的线下营销渠道大发展，先后出现了总代理制 / 区域代理制的分销渠道，厂家直供模式的家电连锁店和专业手机连锁卖场渠道、运营商营业厅终端零售渠道。

总代理制 / 区域代理制都是多级分销渠道，从 1995 年到 1999 年，国外手机品牌如爱立信、摩托罗拉的渠道都是总代理制，总代理制的产品流通途径是“厂家→总代理→区域代理→省代理→地市代理→零售终端”，总代理制的特点是渠道层级多、范围广。之后在 2000 年左右国产手机起步，国产手机厂家采用区域代理制，产品的流通途径一般是“厂家→区域代理 / 分公司→经销商→零售终端”，区域代理制缩短了产品流通环节。

厂家直供渠道是指从 2002 年至 2004 年的三年内，出现了以苏宁、国美等家电连锁店和以迪信通、中域为代表的专业手机连锁卖场。在厂家直供模式下产品的流通途径是“厂家→家电连锁店 / 专业手机卖场”。直供模式的层级更少，对多级分销体制造成冲击，迫使一些采用多级分销的企业减少渠道层次，比如诺基亚曾经推行 FD 模式直供零售商，越过省级分销商延伸销售触角到三、四线城市。运营商营业厅终端渠道在 2004 年至 2007 年这个阶段又重新崭露头角。运营商从厂家直接采购手机，并且与运营商的自有业务进行组合并销售给用户，运营商营业厅变成终端零售网络。

2. 第二阶段：线上渠道蓬勃发展阶段

随着电子商务的发展，天猫、京东、亚马逊等大量的电子商务平台涌现。这些线上渠道抛开了手机传统渠道的层层代理，降低了渠道成本，能直接让利给用户，让用户以更低的价格购买正品手机。除了最初的价格优势，互联网信息的快速传播特性突破了地域和时空限制的特性，并且用户越来越习惯于在线上购买各种各样的商品，包括手机的消费习惯，等等。这些因素促使手机的线上渠道营销蓬勃发展。除了第三方的电商平台，国内的大型终端厂商也自建网上商城，开始做手机直供。比如小米手机就直接选择自建小米网进行网络直销，同时在第三方平台如京东、天猫等建立自营旗舰店。各个传统手机厂商也都进行了手机销售渠道的改变，包括构建线上渠道、成立手机互联网专属品牌进行线上销售等。总之，2014 年是手机产品线上营销高速发展的一年。

3. 第三阶段：线下渠道再次爆发，线上不再是风口，全渠道布局成为必然

但是，随着数字化产品更加复杂和多样化，用户期待更加直接的体验和服务，以产品为核心的传统手机零售思维早已被围绕用户建立起来的新零售模式取代，服务优势更加明显的线下体验式购物模式逐渐成为行业内的主流发展趋势。根据此前赛诺公布的数据显示，2016 年手机线上渠道增速下滑幅度较大，而线下渠道的增速则不断攀升。渠道进入稳定的二八格局，即线上渠道占比 20%，线下渠道占比 80%。例如 OPPO、vivo 凭借多年来坚持深耕线下，实现了销量“逆袭”；华为的千县计划推动了华为零

售渠道的下沉，布局县级体验店，并且计划布局基于智能生活的综合体验场所；小米、魅族、荣耀等线上品牌开始注重拥抱线下渠道，早在2016年小米就在广州高德置地开出了第一家零售直营店“小米之家”。无独有偶，国内最大的专业手机连锁品牌迪信通联合“未来盒子”启动了渠道新品牌建设计划，建立了Shopping Mall渠道连锁品牌——D.Phone UP +。与其他普通的手机零售门店不同，迪信通将手机以拍照、音乐、游戏等功能作为区分进行场景式陈列，从细节处满足用户需求，给用户带来了更优质的体验，营造了体验式服务的新模式。这些都说明线下销售依然保持着其独有的价值，是不可替代的，但传统的线下渠道一定要围绕体验进行转型，方能提高价值。总之，手机终端厂商无论是从线上走向线下、还是从线下走向线上，最终都需要全渠道发展。

4. 第四阶段：不同的行业合作，互为渠道阶段

随着全渠道的发展，手机终端企业也在不断探讨渠道和拓展新路径。有些企业开始以渠道资源运作的视角来寻求异业之间的联姻，用自己的渠道资源去置换自己想要的异业资源，比如红米手机、二次元少女，这两个在现实世界里看上去毫不沾边的东西，在弹幕视频网站bilibili上联手玩起了营销，红米Note4X初音未来限量版，二次元少女头发的颜色“初音绿”成了红米Note 4X初音未来限量版的主打色，发布当日网站开启红米Note4X初音未来限量版活动，当天粉丝们可以在bilibili上抢购手机。同样bilibili平台借助该活动热点实现引流及更大的关注度，初音粉与米粉圈的融合提升了平台粉丝的忠诚度。这种渠道之间的合作，就是合作双方通过开放各

自的渠道资源，或者是开放销售渠道让合作企业的产品通过自己的销售渠道进行销售的有益尝试。

从上述手机终端的渠道发展历史可以看出，渠道的发展经历了线下、线上、线下线上全渠道、互为渠道的时代。全渠道时代分销与直销、线上与线下同时并存，总结来看可以把企业的渠道分为线下自营、线下代理、线上自营、网络代理四大面向用户的直接销售渠道，如图 5-1 所示。

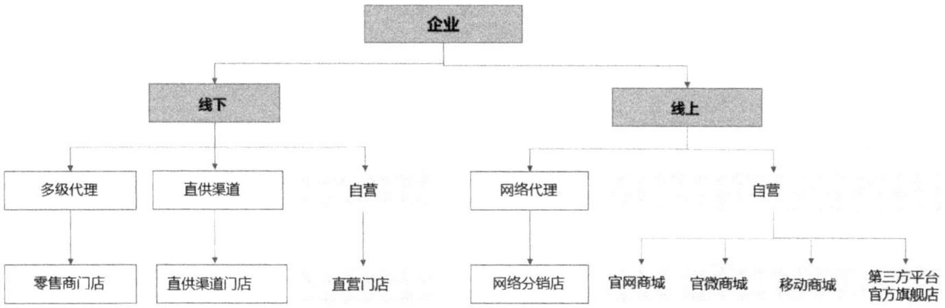

图 5-1　渠道全景图

进入数字化时代，随着数字化技术的进一步发展，渠道又有什么样的新变化呢？最显著的特点是数字化技术引发“渠道泛化”。

“渠道泛化”可以理解为渠道不再局限于线下的各类直营或分销渠道，也不再局限于线上的各类电子商务平台，人、物、内容、应用等与人接触的触点都能演化为营销渠道，如图 5-2 所示。人可以泛化为渠道，借助各类 App，如微博、微信等，每个独立的人和社群都可以泛化为企业的渠道。例如在“有好东西”这个新生代社群电商平台里，寻味师专注于选品，提供高品质的好东西；甄选师通常都是社区的生活达人，对食物有着更高的品质要求，平台激励甄选师分享，促进更多的人购买，把甄选师这个独立的个体变成了企业营销推广渠道；物可以泛化为渠道，一方面借助于“二维码”使得各类物体不仅是一个物，同时可以承载更多的营销功能；另一方面由于物联网的发展，出现了更多的智能家居设备。饭煲不仅是做饭的饭煲，还会向用户卖大米；净化器不仅是净化器，还会向用户卖滤芯……智能互联产品变成渠道的一部分。内容可以泛化为渠道，借助摇一摇、手机扫码、手机扫图等数字化手段使内容传播渠道从单向的广而告知变成销售渠道的延伸；应用可以泛化为渠道，除了传统的电子商务应用渠道，以及其他各类流媒体、社交等娱乐交友渠道，还可以拓展应用的营销功能渠道。

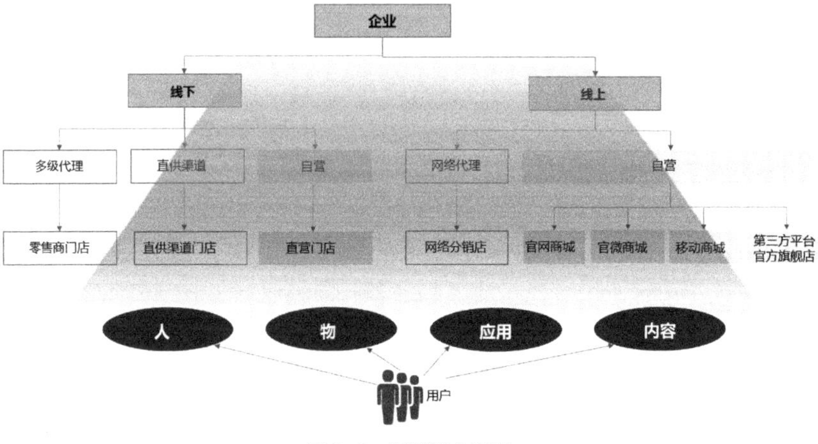

图 5-2　渠道泛化延伸

可以想象，一切与人接触的点都可以变成一个渠道。企业面对的就是一个处处皆渠道的时代，并且每个渠道的数字化特征、智能化特征越来越明显。后面我们将具体从传统渠道数字化、新型数字化渠道两方面对渠道数字化进行具体分析。

5.1.2　传统渠道的数字化

在电子商务出现以后，业界把实体渠道称为传统渠道。实际上，电子商务经过了这么多年的发展，传统电商也可以被称为传统渠道了。下面对这些渠道在数字化时代的新变化进行分析，看看这些传统的零售实体、分销实体、电商渠道出现了哪些数字化变化？

实体零售终端的数字化

用户经常接触的实体渠道有商场、超市、连锁便利店、社区夫妻店，等等。在这些实体渠道购买商品时，人们常会觉得比较同类商品有些困难，或者对收款台前排起的长队感到厌烦等。然而这些传统渠道在数字化转型的推动下也在发生着变化，数字化和智能化再造使得实体店获得新生，借助数字化的工具、数字化的全流程改造，各实体零售终端致力于打造更注重用户体验的智慧实体店，放眼全球，不同形态的 AI 智慧新型实体店不断兴起，很多企业都在数字化、智能化方面积极尝试。

【案例：丝芙兰借助数字化工具提升体验】

丝芙兰（SEPHORA）是全球化妆品零售的权威，于 1969 年在法国里摩日创立，以其化妆品集合店的业态及高端产品而闻名。2017 年年初，丝芙兰相继在美国和法国开设了高度数字化体验门店，全新的数字化门店设立了“iPad 美妆教学区”“虚拟试妆镜 Tap and Try”“Color IQ”“Fragrance IQ”“Skincare IQ”等数字化的工具，不仅可以帮助用户更好地选择适合自己的商品，而且带来富有吸引力的用户体验，同时增强了渠道的竞争力，可以获取海量并且有价值的用户信息，了解用户的喜好，从而更有效地开发产品及营销，具体情况如下。

1. iPad 美妆教学区

在数字体验店中设有十几台 iPad，用户可以通过 iPad 获取最新的美妆教程，在 iPad 旁还会配备一些彩妆必备的工具，方便用户体验。

2. 虚拟试妆镜 Tap and Try

丝芙兰与加拿大 ModiFace 公司合作，利用 AR 技术创造出一款支持试妆的魔镜，如图 5-3 所示。用户在店内，只需扫一下产品的条形码即可在屏幕前看到自己的上妆效果，不仅可以尽情尝试三千多种口红、眼影，还可以虚拟试戴假睫毛。在近几年的试验中，丝芙兰的试妆魔镜受到用户的好评，不仅完全省去了顾客试妆的麻烦，也帮助丝芙兰节省了准备小样和化妆工具的费用。

图 5-3　丝芙兰虚拟试妆镜 Tap and Try

3. Color IQ& FragranceIQ&SkincareIQ

Color IQ 触摸屏可为顾客挑选唇膏、遮瑕产品及粉底搭配，比如哪一款口红或者眼影的颜色更适合顾客。FragranceIQ 这项香水小测试包括丝芙兰最新的 InstaScent stations 的装置，让用户通过闻不同的气味确定最喜欢的味道，在完成气味评估后，该装置会将类似味道的香水喷出。在护肤方面，丝芙兰推出了根据肤质推荐护肤品的 Skincare IQ，还有一种面部贴片（Skin Patch Services）可以检测皮肤的湿度，以确定用户的皮肤类型，并推荐合适的产品与护理的建议，通过使用 AR、VR、AI 等这些新型技术解决了美妆行业购物体验不理想的问题。

【案例：Amazon Go 商超业态零售全流程数字化创新】

如果说丝芙兰门店的数字化转型仅仅采用了一些数字化手段对一些应用点进行变革，那么如图 5-4 所示的亚马逊无人零售商店（Amazon Go）则是对整个零售流程的变革。无人零售商店（Amazon Go）彻底抛弃了传统超市的收银结账过程，顾客们不再需要提着购物篮等待结账，只需进店、拿起想要的东西，然后走出商店。更细化的购买过程包括如下步骤。

首先，用户注册亚马逊的账户，在进店前打开 Amazon Go 应用，像乘地铁刷卡那样扫码进入店铺，与此同时，位于入口处的摄像头会进行人脸识别。

其次，当用户在货架前停下来时，摄像头会捕捉并记录用户拿起、放回的动作，通过手势识别，辨别用户是拿起一件商品放入购物车中，还是拿起一件商品看了看又放回货架，并没有购买，如图 5-5 所示。

图 5-4 Amazon Go

图 5-5 用户选购的过程

第三，店内麦克风会根据周围环境的声音判断用户所处的位置，货架上的红外传感器、压力感应装置和荷载传感器会记录下用户取走了哪些商品、放回了多少商品，如图 5-6 所示。这些数据会实时传输给 Amazon Go 商店的信息中枢，同时管理系统会自动地在虚拟购物车中添加或删除。在离店时，传感器会扫描并记录下用户购买的商品，同时自动在用户的账户上结算金额。

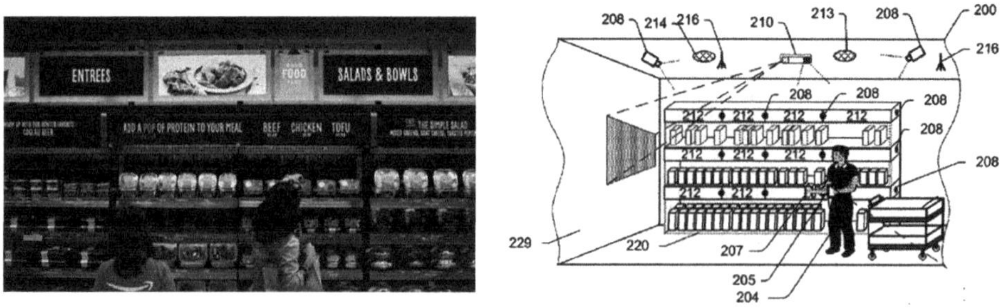

图 5-6 Amazon Go 摄像头、传感器分布

Amazon Go 把传统的挑选商品、排队、收银员扫描结账这个串行的购物流程变成了并行的流程，在用户把商品放入购物车时就完成了原来由收银

员操作的扫描过程，把收银员的权力下发给了系统，用户选购完毕后能够快速完成核对支付，消除了与收银员交换钱款之类的麻烦，提升了整个收银效率，解决了实体店排队结账时用户体验的最大痛点。Amazon Go 这项名为 Just Walk Out 的技术，整合了计算机视觉、机器学习、传感器等技术，到处充斥着看不见的智能，虽然从目前来看，这种开店方式还存在各种技术门槛和投入成本的压力，但它仍然向企业展示了 AI+ 新零售未来的发展趋势。

【案例：新零售风口上无人便利店渠道的数字化创新】

在新零售的风口上，小业态零售也出现了很多新形态，无人零售便是其中之一。各企业在无人零售领域的布局在 2017 年左右集中爆发，纷纷推出产品：瑞典初创公司 Wheelys 在上海推出第一个“有脚”的无人商店；欧尚推出缤果盒子；连锁巨头沃尔玛推出了自助杂货售卖亭；北京居然之家推出了无人便利店 EAT BOX；娃哈哈和深蓝科技签订了 3 年 10 万台、10 年百万台的 Take Go 无人店；阿里巴巴无人零售店“淘咖啡”亮相淘宝造物节，这些例子不胜枚举。

有“脚”的无人商店是瑞典新创公司 Wheelys 在中国设置的一家无人智能型商店“车”，这家商店名为 Moby，外形类似一辆公交车，顾客可以在手机下载官方 App，当需要买东西时只需在 App 上发出指令，Moby 商店就可以自动来到顾客面前，可让顾客通过 App 打开 Moby 的门。整个商店由 AI 控制——一个被称为“Hol”的全息商店助理，顾客进到里面后全息虚拟店员会跟顾客打招呼并回答顾客的问题，顾客想买什么商品，用手机刷一下就能拿走。Moby 会依照顾客在 App 上所填写的信用卡信息扣款。

我们甚至可以设想商店直接开到家门口送货或者通过配备的无人机将包裹运送到顾客手中。通过将 AI 和云技术结合在一起，Moby 零售部门将自动监控库存状况和电池电量，并根据需要进行补货。若目前暂不考虑无人驾驶等相关的政策法规是否允许的话，那么有“脚”的无人商店带来了新奇的购物体验，如图 5-7 所示。

图 5-7 Moby 无人商店

深蓝科技的无人智能店 Take Go，采用了快猫 quiXmart 智能零售系统，应用了卷积神经网络、深度学习、机器视觉、生物识别、生物支付等技术，顾客扫手进店，直接购物，拿了就走，无须结账。其中的技术核心为顾客首次注册时，通过扫手系统基于手掌血管结构关系的算法，被演算出一串加密数字，称之为“人的终身 ID”，并绑定微信或支付宝，以后顾客只要见到有 quiXmart 快猫标志的无人值守门店就可以直接扫码进入。

在上面提到的无人零售形态中，商品与顾客之间是开放的；而 F5 的无人值守便利店和 24 爱购是无人零售的另一种形态，通过封闭式机器人实现无人售货，体验更像是传统自动贩卖机的升级版，差别在于一次可以分拣出更多的商品，而自动贩卖机通常只能弹出一件。相比传统自动贩卖机，其面积更大，最多可放 400 ～ 700SKU、7000 件库存，能够卖更多的品类，如图 5-8 所示。F5 未来商店无须服务员，所有烹饪、冲调饮品、取货、结算、库存盘点、清洁工作均由机器自动完成，面对数千件百货商品，机器手可自动取出购买商品。对于咖啡、奶茶、巧克力、芒果汁、黑加仑汁等现冲饮品，机器在密闭空间现场冲调；对于现做鲜食，也是在密闭无尘的机器厨房内由机械臂现场加工制作的。目前 F5 商店提供三种购买方式：第一种是通过移动端下单，到邻近的 F5 门店取货；第二种是通过店内的自助终端下单，机器在出货后取货；第三种是通过店内的商品墙扫码下单，机器在出货后取货。

图 5-8　F5 的无人值守便利店

无人便利店是数字化技术发展到一定阶段的产物，其灵活布点的特性能实现对现有渠道的有效补充，在未来将主要分布在商场、医院、公园、学校、车站、企业工厂、展会等地，比终端自动售货机有更好的购物体验和更丰富的商品选择。

基于前面的案例，传统实体渠道的数字化转型主要从优化用户体验、优化企业运营成本和效率两方面为着眼点，帮助企业积累与用户相关的数据，为用户提供更为便捷的服务。下面从这两个着眼点分别对渠道的数字化转型进行总结分析。

1. 围绕优化用户体验的数字化转型

人工智能、虚拟现实、增强现实技术被愈来愈多地应用于实体零售终端去优化用户的体验。比如，安装传感器的智能货架能够在零售商店提供深度的用户行为数据，智能货架能记录货架前的人流量、能知道用户拿起了什么、能知道用户曾经拿起了什么又放了回去，这些数据是用户行为深度分析的基础，在此基础上分析用户的购买偏好，提供更加友好的推荐体验。例如在美国俄亥俄州的一家克罗格商店中，其目前的货架上显示着数字化的价格标签和商品的信息，下一步设想将数字标签与用户个人绑定，比如对那些青睐无谷蛋白产品的用户，货架上所有该类产品的价签都会闪亮地给出提示。例如，在京东智能购物车智能应用方案中，购物车除了单一的“载货”功能，看起来更像一个“机器人”，可以“跟随”顾客行走，顾客不用手推购物车，购物更具乐趣；它还可以为顾客导航，顾客在智能购物车上输入想要选购的商品时，购物车会带领顾客前往该类商品的陈列区进行选购。在这种场景下，购物车成为一个随身的导购甚至促销工具，是对购物便利性体验的提升。

门店还将出现智能设备来吸引用户深入互动。例如，在美国加利福尼亚州的韦斯特菲尔德购物中心，一个名为“胡椒”的人形机器人会向顾客挥手致意和跳一些简单的舞蹈，还可以通过面部识别功能向不同年龄和性别的顾客传递不同的信息。在服装零售店，机器人有望为顾客提供着装建议，或者基于数字化技术为顾客提供身临其境的感受，例如，家居装修零售商已开始采用虚拟现实和增强现实技术帮助顾客找到心仪的装修方案。有了这些技术的支持，顾客可以戴上眼镜观看商品的 3D 图像，在某些情况下，甚至可以看到其被安装在自家厨房或客厅中的样子。

可以看到，数字化手段在各行各业的实体零售终端变得越来越普遍，可助力实体渠道的数字化转型，升级客户购物体验。

2. 围绕优化门店运营成本和效率的数字化转型

数字化手段也可以助力运营成本的优化和运营效率的提升。

（1）成本优化——零售行业作为劳动力密集型企业，主要的运营成本是人工成本和房租成本。各种形态的无人便利店试水，首先带来的是人力成本、租金成本的大幅下滑。以缤果盒子为例，官方称 15 平方米便利店的缤果盒子可售卖的数量与 40 平方米的传统便利店相当，但前者造价 10 万元人民币，约为后者的 1/4，试错成本低，而且自带升降系统，能随时移动位置，可减少拆迁、装修造成的成本损失。

（2）效率提升——门店的效率体现在购物效率和管理效率两方面，具体包括导购、咨询、收银、促销、防盗、补货、盘点等工作。通过互动触屏支持顾客查询商品位置和库存并提供相关商品信息；增强现实技术实现了门店内导航，帮助顾客快速找到商品；电子货架展示了门店推荐、热销、优惠活动等商品信息并提醒顾客，这些都可以辅助顾客提高购物效率；在提升管理效率方面，可以通过移动设备辅助门店员工展示商品、实现销售；可以借助智能化门店管理终端，帮助门店运营人员实时掌控门店库存、销售、补货情况，实现门店销售实时营销数据分析等，可以说智能化无所不在，这些都是门店围绕效率提升的数字化转型的举措。

分销渠道的数字化

除了直营渠道，在销售渠道中另一类主流渠道是分销渠道。分销渠道的弊病在于层级多。以快消品为例，从厂商到零售终端要经过多级经销商层层加价，供应链冗长、效率低、成本较高，缺少厂商与零售终端之间的高效链接。分销渠道的数字化转型趋势表现为“通过行业平台整合供应端和销售端，打破多层级结构以换取效率”。

现在，各电商巨头纷纷布局构建行业的 B2B 垂直平台，针对行业进行深入研究，整合优化行业供应链，降低供应链成本，提升产品和服务的质量。各个行业出现了很多 B2B 平台，在与用户出行相关的汽配行业中，汽配供应链服务平台中驰车福在供应端整合上游配件厂商，在销售端整合下游修理厂商；在零售行业中，京东“新通路”是零售行业 B2B 平台，在供应端整合了品牌商，在销售端整合了 3 ～ 6 线城市的夫妻店。因为分销模式本身的特性，以上所举例的这两个细分行业，其分销渠道的特点都是市场份额高度分散、中间环节杂乱、信息化水平低，这些制约着其产业的发展。数字化转型趋势催生各行业构建新型的 B2B 平台，在这些 B2B 平台上，第一个 B 已经不是各种代理商，而是品牌厂商，第二个 B 是直接面对用户的服务商。通过平台，品牌商与服务商之间的用户、订单、支付、物流、金融服务、售后服务流程实现了数字化，所以品牌商可以通过平台实现全渠道数据监控，做到对产品的价格、真伪的全程把控。服务商表面上看起来还是原来的维修店、夫妻店，但实际上因为流程的数字化、平台数据运营增值服务，服务商将更懂得用数据精细化运营，同时，在这个体验经济时代，作为与顾客接触的前端，服务商要对线下的服务和用户体验负责。

【案例：京东新通路】

京东新通路事业部承接了京东集团的“火车头一号”项目，帮助京东成为 3 ～ 6 线城市乃至农村大量中小门店、夫妻店的供货商。解读京东这一布局，为什么要对快消品的线下分销渠道进行整合及进行数字化改造升级呢？ 一是因为线上渠道增速放缓，通过整合线下，可以实现线下反哺线上，促进京东整体电商业务的发展；二是大量中小门店、夫妻店成为京东小店，这些实体店可以成为京东品牌宣传和用户服务的前哨站，还是京东消费大数据的线下采集端口。

在传统分销模式下，品牌商和夫妻店等各中小门店都面临很多痛点：终端门店的痛点是找不到适销对路的商品，面对很多分销商供应的商品，卖正品利润低不赚钱，缺乏经营指导在，等等;品牌商的痛点是只对接分销商，不了解真正的用户，想有效触达这些长尾终端门店存在很大的难点，投入大量资金做营销活动却无法精准投放，多层级的分销体制也使投放速度受阻，投放之后投放情况品牌商很难监控，通过抽查覆盖面也有限，反馈时间也长，等等。

京东新通路平台为厂商建立了基于终端需求的直供体系，对直供品牌商家分享数据，品牌商可以获得实时的库存数据，可以按区域、按时段获取自己的产品在目标区域的动销及需求资讯，以便及时对产品进行调整，提升销量；或者基于平台上店铺的数据积累，形成店铺画像，品牌商可以借此精准筛选目标门店，进行营销活动任务的精准投放，并借助京东物流优势，实现营销材料和货品同步到店。总之，新通路平台致力于协助厂商打造一个透明、可控的渠道。对于中小门店，京东新通路也向中小店面提供了商品支持和服务支持，京东主导研发的一站式 B2B 订货平台“京东掌柜宝”，支持中小门店查询商品信息、订货及跟踪物流信息和售后反馈处理，代替了传统的小店奔波于各大批发市场、面对很多分销商的进货模式，同时负责对夫妻店指导选品、终端陈列、传递促销，等等。

电商平台深度数字化

传统电商包括企业自有的官方商城、移动端的 App 商城、众多种类的第三方电子商务平台，例如：京东、当当、天猫、淘宝、拍拍……这些传统电商渠道从建立之初都自带数字化基因。在目前线上渠道增长放缓的环境下，传统电商也在不断尝试进行数字化、智能化创新，尝试通过 VR、AR、MR 改善与用户交互的数字界面，尝试以内容吸引用户，尝试 AI 驱动的产品推荐引擎，总之尝试从商品搜索、推荐、展示、下单、客服等全方位改善购物体验。内容、体验、智能是当今数字化时代电商平台进化的主要发力点。比如用户通过电商平台购买商品时，体验上最大的痛点就是无法直接接触商品，电商数字化方向之一就是利用 VR、AR、MR 提升商品呈现的体验，正如凯文·凯利所说：“VR、AR 及 MR 将定义下一代的互联网，这一代互联网基本组成是‘信息’，下一代互联网流动和流通的将是体验，AR、VR及跨界的MR将开创一个无屏时代。”VR购物在商品的呈现方式上是一次伟大的革新，能为用户创造沉浸式的购物方式，商品的展现形式从流体向沉浸式转变，为用户提供了新型的、更友好的购物体验。阿里巴巴在探索最新电商购物体验的过程中，发起了Buy +和造物神计划，基于Buy+探索VR购物体验、基于造物神丰富VR素材，Buy+使用VR（虚拟现实）技术，利用计算机图形系统和辅助传感器，生成可交互的三维购物环境，让用户足不出户便可体验在全世界购物的乐趣。随着VR购物的发展，未来必将突破时间和空间的限制，真正实现各地商场随便逛、各类商品随便试。在“智能化”方面，电商平台采用人工智能算法对海量数据进行挖掘，为商家提供精准的用户需求，为用户提供差异化的营销和服务，例如eBay推出智能个人购物助手eBay Shopbot，帮助用户在eBay上搜寻最实惠的商品，或者帮助用户轻松地使用自然语言找到其感兴趣的产品，用户可以通过文本、语音或使用与特定产品相关的图像与机器人进行交互。另外，有很多电商平台已经支持拍图搜索商品，这项功能涉及AI人工智能的计算机视觉和深度学习技术，这些功能使得用户更容易找到商品并激发用户的购买行为。

总之，越来越多的实体零售商和电子商务公司都在不断将AI整合进自己的业务中，向“智能零售”迈进，目标是回归购物的本质，带给用户更好的购物体验。

5.1.3 新型数字化渠道

前面提到，数字化手段的发展使渠道泛化，新型的渠道会是人、物、应用、内容，只要是聚集流量的地方都可以被当作渠道，传统的传播渠道也会演变为销售渠道的延伸，因此去中心化电商是未来的一种趋势。围绕人、物、应用、内容出现的新型渠道包括智能家电渠道、微商渠道、内容电商渠道。智能家电是物泛化为渠道的相关实践，微商是人泛化为渠道的实践，内容电商是内容泛化为渠道，而所有这些都离不开App应用的承载，即应用亦为渠道。

智能家电

随着物联网技术及人工智能的发展，可以预见在将来用户的生活中，周边设施将变得“聪明”，这些设施可以智能化地帮助用户做出购买等决策。例如，智能冰箱不再只是一个家电产品，更是一个服务平台。一台冰箱，可集合智能识别、营养推荐、在线购物、影音娱乐、远程控制、用药提醒等人性化功能于一身，串联起食品生产销售、影音娱乐等相关产业，具有无限的可能性。在此场景下，智能家电硬件必然会像现在的智能终端手机一样，承载新型渠道。

多年前，三星、LG就推出过带有屏幕的智能冰箱，国内品牌也陆续推出了类似的产品。美菱发布了CHIQ智能冰箱，海尔发布了馨厨智能冰箱（如图5-9所示），腾讯与美的合作推出的一款智能冰箱内置了腾讯针对智能冰箱开发的智能系统，目前京东的智能冰箱也上市了。从目前市场上的智能冰箱来看，智能冰箱主要有以下三大功能。

图 5-9　海尔馨厨智能冰箱

第一是将大屏幕嵌入冰箱上，在面板上多了一个液晶屏幕，所有智能功能都被可视化了，并且一般都是可触摸的；第二是内置摄像头，使得智能冰箱可辨别认食物，通过 App 或图像识别自动分辨，可以很清楚地看到自己家的冰箱还有什么食材；第三就是支持直接下单购买食材，京东推出的智能冰箱可以直接从京东下单购买。海尔推出的馨厨智能冰箱接入了娱乐、健康、购物、社交、游戏等优质互联网资源，目前已经接入了包括爱奇艺、苏宁易购、豆果美食、蜻蜓 FM、本来生活、也买酒等企业，对于这些企业来说，这些直接入户的“智能冰箱”就是一个传播、销售渠道。

不仅有智能冰箱，还有智能电视、空气净化器、净水器、扫地机器人、VR 头盔，等等。随着家电智能化的发展，将有更多的智能家电出现，这些都会成为企业的营销渠道。

微商渠道

移动端和社交应用的发展为微商提供了生根发芽的土壤，微商是通过微信、微博等社交平台进行社会化分销的商业模式，可以基于熟人关系，也可以基于公众号连接的非熟人，不论怎样都是以信任为基础的，微商本身需要对产品品质做信任背书。移动互联网时代最大的特点就是去中心化，这让电商变得碎片化、社交化、品牌化，“微商”恰如其分地利用了这些特点，通过微信、微博与用户紧密地连接在了一起。微商渠道的特点是口碑效应更大、传播速度更快、信息传递性更强，人人都可以成为微商体系下的分销者，有问题可以随时咨询售后服务，大大提高了用户的复购率。

微商的销售体系包括提供货源的面向用户的零售终端和交易平台两个方面。

从最终零售端来看，负责传播、销售的微商主体可以分为企业、个人。企业微商是企业基于微信公众号开设微商城的 B2C 模式，个人微商是个人基于朋友圈或订阅号销售商品的 C2C 模式。

从交易平台来看，按照交易平台的不同定位，又可以分为第三方平台和企业平台。第三方平台是指企业成立一个专门的平台，连接上游厂商、品牌商、下游小微商户及个人，下游参与者通过平台实现手机开店，并通过社交分享实现对上游产品的分销，比较主流的平台有拍拍微店、京东微店、微信小店、口袋购物、有赞、微盟。企业平台是指公司有自己的产品并自建平台，利用自己的平台招收自己产品的分销商，分销商在该平台只能分销该品牌的产品，基于社交平台分销。国美、苏宁、海尔等出名的电器企业都做起了自己的企业微商平台。

【案例：阿里巴巴电商平台涉足微商】

2016 年 10 月，阿里巴巴召开了首届微商峰会进军微商。阿里巴巴的微商属于一级分销模式，聚集了供应商和微商用户，提供微商全套服务。阿里巴巴的微商体系包括微供和采源宝两个平台，微供是货源服务市场，采源宝 App 是微商选货、分享、下单的工具。目前微供平台提供包括生鲜、进口、食品、童装、女装、内衣、家纺、玩具 8 大类目的商品，微商在阿里巴巴的微供平台上对商品、供应商进行选择，通过采源宝扫描，可按需自主选择成为代理，在成为某款商品的代理后，可以使用 App“采源宝”对商品进行查看、转发和下单等操作，不需要进行囤货，微供平台运营模式示例如图 5-10 所示。

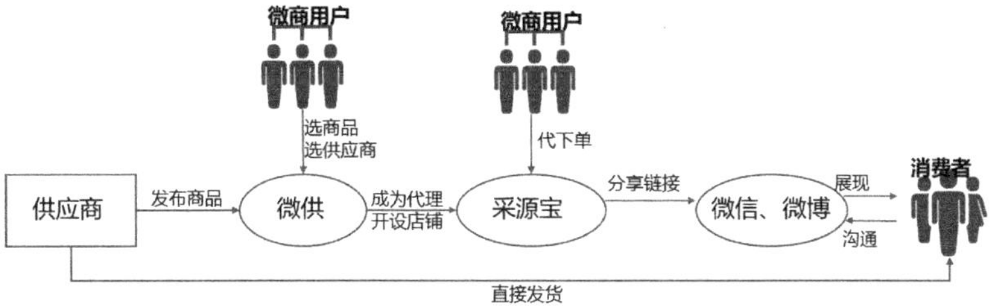

图 5-10　微供平台运营模式示例

内容电商渠道

在《何以笙箫默》一剧播出时，追剧的人应该都记得天猫的广告：“用手机扫取台标，即可进入天猫店铺，同步购买剧中出现的明星同款”，这里的同款不再局限于衣服，而是指电视剧中出现的各类商品。据悉，参加购物的体验用户累计超过 5000 万人次，用户群定位精准，转化率高。京东最新发布了“边看边买”大屏智能购物模式，用户在电视上看到心仪的商品广告时，通过遥控器一键下单，商品就会添加到京东商城购物车中，便捷地打通了电视广告与网上商城。另外，有很多应用针对电视剧迷、综艺迷的需求，推出的“边看边买”这种移动电视娱乐 + 购物一站式体验。如图 5-11 所示，在看节目的同时就能迅速找到播放节目中的明星商品，这些都是借助内容对人的吸引力，实现了用户引流与销售转化。

图 5-11 “边看边买”的一站式消费体验

另外，在全民直播化、自媒体专业化快速发展的背景下，网红、直播等新的流量聚集地，也有效地促进了特定商品的交易转化，形成了新型的渠道。因此，视频类平台未来可能超越社交媒体，成为主要的传播渠道和营销渠道，观众在感兴趣时，可以主动地在视频中进行互动娱乐、购买商品、视频游戏、搜索精准画面，等等。

总的来说，营销到达用户的渠道有很多，企业面临的选择也很多，线上、线下、直营、分销、自有、第三方、借助人、借助物、借助内容、借助应用等都可以成为企业的营销渠道，重点在于构建适合自身的数字化渠道体系。

5.2 渠道数字化呼唤新运营

从前一节可以看到，不论是传统渠道进行数字化转型，还是涌现出的很多新型数字化渠道，总之，数字化是趋势。在万物互联的时代，我们面临的渠道选择会有很多，需要对渠道进行整体规划布局，并采用新型的数字化手段与运营理念运营渠道，才能建立企业与用户之间更有效的连接触角。

5.2.1 渠道运营，布局为先

渠道运营，布局为先。对于企业来说渠道的重要性毋庸置疑，数字化时代的渠道触点呈分散化、渠道多样化的特点，为了实现销售目标，企业的渠道布局需要适应时代的发展、适时而变。因此我们首先需要选择适应企业自身发展的渠道进行布局，要看清各渠道的用户群体，顺势而为，适应不同渠道客群特点进行推广。我们在开展渠道布局策略时，需要重点考虑全渠道、社交化、移动化等方向。

全渠道布局：用户在哪里，渠道就要到哪里

为什么要全渠道？从用户的需求角度来看，用户群体在变化，纯电商时代已经过去，用户购物的渠道选择空前增多，不仅可以去实体店购买，还可以在网上商城购买，甚至可以在任何智能设备上随时随地购买。而且，很多用户在完成一次购买活动时，往往会采用不止一个渠道，比如在网上看到一款不错的衣服，但是不确定它到底合不合适时，还要去实体店去试穿一下，然后决定在哪儿买。显然，任何一个独立的渠道都已经无法满足用户的需求了。由此可见，满足用户需求的首要工作是满足他们跨渠道的购物需求，我们要布局全渠道，打通用户的接触点，让用户突破时间和空间的限制，享受便捷的购物体验。

从企业自身的角度来看，只采用单一的营销渠道已不能满足自身销售增长的需求，需要积极扩充自有或第三方、线下或线上的渠道。例如，对于以互联网渠道起家的企业而言，随着线上渠道的增速放缓，也需要积极布局线下渠道。以零售行业为例，从国家统计局发布的 2017 年 1 ～ 5 月零售统计数据来看，实物商品网上零售额 18798 亿元，增长 26.5%，占社会消费品零售总额的比重为 13.2%，可以看出线下零售仍然占主导地位，因此线上线下齐头并进是企业渠道布局的关键。

【案例：从线上到线下，三只松鼠的全渠道转型】

“三只松鼠”这个互联网食品品牌企业是当前中国销售规模最大的食品电商企业。该企业靠互联网渠道销售起家，目前已经全面覆盖天猫、淘宝、京东、1 号店、QQ 网购、美团、唯品会等各类渠道，并且三只松鼠 App、微店等线上渠道布局已经相对完善。在线上发展 5 年后从 2016 年年底起，三只松鼠开始走向线下，第一家线下体验店——Feeding Store 投食店在安徽芜湖正式开业，在未来五年计划开设1000家线下投食店，并建松鼠城。

三只松鼠线上做得如此成功，为何要大规模杀入线下？对其策略进行解读，原因有如下几点。

- 体验升级：线下渠道可以解决虚拟空间不能替代的线下体验问题。从三只松鼠投食店的定位看，开线下店的出发点不仅是实现销售功能，线下店更注重娱乐性和体验感，三只松鼠希望用户在消费中娱乐，在娱乐中消费，通过体验的升级构建品牌形象。
- 品牌渗透：从整体布局来看，三只松鼠投食店将只开在三、四线城市，三、四线城市需要线下渠道增加品牌渗透，实现渠道下沉。
- 线上引流：用三只松鼠创始人章燎原的话来说，线上的流量还在增长，只是增长得不像过去那么快，但线下可以促进线上更好地增长，增强用户黏性。体验会增加用户在店内的停留时间，所以能做线上引流。通过线下促进线上，通过线下做增量。

三只松鼠布局线下渠道的逻辑不同于来伊份、良品铺子等企业的多店铺布点，而是计划在每个城市只建设一个线下实体店，不以实体店的密度取胜，而以体验与品牌宣传为主，其实体店在三只松鼠的全渠道零售战略中占有独特的定位。

现在，不仅“三只松鼠”，各种电商都开始注重线下店，比如跨境电商纷纷开设线下体验店，银泰和阿里巴巴开设线上线下打通的新店“生活选集”。总之，无论是互联网企业布局线下，还是传统企业走向线上，我们都需要根据自己的实际情况对各种渠道的定位统筹考虑。我们需要从企业自身的目标用户群的视角思考渠道的布局，分析哪类渠道是目标用户流量聚集之地，各类渠道又有众多平台，在资源有限的情况下通过分析甄选合适的具体渠道。我们需要找准用户与品牌沟通的切入点，方能完善全渠道营销布局。

社交渠道：企业品牌推广和销售实现的重要阵地

社交渠道是企业渠道布局中不可忽略的重要渠道。试想一下，用户所有的决策，小到买什么书、看什么电影，大到买什么房、怎么进行儿童教育，影响决策的因素最主要的是来自社交关系的反馈。这种消费特性无疑在倒逼电商行业的转型，倒逼企业在渠道布局时不可忽略社交关系的重要性。

社交网络将成为品牌推广的主阵地。在移动互联网时代，包括新浪微博、微信、Facebook、Twitter 等在内的社交网络将成为企业品牌推广的主要阵地，将成为用户获取包括生活、购物、新闻等资讯在内的入口，用户不仅在这里获取各种资讯，还通过这些媒体制造、分享各种资讯，包括和品牌、产品有关的消费及体验资讯。企业的各种宣传推广资讯均可通过这些社交网络媒体精准传递给粉丝和用户，并与他们直接进行互动。

基于社交网络的电商体系，比如微商在渠道下沉方面独具优势。

优势一：有效、精准的传播。社交网络突破地域的限制，成千上万微店店主的传播效应比传统电商的单点中心传播更加有效、精准。

优势二：下沉成本低。传统电商渠道的下沉需要投入大量的资金和人力成本，而社交电商的微店店主为自主创业，通过销售获得相应佣金，有销售才会产生费用，不需要增加固定支出。

优势三：效率高。受到利益激励的驱动，社交电商的店主既是售前的推广员，又是售中、售后的客服，在某些地区，甚至还是打通最后一公里的快递员，一人多职，补足了推广和服务的短板。渠道下沉得到的不仅是销售提升，还是宝贵的用户意见反馈和更密切的用户关系。

小米的成功充分揭示了移动互联时代的营销和渠道规则。2017年，小米涉水微商，布局社交化电商。小米直供试图减轻线下推广成本，后升级为小米小店，试水微商。米粉通过小店注册开店，通过线上线下的各种推广手段进行产品营销，用户通过小店购买产品后，由小米负责发货，米粉赚取销售差价，且无囤货压力。小米的微商模式，是以小米线上的用户做种子，把产品销售给不接触互联网和小米的用户，相当于每个小米粉丝都是一个微型经销商、推销员。通过把“米粉”转变为小米的微渠道，弥补了小米的渠道短板，增加了小米的出货，提升了小米的销售额。

连接线上线下，不可替代的移动端渠道

在移动互联时代，用户不用再被束缚在电脑前，而是可以利用各种碎片化的时间上网获取相关资讯，在线下实体店了解体验的同时可以上网查看。当前我国手机网民的占比已经达到95%以上，台式电脑、笔记本电脑的使用率均呈现下降趋势。所以，移动互联网与线下经济联系日益紧密，移动端真正变成一种线上线下都可利用的工具，能够连接不同的渠道，是未来企业建立渠道的标配。

基于移动端特性应用开发的移动营销手段现已成为企业新的渠道之一。在移动营销渠道备受青睐的当下，移动端的布局不仅仅是开发 App，更重要的是要掌握获得内容的渠道，掌握了内容渠道，就具备了移动端入口。

5.2.2 渠道运营那些事儿

在渠道布局之后，我们需要进一步思考渠道运营的目标是什么？渠道运营的本质是提升交易效果和交易效率：交易效果体现为流量 + 转化；交易效率体现为打通产品从选、购到用、修的服务全环节，解决产品销售推动力和用户购买便捷性的问题。通过运营让用户方便、清晰地了解产品、进而有意愿购买，有意愿购买时又有方便的触点让用户完成购买，完成购买的过程也应该是便捷的。数字化改变了渠道运营的工具、方法，但渠道运营提升交易效率和交易效果的目标从来没有改变。当然，渠道运营的目标也是有阶段性的，从 0 到 1 时只要能帮助企业壮大的渠道就是好渠道，不管是谁家的渠道，在壮大后，就要开始思考渠道用户的经营和控制权问题。从这个角度来看，渠道运营目标是阶段性的，各个阶段的关注重点会在提升交易效率和交易效果目标的基础上叠加。

在数字化时代，若要实现渠道运营的目标，则需要围绕如何去提升产品选、购、用、修的服务全环节的交易效果和效率展开，并且不能脱离行业泛泛而谈。就零售行业而言，渠道运营包括零售终端运营和渠道供应链的运营。线下的各类自有的、非自有的门店，线上的自有商城或第三方电子商务平台上的网店都是与用户接触的零售终端，这些零售终端的运营均属于渠道运营的一部分，渠道运营的工作框架如图 5-12 所示。

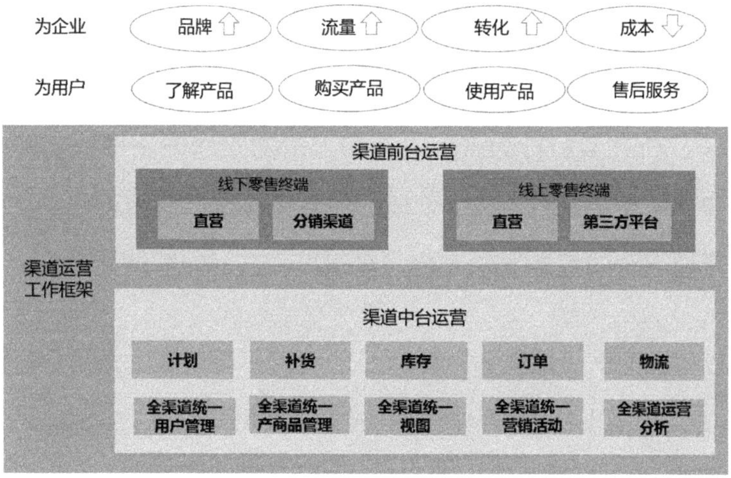

图 5-12　渠道运营的工作框架

在这个渠道运营工作框架中，运营是涵盖线上、线下，包括前台与中台的大运营。与用户直接接触的零售终端运营可以被称为前台运营，服务于零售终端的供应链运营和渠道统一运营管理可以被称为中台运营。线下零售终端运营工作包括：陈列、导购、咨询、促销、防盗、收银、价格管理、补货、门店库存等；线上零售终端运营工作包括商品维护、上下架、促销、店铺装修等；渠道供应链运营包括全渠道体系下的计划、补货、库存、订单、物流等；全渠道统一运营管理包括全渠道统一管理、全渠道统一产商品管理，全渠道统一视图包括统一库存视图和统一订单视图、全渠道统一营销活动管理和统一运营分析。

线上业务因为天生的数字基因及电商数字化运营多年的发展，已有比较成熟的体系。对于线上渠道运营，因为技术的发展可以让企业对用户线上行为进行记录，研究用户的行为模式，能根据用户行为改变产品或渠道运营策略，所以渠道运营的工作已经形成了闭环模式。

线下渠道不缺乏运营，缺乏的是数字化运营。线下渠道由于技术的限制无法记录、研究用户行为，所以渠道运营的工作无法形成闭环。在线下渠道的数字化转型中，新的技术手段必然会弥补渠道运营工作的这些不足，最终促进渠道运营的模式发生变化，实现基于数据的智能化运营。

在进行渠道的前台运营时，企业必须将自己通过线上各网店、线下各实体店、各社交网络平台自媒体等与用户建立起来的关系整合起来。企业必须学会将媒体受众发展成自己的粉丝，将粉丝转化为用户来购买产品或服务。这个过程中涉及两个核心问题：流量与转化率，即如何获取更多的目标受众，如何获得更多的粉丝关注与认同，如何将他们一步步转化成购买用户，这就是全渠道营销的核心。至于用户最终的购买行为究竟是发生在线上还是哪个线下实体店，已不是重点了。

在进行渠道中台运营时，需要思考的核心是统一、协同、灵活。“统一”包括：统一用户管理、统一产商品管理、统一库存管理、统一订单管理、统一营销活动管理、统一运营分析。“协同”包括：用户协同，指实现用户在不同渠道之间的便利最大化；人员协同，指使不同渠道的人员相互配合、减少冲突、利益平衡；流程协同，指在服务流程上，做到连接无缝隙、流程顺畅、有效；业务协同，指在业务推广上，在渠道、地域、用户之间达成相互正向作用;知识协同，指让知识、经验在不同渠道成员之间得到分享。

“灵活”是指供应链要具有柔性，能够灵活支撑多种模式，因为全渠道对供应链的运营提出了更高的挑战。比如：仓储物流要支撑更为复杂的物流运作方式，全渠道模式下渠道众多，铺货和自营兼有，铺货模式又可分为代销和经销，自营又可分为直发顾客和通过中转发给顾客，再加上是否支持货到付款，是否支持直接开票，所有全渠道的运营需要支撑多种分类的物流模式，不同模式有不同的包装、标签、打单、配送的要求。

数字化已经使得运营与以前不一样。以线下实体渠道来说，一方面，数字化改变了传统的商品价格运营方式。以苏宁为例，随着促销频率的增加，最直接的体现就是商品价格的频繁变化，苏宁采用的是总部统一变更价格的管理流程，过去采用纸质价签时，整个变价流程包括价格信息审批、价签打印、裁切、人工更换价签，一次促销完成变价流程需要一整天。采用电子价签数字化技术后，店员被从人工更换价签的工作中解脱了出来。比如今天1万个单品里有500个要做促销，要把商品扣上促销牌，则只需在后台把这500个促销品亮灯，员工在找到后扣上促销牌，然后用遥控器触碰一下就灭灯，非常便捷、准确。另一方面，数字化手段优化了店铺的陈列管理和运营分析，商品陈列货架的棚格图被存储在电子标签系统中，并建立陈列位与电子标签的一一对照，可视化的陈列图被下传至PDA，门店人员可按照陈列图安装电子标签，并按要求完成商品陈列。这实现了货架排面的可视化，同时可以按货架统计销售额，进行坪效分析并优化陈列。我们在系统中可以看到各个货架上面的销售情况及存量情况，可以清楚地知道在货架上有哪些产品需要补货，有哪些位置是黄金货位等。

全渠道布局已成为一种趋势，不论是线上渠道还是线下渠道，渠道运营都需要从商品、用户、渠道三方面考虑相匹配的渠道运营策略。在全渠道的环境下，我们为制定渠道运营策略需要分析渠道本身的特征及各渠道的人群特征，分析人群特征对商品结构、商品陈列和推荐的影响（包括线下和线上），所以企业在各渠道上给用户提供的商品是不同的，就算是同样的商品，给的卖点和推荐理由也是不同的，并且要将渠道进行分类和分级，制定差异化策略，分清楚哪些渠道是根据地、主战场，这样区分的好处在于不同的渠道采取不同的营销策略，例如：针对主流渠道，企业获取最主要的销售额和会员口碑，对于清货渠道，企业是不上新货的，只在过季的时候进行库存清仓；在多店铺运营时，企业在每个店铺里的主推商品和主题活动都应该是不同的。

5.2.3 新运营，新实践

在上节提到的运营框架下，我们通过案例分析可以实实在在体会一下数字化时代的渠道策略变化，体会一下在数字化新技术发展、推动下的渠道运营方式的变化。在渠道泛化的大环境下，随着渠道数字化技术的发展和企业运营管理能力的提升，各个渠道的界限越来越模糊，出现了很多新的运营形态和实践，这些新的形态为企业数字化渠道转型提供了良好的参考和借鉴。

线上线下融合的智慧实体门店运营新形态

智慧门店的线上线下融合，使得移动端真正变成一种线上线下都可利用的工具，连接线上线下。同时，统一的后台运营支撑实现了商品、价格、营销、会员、库存、分析的统一，还实现了流程的一体化协同。新型的智慧门店承载了仓库、物流配送等更多的后台运营与用户体验功能。无论是传统的商店超市还是像盒马鲜生这样的互联网新生超市，都向着线上线下融合这种模式发展。

【案例：盒马鲜生】

2017 年 6 月，阿里巴巴旗下的项目——盒马鲜生店开出了其在全国的第 10 家门店，首次落户北京。盒马鲜生作为一种新零售业态，由线下实体门店和线上 App 结合而成，与线上 App 的结合为门店带来了数字化运营的基本手段，通过线上线下的融合，盒马鲜生实现了商品、价格、营销、会员的四个统一，以及线上线下的相互引流。与传统超市对比，其运营方式的变革主要体现在以下几方面。

1. 与线上整合的会员制运营

大部分传统超市用户是否成为会员不是硬性要求，都是通过在结账时出示会员卡享受打折或积分鼓励顾客成为会员的。即使成为会员，传统的线下实体与会员之间建立的关系也是弱连接，面向所有会员单向分发统一的促销短信，不知道接收到信息的会员对促销是否感兴趣，也不知道是否实现了销售转化。总之在收集会员信息、识别会员、会员分析方面少有动作，所以在会员精准营销方面一直比较薄弱。而盒马鲜生通过引导会员下载盒马鲜生 App 并尽量使用支付宝付款，这样可以和电商一样在会员营销方面做出效果，通过 App 在顾客离开门店后也持续影响顾客。

2. 与线上 App 的结合使门店用户运营手段向线上靠拢

与 App 的结合能够把线上运营的方法用到线下，玩法更多样、更趣味化。比如，电子商务很重视用户首购和复购，盒马鲜生也是一样，通过 App 发放新人套券、1 分换购、新人特价商品、福袋套券等吸引顾客成为河马鲜生用户，从而促进拉新。也可通过 App 适时地推送营销活动等提醒信息，让用户的注意力集中在“盒马鲜生”上。还可通过精细化运营，根据过去的用户浏览记录及购买记录让用户在 App 里看到的内容、收到的消息都是有针对性的，而非一模一样的界面，用算法推荐用户可能感兴趣的商品。

3. 数字化改变了用户的线下购买体验

用户线下的购买过程同样包括了解产品、购买产品、使用产品、售后服务这几大环节。在每一个环节为用户提供“便捷”是购物体验提升的重要的方面。

顾客在逛传统商店或超市时，主要通过查看实物产品本身了解产品信息，或者通过输入产品关键字在京东、天猫等 App 自行搜索类似的产品信息、评价信息，并进行价格比较，在大多数情况下并不一定能准确找到该产品；逛盒马卖场时，除了查看实物，还可通过 App 扫描价签上的二维码，了解商品详情介绍，了解用户的评价信息，产品定位准确快速。

传统超市的购买过程是比较单一的，整个过程一般是选购、支付、带走；盒马鲜生承载了餐饮功能、物流功能及企业与粉丝互动的运营功能，这使用户有更多的选择，按照自己的需要选择不同的购买方式，可以通过实体店体验，检验产品品质并直接买回家；也可以在不方便携带大量商品的时候选择线上或线下订购直接配送到家。

盒马鲜生退换货也比传统超市方便，用户在线上和线下购买的商品，都可以通过 App 操作退货，在申请退货后，有配送员上门取货。退换货和服务无须像传统超市一样保留小票，免去了丢票之忧。这些都是数字化为用户带来的便利。盒马鲜生与传统商店超市的比对如表 5-1 所示。

表 5-1　盒马鲜生与传统商店超市比对

消费环节	盒马鲜生	传统商店或超市
了解产品	• 看实物 • 体验功能区多 二维码扫描，获取准确便捷的线上商品详情介绍，相关评价信息	• 主要看实物 • 无评价
购买产品	• 支付方式多元化 • 盒马 App 自助结账，免去排队的烦恼 • 线上下单、线下购买自由选择 • 线上、线下合单	• 进店线下购买 • 排队支付
使用产品	• 现场海鲜加工服务，提供给顾客更多选择	• 无现场服务
售后服务	• 线下购物退货流程便捷，上门取退货 • 历史线下购买信息留痕	• 顾客自行到店退货 • 历史购买信息对于顾客意义不大

4. 商家门店运营手段效率提升

（1）商品价格管理效率高，盒马门店全面采用电子价签，由于生鲜类商品的变价比较频繁，电子价签能减少换价签的工作量，能避免漏换和错换。

（2）物流配送高效，盒马鲜生门店承载了物流功能，店内拥有自动化运货设备，从前端体验店到后库的装箱，都是由物流带来传送的。通过App下单，门店在收到订单后，店内各个商品品类部门就会直接把货架上标准化、独立包装的商品装进保温袋，再挂至运输系统，自动运至配送人员，时间周期很短。盒马鲜生能将线上线下数据充分打通，用户既可以单独线上、线下消费，也可以实现线上线下智能拼单一起配送，优化了配送环节。

【案例：物美＋多点】

物美作为传统超市的代表，也在积极进行着数字化转型。

转型的举措之一是大规模使用电子价签，华东物美全门店、全品类商品都采用电子价签来代替传统纸质价签显示商品信息，完成线上线下商品价格、促销的实时同步管理。大规模使用电子价签既解决了价格准确性、及时性等问题，又帮助门店杜绝因人工换价签出现价差导致顾客投诉，实现了线上线下的价格实时同步、促销同步，价格调整及时。电子价签还帮助解决了店铺运营效率提升的问题，价格管理作业流程在全面优化后，相较于纸质价签，电子价签的全面应用帮助物美门店每月节约很多人工工时。

另一个数字化举措是与多点App结合解决排队结账体验差的问题。逛超市最恼人的体验就是排队结账，有时购物花 20 分钟，排队结账也得花 20 分钟，这是因为一般的超市购物过程是一个串行过程，顾客挑拣商品、排队等待收银员一个一个扫描商品，然后支付结账，收银员的工作是这个串行处理过程的瓶颈。物美联合多点于 2017 年 6 月推出自由购，把购物结算的过程由串行变成了并行，把必须由收银员集中处理的扫描商品、支付结算任务变成了由顾客自行处理的任务。多点的自助结账服务“自由购”的自助购物流程很简单，从多点 App 选择“自由购”服务，在逛超市的过程中选中了想购买的商品时就随时扫描商品的二维码，在将商品加入购物车后，若不想买了就从购物车中删除，在选完商品后提交订单，然后在线支付，最后自助购物的顾客经过防损门，将“自由购”完成后生成的二维码交给防损门的工作人员以供检验。整个购买过程花费在最终排队结账环节的时间基本为零，极大地提高了收银效率，不需要排队了，顾客体验自然就提升了。

互为渠道融合运营新实践

渠道融合是企业与其他企业通过资源互换、产品融合等多种手段实现双方渠道资源的共享，以低的渠道建设成本扩充了自有产品的销售渠道，增强了营销能力。俗话说“他山之石，可以攻玉”，通过企业之间渠道体系的叠加，达到了 1+1>2 的效果。

如何有效地选择合作企业进行渠道的融合？我们建议基于场景化的用户需求洞察，分析自有产品不同场景下与其他行业或企业产品的关联性及互补性，具有较强关联与互补的企业才有渠道融合运营的价值。以电信运营商为例，流量产品销售面临增长趋缓的形式，未来流量增长依赖视频等内容驱动，与娱乐场景相关的内容应用如视频、音乐、直播等与流量产品强相关。电信运营商都纷纷拓展内容类互联网销售渠道，在用户流量消费场所构建营销能力。中国移动推出“任我看”定向流量包、流量套卡，与优酷、腾讯、咪咕等视频应用合作，优酷、腾讯、咪咕等成为移动流量产品业务推广的渠道，在用户使用视频软件消耗流量的场景下，引导用户订购流量产品。同时，移动作为视频内容网站的推广渠道，共同推出了流量整合内容权益的融合产品，如 9.99 元 1G 流量及 7 天百视通会员，19.99 元 20G 流量及 14 天优酷会员等，这些产品既可以在移动渠道营销，也可以在视频网站销售，通过利益共赢的融合产品也实现了双方渠道的有机融合。

不仅是在内容方面，基于跨行业的各种各样场景都可以互为渠道进行融合营销，如图 5-13 所示。比如：在购物场景下运营商的 VIP 可以享受电商或商场的专属折扣，这样运营商成为电商和商场的营销渠道，同时电商或商场也成为运营商为 VIP 用户提供优质服务的渠道。在终端销售场景下，苹果可以向手机销售的企业开放其 Apple care+ 的订购能力，这样手机销售的企业也成为了苹果的销售渠道。

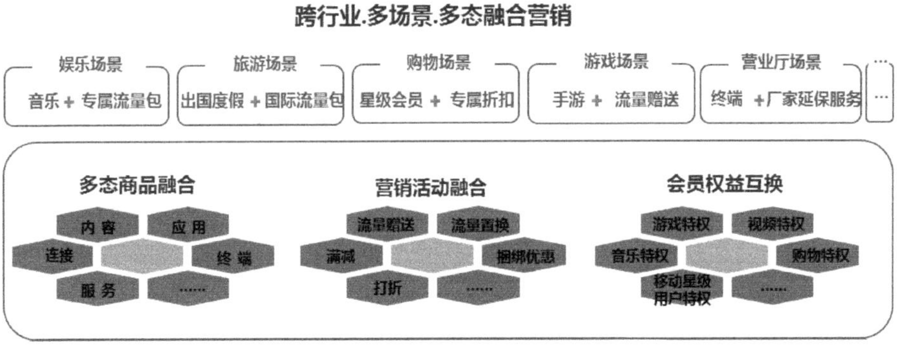

图 5-13　多态融合场景促进互为渠道融合运营

5.3 数字化渠道运营实现

数字化特征越来越明显的渠道，其渠道形态也越来越碎片化，为了将企业全渠道、融合渠道、互为渠道的运营理念落地，需要构建全渠道运营支撑系统实现全渠道集中管控、协同一体、智慧运营、快速扩张；并逐渐模糊渠道间的界限，将其演变为展示、沟通、交易、寄送的综合体，最大限度地发挥全渠道在拉动业务销售、提供贴心服务、提升品牌价值中的作用。

5.3.1 渠道运营能力蓝图

前面描述的各个企业的渠道运营新实践各有闪光点，把这些好的实践进行整合可以勾勒出全渠道运营能力蓝图，如图 5-14 所示。只有具备这些能力，才能与时俱进、适应数字化时代的发展。

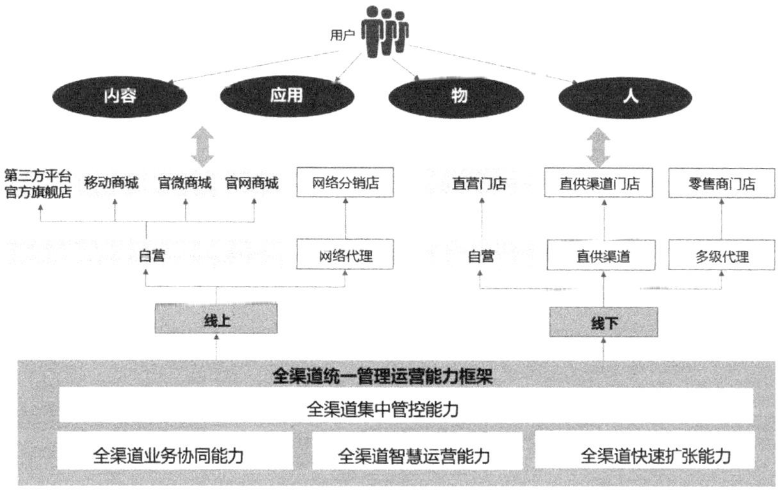

图 5-14　渠道运营能力蓝图

在全渠道布局策略的指导下，不是接入不同的渠道就算全渠道了，全渠道最大的机遇是对后端的改造，形成企业级的统一渠道信息管理及运营中心，帮助企业全面整合线上与线下渠道、直销与分销、电商与移动电商、碎片化的人、物、内容、应用渠道，并实现销售前端与后端供应链的无缝集成。其需要具备的四大能力是集中管控、协同一体、数据化智慧运营、渠道快速扩张。

- 集中管控：打通线上线下的会员体系、价格管理体系、促销返利体系，加强企业对全渠道营销的集中管控能力，提供全渠道统一管理视图，实现一致的业务流程和用户体验。
- 协同一体：帮助企业打造高效的线上线下渠道业务协同，构建以用户为中心的多渠道协同体系。
- 数据化智慧运营：所有用户、数据都沉淀在自己的平台上，利用在全渠道后台上流通的用户数据、商品数据和渠道数据实现企业数据化智慧运营，将为企业带来新的商机，并提升品牌价值。
- 渠道快速扩张：快速的渠道复制及渠道对接是数字化时代提高企业销售能力的方法，这要求企业具备开放合作的心态与系统支撑能力。

在这些能力中，集中管控是一切能力的基础。下面具体从渠道协同、智能运营、快速扩展渠道等专项能力方面详细介绍如何构建这些平台能力。

5.3.2　渠道协同，优化体验

以用户为中心的多渠道业务协同体系，是围绕数字化用户历程来实现的，整个过程包括连接、购买、使用、分享四个大环节，多渠道业务协同体现在其中的每一个环节中。

传播渠道与销售渠道之间的协同

目前企业进行的全渠道营销，主要是在实体店、网店营销的同时，进行微博、微信，社区、论坛营销，或购买搜索关键字进行搜索引擎营销，或同步利用地铁、纸媒、电视、公交、短信、传单等形式进行常规的市场推广营销。这种模式会导致营销的断层和碎片化，碎片化的网络会影响用户的忠诚度，新顾客在看到促销信息后，很难快速记住实体店的营销内容，也无法定位离自己最近的实体店，常规媒体上的促销“单品”在很多实体店都没有或库存很少，会导致感兴趣的顾客来到实体店查找购买促销商品十分困难。

对于上述问题，我们可以利用手机 App、移动互联网与二维码形成组合拳，将“断层”对接起来。这就要求企业在用户购买使用后，通过在社交媒体等传播渠道分享的过程中，积极跟进这些分享，同时通过提供购买链接、优惠券、二维码等为看到评论的新用户提供销售购买渠道，吸引新用户下单。或者通过 App 实现搜索店铺，并引导手机 App 用户到店铺中或在线下单。

销售渠道与销售渠道之间的协同

整个销售购买的各个环节会涉及不同的渠道，所谓渠道协同就是要保证用户的购买流程在各个渠道贯穿，保证一致的用户体验；需要全渠道数据能够实时反馈，及时状态更新，确保流程贯穿和顺畅进行。

前面所分析的盒马鲜生及物美+多点的案例，对于其自有的线上商城渠道、线下实体渠道采取的都是“渠道融合导向”策略。以融合为导向的业务协同，其实现的基础是构建面向全渠道的中台系统，支撑全渠道统一的用户管理、商品管理、订单管理、营销活动管理、库存管理、购物车管理、结算管理等，承担全渠道运营协同中心的功能。

统一用户管理是指帮企业管理全渠道，全触点上的所有用户，对用户进行统一的识别和沉淀，并且对用户进行统一的管理和运营。

统一商品管理是指线上线下多渠道间的商品主数据打通，线上线下同价。对于按配置实时定价的商品，需要具备统一算价能力。

统一库存管理是指支持全渠道库存信息同步，构建全局库存视图，支持线上线下不同渠道的库存分配、共享、调度，做到在有限的库存下完成最大化销售额，减少库存成本。

统一的营销活动管理是指线上线下多渠道的营销策略和活动流程打通。

统一购物车管理是指无论用户在哪个渠道添加了新的商品，都会实时向运营协同中心反馈购车状态，当用户通过其他渠道查看时，能看到购物车内有同样的商品。

统一的订单处理是指全渠道订单收订、基于规则快速进行订单审核和分发处理，根据收货区域或其他业务规则自动选择物流和仓库，并且订单的状态在全渠道中是一致的，无论用户在哪个渠道查询订单，查到的结果都是一致的。

全渠道运营协同中心的构建是为用户提供跨渠道无缝购物体验的基础。自有线上渠道的一体化协同相对容易实现，而考虑到当前技术的发展与环境的制约，要真正实现线下实体与线上虚拟、自有与第三方渠道的协同一体还存在一定的难度。比如，用户订购电信运营商的产品和服务，无论是在天猫、京东还是运营商自己的手机营业厅 App 上都能看到曾经在运营商自有或第三方渠道发生的订购、退订等记录信息，这虽然不是一个技术难点，却是一个难题。又比如，构想未来线下实体门店都有一个线上的“数字化孪生门店”，信息世界与物理世界是同步的，在线下实体店顾客从货架上拿走一个商品时，线上的数字门店也会把商品从货架移到虚拟购物车中；如果用户不想出门购物，则也可通过 VR 设备进入线上的“数字化门店”进行购买，同时线下门店会为用户提供商品预留、及时打包配送等服务。现实与构想存在差距，因为实体店正处于数字化转型的初期，所以实现构想中的实体渠道与线上渠道的协同还存在难度。但是，实体渠道已经采取了一些对应的数字化技术手段，下面对采用电子标签技术及其实现的协同场景进行介绍。

线下实体渠道采用“电子标签”这种新型的数字化技术，采用这种技术能够助力线上线下实现库存同步、商品统一定价，为商品、用户提供全新的沟通媒介及体验。

电子价签，也叫电子货架标签（Electronic Shelf Label，ESL），是一种带有信息收发功能的电子显示装置，主要应用于超市、便利店、药房等显示价格信息的电子类标签，被放置在货架上，可替代传统纸质价格标签的电子显示装置。整个系统由用户系统、ESL 服务器、交换机、基站、ESL 标签、手持机等部分组成，每一个电子货架标签通过无线网络与商场计算机数据库相连。承载线上线下数据信息同步的电子价签成为永辉、盒马鲜生、物美、苏宁等企业提升线上线下无缝营销体验的关键一环，具体好处如下。

○ 实现线上线下促销同步，价格 O2O 协同。变价、促销、秒杀是在线商家的杀手锏，随时都可以做，但是纯纸质标签就很难操作，完成一次变价伤筋动骨，满场人跑去换价格，很难做到及时和准确。电子价签则能帮助实体店完成和线上促销同步，价格的实时改变使企业可以灵活地制定价格策略，从而产生更多的销量。

○ 电子价签支撑室内商品位置导航，实现跨渠道的体验协同。比如，用户在进入超市前就已经准备好了数字化的购物清单，并且希望快速地完成购物以节约时间，则可以通过 App 连接商品数据库中陈列信息并结合移动应用定位，根据用户的购物习惯，为用户准确推送商品信息及购物导航路线。

○ 电子价签提升了配送速度，优化线上线下一体化运营效率。当超市承载商品配送中心功能时，用户从线上下单，配送人员按单捡货时，电子价签背后的系统可以迅速确定商品位置，帮助配送人员快速找到商品。

- 电子价签承载线上入口，实现线上线下互动协同。线下超市商品通过电子价签显示的二维码可以实现线上入口，用户可以通过扫描二维码实现商品关联信息查询，实现商品溯源等功能。

普通价签是纸质的，想象空间就只有一点，而电子价签是一个屏幕，承载了无限想象的应用空间。例如，具备 iBeacon 功能的电子标签，可与用户微信及商家手机 App 等发生无限互动，包括但不限于产品宣传、优惠券投放、广告、寻宝游戏及抽奖等内容；还可以部署 ESL 环境标签，实现温度监控，并通过使用 ESL 软件系统开启环境监控报警。

客服沟通渠道之间的协同

在数字化时代，用户与企业之间有了更多的数字化沟通手段，电话呼叫中心、网站、App 应用、邮件、微信、微博、短信全渠道介入。不管通过何种沟通渠道，用户只希望得到无缝的服务体验。无缝是指当用户从一个沟通渠道转到另外一个沟通渠道时，当用户与企业就某件事情沟通中间有时间间隔时，当用户面对的企业人员代表变换时，比如从一个客服代表变成另外一个客服代表，从客服代表变换成了技术支持人员，用户的语境背景信息、用户与企业之间传递的资料信息可以传递，避免针对同一件事情重复描述。

更好的实现方式就是打造一个平台，让企业能够有效地与用户互动并建立持久的关系：平台应允许客服人员检视完整的用户关系地图，让客服人员可以快速获得并了解先前与用户在任何一个渠道上的互动，并支持对每一段用户历程的交互状态及背景进行额外的深入分析。全渠道历程的可见性可消除常见的信息壁垒，确保在整个用户历程中为用户提供满意的服务。

5.3.3 渠道数据助力智能运营

“三只松鼠”的创始人在接受采访中曾说三只松鼠是一家数据公司，因为其用数据的方式解决坚果零食行业的问题。在创建早期，三只松鼠运营团队就通过数据分析发现坚果类目商品增幅趋于平稳，果干、肉类等正快速崛起，并且受众人群非常相似，由此，店铺决定以果干作为尝试，试水零食的全品类扩充。销售额的提升最终证明这一判断是正确的。三只松鼠重视数字运营，线上互联网渠道基于数据运营的传统由来已久。

数字化全渠道运营的核心，首先是对“粉丝”数据的管理，这里提到的是广义的“粉丝”，而不是有了交易行为之后的狭义上的“用户”。粉丝数据不仅是交易数据，还包括用户的行为数据。有了粉丝数据之后，企业还需要衡量粉丝的价值以指导运营。总之要通过多渠道获取用户数据、销售数据，打造基于数据的大会员体系，提升会员价值，深度挖掘用户的行为，全面分析和掌握用户的动向，精准定向营销。

完整的大数据生命周期包括数据获取和整合、数据分析和根据数据采取行动三个，具体分以下三个步骤实施。

步骤一：运营数据的获取是渠道运营的依据

首先需要建立不同渠道的运营数据指标体系。例如网站的 PV、UV、IP、日活、新增用户数、订单；App 渠道的用户端的下载量、日活；实体渠道的人流、进店人数、新老顾客、停留时长、订单数这些宏观层面的数据指标主要帮助企业从整体上把握渠道的运营状况。微观层面的数据包括每个用户及其行为的细节数据，如每一个用户的年龄、性别等基本信息、他在什么时间打开应用、浏览了什么商品、收藏了什么、购物车里又有哪些商品等，这些数据可以让企业深入地了解和理解每一个用户及用户的行为，了解每个渠道的用户群特征。这些运营素材数据是进一步进行渠道运营分析的依据。

不同渠道的运营基础数据的获取方式是不同的，如下所述。

1. 线上商城运营数据的获取

电子商务发展多年，目前网上绝大多数产品都是基于大数据和个性化来推荐的。眼下网站分析数据主要有三种收集方式：Web 日志、埋码和包嗅探器。

○ Web 日志方式

在这种方式下，网站分析数据的收集从网站访问者输入 URL 向网站服务器发出 HTTP 请求就开始了。网站服务器接收到请求后会在自己的 Log 文件中追加一条记录，记录内容包括：远程主机名（或者是 IP 地址）、登录名、登录全名、发请求的日期、发请求的时间、请求的详细（包括请求的方法、地址、协议）、请求返回的状态、请求文档的大小。然后通过工具软件对大量的 Log 数据进行处理，并将处理后的数据存放在数据库中。网站经营人员通过访问分析报表系统查看网站的分析数据。

○ 埋码方式

以 avascript 标记的方式被称为“埋码技术”，被埋入的数据收集代码会从访问者的 Cookie 中取得详细的信息并发送到数据收集服务器中。数据收集服务器对收集到的数据进行处理后将其存入数据库中。网站经营人员通过访问分析报表系统查看这些数据。

○ 包嗅探器的方式

网站的访问请求先经过包嗅探器，然后包嗅探器才会将请求发送到网站服务器中。包嗅探器收集到的数据经过处理后被存入数据库，随后网站经营人员就可以通过分析报表系统看到这些数据。

三种数据收集方式各有优劣，如果不想自己网站的流量数据被任何第三方获取，那么 Web 日志是最佳选择。但若想得到更贴近网站访问者行为的精确数据，则还是需要采用“ 埋码方式”收集数据。这种数据收集方式不仅可以正确记录缓存访问、代理访问，而且可以通过 Cookie 对独立访问者进行更为精确的定位。

2. 线下实体门店渠道运营数据的获取

线下零售店由于技术限制和用户碎片割裂的购买行为，很难根据用户 ID 数据与商品销售、店铺库存、物流等数据进行打通连接，最难点在于获取个体用户的店铺行为偏好数据。举个应用场景来理解，顾客在线下店逛了 10 次，最后买了一双鞋子。在这个过程中，传统系统只能记录该次成交的信息。这就是线下门店数据获取的问题，过去靠进店计数器获取的信息极为有限。

而今天通过新技术，如 RFID（射频识别）、iBeacon（智能传感）、物联网、摄像头和人脸识别等技术，以及用户本身对于移动应用的习惯性依赖，都可以帮助线下获取大量以前无法获取的数据，获取和线上一样详尽的用户线下消费行为。下面介绍几种线下用户行为数据获取的实现方法。

○ WiFi 客流监测技术

通过 WiFi 客流监测技术可以追踪店内顾客手机的 MAC 地址，以此记录特定顾客在店内客流的行动路线和滞留时间，由于 MAC 地址的唯一性，所以可以将其看作用户的手机号码，从而帮助线下实体渠道建立匿名的用户行为数据库。这种技术的缺点是无法扫描 iOS 系统，存在一个人带多个手机、手机关闭无线信号或关机等因素的影响，统计数据不准确。

○ 手机微电子系统 + 会员应用

借助当今主流智能手机上的各种微电子系统（MEMS），如加速度计和陀螺仪，配合顾客手机中自愿安装的会员应用，绘制出精确的客流热力图。

○ 智能货架技术

借助摄像头、图像识别技术、重力传感器等多项技术，统计顾客在货架前的流量、停留次数、停留时间，以及顾客每次拿起放回的商品及其个数。

○ 智能推车技术

在店内始终伴随顾客的购物推车或手提篮未来将配备一枚 RFID 标签。推车和篮筐不仅能运载货物，还能为零售商提供有关其在店内的位置和使用行为的重要信息：平均购物时间、在特定货架前的停留时间及其他更多内容。通过购物推车与智能手机的附加连接，可获取顾客的特定信息。

○ 电子货架标签技术

通过电子货架标签（ESL）系统，可以知道用户在商场中的位置，这是通过手机与 ESL 标签集成的 BLE 芯片实现的，可以知道用户和货架的相对位置，从而知道用户在商场中的位置。这可以帮助用户进行室内寻物与导航，商家也可以知道客流动线并进行热点分析。

○ 3D 传感 \ 视频监控

通过 3D 传感器、摄像头和人脸识别等技术的店内客流和用户行为分析方案也值得零售商注意，例如喜力啤酒等品牌商已经开始采用 Shopperception 三维购物传感器追踪用户与货架上的商品的互动情况，包括触碰、拿取、放回等动作，并生成一个商品的热力图。Prism Skylabs 则用另一套方法，基于现有的摄像头监控网络分析视频图像来监测客流。

线下采集的难点在于数据没有身份 ID，难以形成完整的数据链路。

3. 分销渠道运营数据的获取

分销渠道运营数据的获取，需要利用信息化系统延伸渠道管理，与经销商建立更加透明紧密的数据共享和数据交换机制，掌握渠道的真实销售流向。它包括与经销商建立一体化的信息系统，实现与经销商的高度协同；可以利用云平台获取终端和经销商间数据；也可以建立与 KA 连锁、大型电商平台协同关系，降低 KA 协同成本并尽可能地掌握前端 POS 等需求信号，等等。例如，宝洁建立了与几乎所有中国零售 KA 的电子化通道，包括新品变价、电子订单、发货和结算、门店大仓销售等全面业务流程；高露洁建立了与几乎所有重要经销商的产品活动数据的采集和清洗分析。在当前的分销渠道经营实践中，绝大部分品牌商和渠道之间沟通的数据往往仅限于销售本身。所以在这种情况下，品牌商无法了解自己的用户。

步骤二：渠道数据的整合与分析

全渠道运营环境下，数据整合的关键点是线上线下数据握手，即能识别同一用户的线上、线下行为数据，并对线上线下的行为数据进行整合、洞察，形成针对用户全域的标签化管理，只有集合了全渠道行为数据的画像才是全面的。由于实体渠道数字化发展刚兴起不久，数据的积累与线上相比还差很多，所以线上线下数据整合并实现线上数据反哺线下，让线下门店像线上一样了解用户的特点并做出适当的经营、营销策略，实现企业绩效整体提升。实现多渠道间的数据整合，需要构建全渠道统一的用户体系，考虑到线下数据没有身份 ID 的问题，从现有技术来看，人脸识别 + 线上身份 ID 匹配，辅以 WIFI 感知技术 +POS 机数据检验，是一种有效解决客流身份的办法，当然最快捷的整合线下数据的方法是寻找合作伙伴，通过和积累了买家信息的数据服务商合作，将线下、线上数据融合填补这一节数据链路断点。

在数据整合之后，在此基础上做进一步分析，各渠道宏观层的数据指标过于概括，虽然可以帮助了解渠道的整体状况，却很难基于这些指标直接构建出切实的产品及渠道改进策略。而微观层的用户行为的数据量实在太大，海量细节让人无从下手。只有通过一系列的相互关联的分析方法、模型形成的用户画像、用户行为洞察数据，才能对企业进行渠道布局、渠道运营管控更具有意义。

服务于渠道布局，主要应用于线上渠道选择和线下实体门店选址。

（1）应用于线上渠道选择，除了自有线上渠道，第三方线上渠道也有很多，例如 B2C 商城有京东、当当、天猫、苏宁云商、国美、1 号店等，C2C 渠道有淘宝、拍拍等，每个渠道都有其特有的用户群体，需要分析各渠道的注册用户数、供求信息数量、用户分布信息、与本企业类似产品的销售数据，等等。例如，可以利用 Alexa 或其他数据服务平台查看商务平台排名、页面流量及介绍。

（2）辅助线下实体门店选址，要有商圈客流画像、商圈画像和房产信息这三类分析数据。商圈客流画像用于了解该商圈人的行为、偏好及购买力等情况，商圈画像是了解品牌分布、商业竞争环境，客流画像和商圈画像帮助企业判断整体环境是否和自己的服务相吻合，房产信息及交通信息则是辅助企业寻找最有利的位置。

服务于渠道日常运营与管控，不论线上线下，渠道的运营分析都包括面向用户的渠道关注度分析、客流画像分析、客流体验分析，还包括面向后端的商品分析、库存分析等。例如，线下门店的受关注度可以依据客流流量包括周边客流、门前客流、入店的客流、再访周期、复购周期等进行分析；客流画像依据顾客的基础特征、行为特征、消费特性等标签进行分析；客流体验可以依据停留时间、客流路径、销售额、再访周期、复购周期等进行分析。

步骤三：基于数据的渠道智能运营

渠道内商品的分析、库存的分析、用户的分析等是驱动数字化渠道运营的基础。基于渠道大数据分析，实现渠道商品结构优化、智能补货、优化货架陈列、按用户进行个性化营销推荐，等等。

渠道商品结构优化是通过数据分析了解顾客需求，不断引进和淘汰商品，使商品结构尽量符合渠道顾客特征与需求。建立商品维度表，综合考虑商品所有维度，比如价格、型号、外形、品牌、规格等维度，把商品根据不同维度区分，对各品类各维度的销售量进行数据分析，增加高销量商品品类的占比，精简低销量商品品类的占比。

智能补货，指通过统计分析平均销量、订单周期、物流周期、安全库存、在途库存、在库库存等实时数据，再通过运算和设置季节系数推算未来合理的需求量和建议补货量，将大数据解决方案成功地运用于生意趋势分析，减少货架缺货。同时针对门店、区域、总部等不同层级的组织提供配货、订单、调拨等单据生成、审批和自动集成到 ERP 的功能及销售、库存、缺货等管理报表，有效降低人工操作成本，协助企业取得提升库存周转率、增加销售业绩等具体收益。

智能陈列，指基于货架人流数量、停留时间、销售量等数据进行大数据分析，识别热点货架，按推荐商品进行陈列提高销售额。

精准营销，指帮助零售企业实现精细化的基于数据的运营。分析顾客消费行为，向顾客提供主动式、个性化的营销方案。比如在某超市里面还有 20 箱保质期只剩一周的牛奶库存，当天超市迅速以“买一送一”的优惠进行打折销售，最终在超市里只是卖掉了十多瓶，传统零售守株待兔的销售弊端由此可见一斑。之后，超市从众多会员中提取出买过该品牌牛奶及买过高端牛奶的用户，统一通过线上 App 渠道推送了打折促销的信息，结果几分钟之内牛奶就被抢售一空。这其中除了基于数据的精准营销，更重要的是线上线下的一体化运营让用户接收到促销信息后，可以在线上完成购买，而不必到店购买。

5.3.4 能力开放，快速扩展渠道

一个企业的产品销售渠道包括自营电商网站、自营 App、实体门店、

第三方线上渠道等。可以看出自营的渠道是有限的，例如，实体门店在地理分布上是有局限性的，不可能无限扩张。但渠道建设的方式只要有创新就可以有很大的增长空间，比如第三方的渠道是可以按企业的需求不断扩展的，只要有一套系统打通企业与第三方之间的通道，支持交易结算，就能让更多的合作伙伴成为自己的分销渠道。能力开放平台通过 API 的相互调用，实现跨渠道流程编排及渠道间的融合，是企业渠道拓展的一个非常好的实现方式。

Facebook 于 2007 年宣布平台开放以来，创造了“开放平台”的概念，至今开放平台已成为互联网行业发展方向及传统行业“互联网 +”转型的基石。开放平台最初是指软件系统通过一种可控、安全的机制，公开其应用程序编程接口（API）来使外部的程序调用该软件系统的业务功能。目前“能力开放”的内涵与外延已经不仅仅是 API 的开放，API/H5/SDK 等开放的形式更加多样化。企业可以对外开放的业务能力很广泛，产品的查询、订购、用户服务能力等都可以进行开放。使用开放平台扩展销售能力的优势在于，接入的第三方渠道不需要进行复杂的开发就可以具备该企业产品销售能力。例如中国移动能力开放平台实现了与天猫、苹果门店、京东、苏宁、1 号店等大型电商的对接，实现统一业务逻辑的跨渠道重用，帮助中国移动真正实现了与互联网的销售渠道的合作与能力开放，提升中国移动产品销售的互联网化能力。开放能力实现了合约机销售、4G 套餐办理、用户入网、用户资料及资源余量查询、流量直充等多种业务销售。

在中国，从 2011 年开始围绕电商、金融、社交、搜索、物联网等出现了形式各异的开放平台，如图 5-15 所示的开放平台的繁荣使得企业之间的互联互通更加容易，其中比较重要的一点是助力企业的渠道扩展。

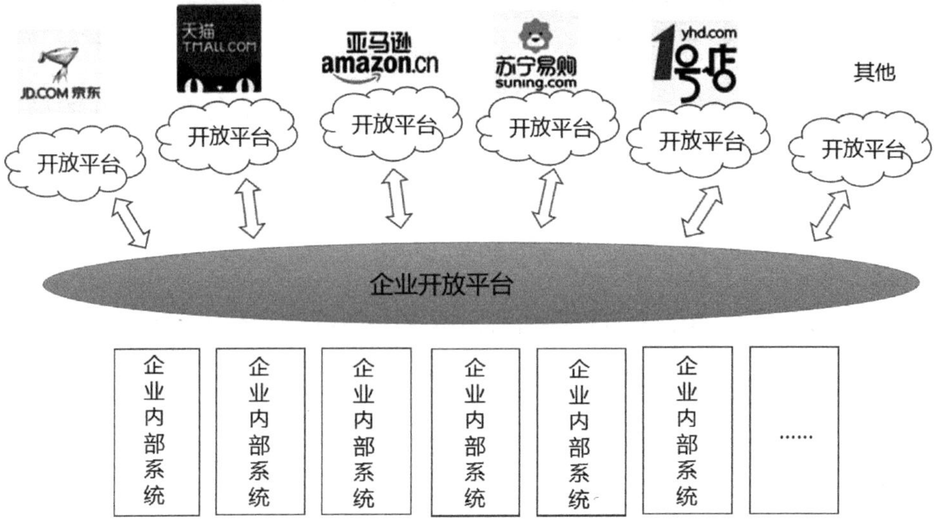

图 5-15　开放平台的繁荣促进企业之间互联互通

一般企业通过开放平台实现企业销售能力开放的实现方案如图 5-16 所示，包括一个面向全渠道的统一运营中心，通过开放平台把企业内部的核心系统如 CRM\ERP 的订单能力、客服服务能力、业务办理资格校验能力进行打包开放，同时与第三方开放平台对接，实现商品统一上下架的管控、库存信息的变更、物流快递单号等信息的同步、营销活动上下架信息的同步，客服工单处理信息的反馈等。

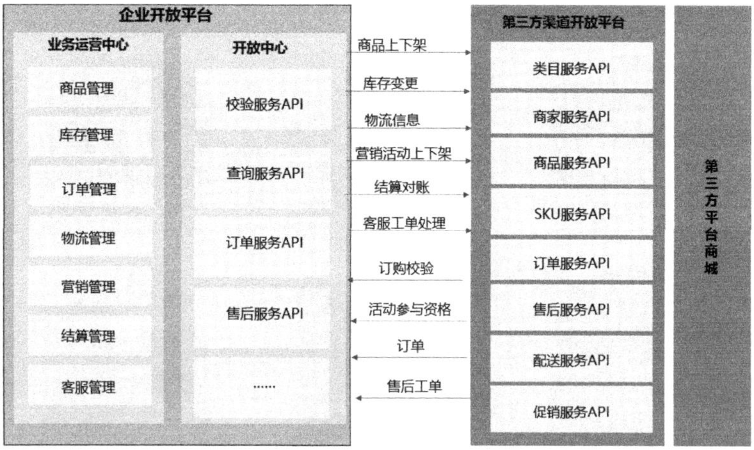

图 5-16 企业营销能力开放的实现方案

当然，每个电商平台企业开放的程度不一样，与企业之间业务流程对接的实现方式也不同，下面以企业入驻淘宝开放平台为例，展现如何在淘宝平台构建自己的渠道。

【案例分析：企业如何实现对接天猫旗舰店渠道】

天猫允许在天猫开店的企业把其后台系统与平台对接，实现商品、库存、订单、物流和客服等业务流程的衔接，提高企业电商业务的管理效率，为此天猫开放了与这些业务相关的 API，包括类目、商品、交易、评价、营销、物流、退款等类别，在各类别下包含按调用次数收费及免费调用两类 API，在图 5-17 中 API 的示意说明可以让大家对天猫开放平台相关的部分 API 有大概了解。当企业与开放平台真正实施对接时，具体的 API 可以通过开放平台 http://open.taobao.com/ 文档中心的资料查阅。针对天猫国际商家、阿里旅行、彩票等特殊的商品销售业务，淘宝开放平台有该业务相对应的 API 对外开放。

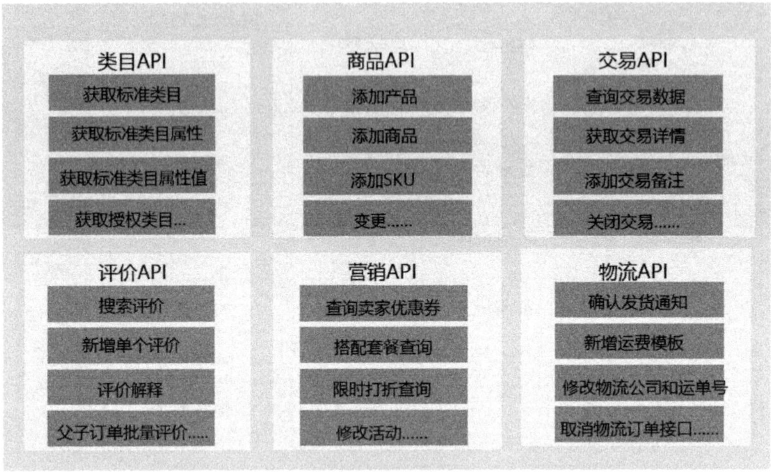

图 5-17 天猫开放平台 API 示意

大约从 2014 年开始，按照天猫的要求，要实现商家后台管理系统与天猫平台的对接，企业除了要申请成为平台的企业开发者，还必须入驻聚石塔。聚石塔是天猫推出的托管服务，所谓入塔是指商家或第三方服务商将应用全部部署在聚石塔的云计算环境内。入住聚石塔必须遵循聚石塔的许多准入规则，例如，ERP 系统订单履行的业务逻辑必须在塔内运行，包括订单下载、合 \ 拆单、审单、仓内发货处理等；WMS 系统要求仓储处理业务逻辑必须在塔内运行，退货单、盘点单、调拨单等逻辑及处理的数据回流进塔内；CRM 系统涉及订单和会员的功能模板，业务逻辑处理必须在塔内进行；所有营销功能发起的接口调用及业务逻辑必须在塔内进行；并且所有 W2 类型（高危用户或用户关联信息的写操作，例如商品的价格属性等）API 必须从聚石塔内进行发起调用，如果塔内的系统与企业的其他业务系统进行交互，并且无法满足上述准入规则的要求，则需要提交塔内系统与塔外系统数据交互申请，包括业务场景及字段说明等信息，平台在审核通过后，开发者应通过开放平台的标准接口体系与塔外的系统交互。

图 5.18 所示的是淘宝开放平台发布的标准对接架构。从这个准入架构看，对接环节增多，企业系统的对接的便利性、通畅性会受影响，例如，开放平台 API 发生变化会导致多个对接环节都需要做相应的变更，包括入驻聚石塔的应用变更，企业内部与聚石塔内应用之间的调用关系变更。

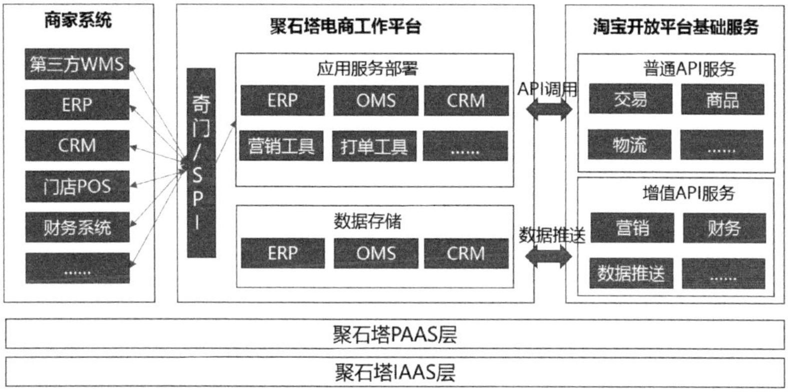

图 5-18　淘宝开放平台准入架构

上面的案例代表了两种对接情况，但无论企业面向什么样的第三方渠道开放，对企业内部能力进行打包封装供外部渠道调用依然是进行渠道拓展的最快速的方式。

第 6 章

推广，变化无限、千人千面

6.1 营销推广进入新纪元

营销推广是指在市场交易活动中向用户宣传产品，激发用户的购买欲望和行为，从而扩大销售量的一种经营活动。在数字化时代，企业围绕着用户、产商品、渠道等关键营销要素，以提供最佳的用户体验为理念，整合资源，开展形式与创意俱佳的营销推广活动，超越企业和行业、时空的界限，实现无处不在的连接和营销。

6.1.1 不拘形式，创意无限

如何向用户宣传、如何激发用户的购买欲望并引发其购买行为，从而提升更多的用户价值，这些是营销推广活动的核心。更多的数字化技术手段为新时代的营销活动注入华彩乐章，它不局限于用一种固定的形式或套路来完成推广活动，而是通过出其不意的形式和不拘一格的创意，展现出与以往不同的营销思维，为营销带来惊喜和效果。

数字化体验推广

数字化使用户和品牌共同成为某种特定场景的参与者，能否让用户以自己所处的具体环境为依据，在恰当的时间点通过多种渠道获得友好、个性化的愉悦体验，成为营销推广的制胜法宝。

例如，在服装和化妆品的销售中，商家利用 AR 更新商品的外观，让顾客在虚拟世界中“试穿及涂抹”，并将相应的效果分享到社交平台上，使用户有一种“妆在脸上，服在身上”的真实体验。

欧莱雅推出一款名为千妆魔镜的 App，可以帮助用户发现适合自己的妆容。大多数用户一般不太敢尝试夸张的妆容，但是通过这款 App，便能尝试上百种妆容，可以突破自我，并能在各个社交平台上进行分享。旅游从业者也将 VR 技术应用到旅游消费的推广活动体验中，让用户提前感受酒店套房的舒适或游轮的奢华，使营销从口说无凭，变成让用户乐享其中的体验，这样的说服力是不是更强呢？

这样，商家在帮助用户获取产品信息时，也为用户提供了良好的切身体验，从而激发了用户的购买欲望。

人工智能技术也为推广活动带来更多的可能性。百度曾经与国航合作开展了一个“微笑中国号”的营销推广（见图 6-1），在国航的 CA1415、

CA1416 航班上，空乘为乘客发放百度特制的搭载微笑互动装置的 iPad，乘客可以通过微笑来开启、操作 iPad 上的应用，让乘客体验了表情识别技术。另外，在某些视频广告中可以针对不同地域的人群展示不同区域品牌的广告，通过对人类视觉进行机器学习并模拟，对观看者的基本特征及关注度进行分析，可自动在视频中形成热力图，生成观看者所感兴趣的画面。随着 AI 开源算法的增加及数据的丰富，视频中的内容还可以根据不同的用户进行个性化改变，其中的广告将根据用户的互动习惯，结合机器学习、自然语言理解和集成对话工具，变得更加智能及个性化。

图 6-1　国航“微笑中国号”

借 IP 之势推广

在碎片化的数字化时代，凡是用户注意力聚焦的场所，便会成为营销的良田。同时，企业会更好地利用优质内容的关注度，给出更多的创意，并通过自然、新颖的方式融入优质的 IP 内容之中，借 IP 的气势为品牌做宣传和推广，因为 IP 拥有大量的粉丝和用户，更容易抓住大众的情感依托，让人更容易接受，并形成规模化传播。

在《欢乐颂 2》中 5 位女主角的情感、职业、生活经历除了成为社交媒体的热议话题，其服饰、包包、日常快消品、代驾品牌、社交平台也实时出现在画面中，涉及超过 50 多个品牌，遍布于生活中的方方面面。随着影视剧的热播，在视频网站上还会弹出同样产品的广告及购买链接。

在改编自知名网游《魔兽世界》的电影《魔兽》上映火爆的同时，科技巨头们也开启了对魔兽这一“超级 IP”的白热化追逐。联想的游戏 PC 子品牌“拯救者”也借此上位，宣布与正热映的电影《魔兽》达成合作，并推出魔兽世界定制版 PC 产品。在“拯救者”魔兽主题的定制机身上，也可看出联想为迎合这群玩家鼎力加持游戏属性，在外观设计、材质选取、配置制定等阶段均有魔兽玩家参与其中，与联想团队的成员共同配合完成，在很大程度上满足了玩家对游戏文化和硬件配置的双需求，将玩家对魔兽的关注有效地转化为对联想“拯救者”的关注，如图 6-2 所示。

图 6-2　魔兽世界定制版 PC 产品“拯救者”

随着数字化终端范围的扩大，当前影视、娱乐节目的受众人群极大地拓宽，人们对 IP 的认识也逐渐深入。IP 之势横向辐射周边产业，将单一产业链逐渐拓宽，涉及的领域也越来越广。比如，相关主题的影视、服装、玩具、游乐场等，可形成泛 IP 娱乐产业，实现资产翻倍复制，使收益呈指数式增长。

数字化创意推广

如果提到一个汽车的营销案例，则大多数人会在第一时间联想到车友会、车展或某型号车的团购，然而我们可以借助数字化的手段，将产品的安全性、功能性等特点以艺术的形式进行推广，因为功能性、安全性的本质是数字化的技术，该技术本身是可以通过艺术的方式来推广的。

沃尔沃在伦敦举办了一个特殊的摄影展，沃尔沃 XC60 摄影展如图 6-3 所示。摄影作品由沃尔沃新越野车 XC60 的车载安全摄像头拍摄完成的。为了体现科技与艺术结合，沃尔沃还邀请著名的摄影师参与后期制作。司机采用数字化的车载摄像技术，可以拍摄实时路况和行驶影像，所拍摄的照片上的人物都被框着一个红色或蓝色的方框，有的还标上了数字，可给予司机一些安全驾驶的提示或警告。这正是安装了城市安全系统的沃尔沃摄像头所特有的呈现。

图 6-3　沃尔沃 XC60 摄影展

在这些照片中，科技、艺术与生命被完美地结合在一起，沃尔沃就是希望以这样一种方式来传达有高安全性的品牌理念。

各种新型的数字化手段都在影响和改变着当今的营销推广活动，正如上面提到的 AI、AR/VR、社交媒体、内容 IP 的借势等，均使得营销方式多样化并充满创意，充分吸引用户的眼球并增强其体验感知，使其倍感贴心。雀巢邀请李易峰以第一视觉拍摄了一支暖心无比的广告，结合 AR 技术可以看到独家定制会动的魔法相片，并想象帅哥明星低声在你耳边说："咖啡好香啊，一起喝吗？"这样的广告哪个女孩看了能不心动？还有，招商银行利用女生节推出"你是哪种女生"活动，让用户上传自己的照片，同时利用人脸识别技术来分析照片上人脸的各种属性，与系统之前预设的不同特征给出综合比对，从而判断出上传照片的女生所属的类型，是"文艺青年""精致女神"，还是"女汉子"。这正是利用了 AI 系统来鉴别女生的类型，从而提升年轻女性用户对招商银行的品牌认知。在精准推荐中，例如竹间智能推出的"小影机器人"一类的情感 AI 机器人，便能够更好地与用户建立密切联系，这样不仅能够极大地减轻营销人员从海量反馈中挑选推荐内容的工作，并且通过拟人化的 Bot，品牌方希望传达的信息也会以较高的概率被目标消费群体阅读及接受，在增强广告传播的效果、扩大品牌影响力的同时，还能避免资源的浪费，真正做到了"物"尽其用。

6.1.2　连接无界，超越时空

在万物互联的今天，企业与企业之间、多种终端之间甚至在跨越时空的场景中都有了彼此连接的可能。这些多元的连接也带来了营销推广模式的升华，使其呈现出如下特点。

场所多元，连接无限

无论是现实中的世界，还是虚拟现实中的场景，都将成为营销的场所。以这些营销场所为入口，可实现与用户的连接，从而实现产品的推广。数字化的营销场所可分为如下几类。

- ○ 终端应用类：手机、平板电脑、自助售卖终端、电器上内嵌的物联网模块 App、短消息等。
- ○ 媒体类：微信、微博、博客、QQ、视频社交、商业社交、户外数字化媒体、金融 / 保险网站、邮件、电商网站、门户类网站、在线广告、网红直播、教学类直播、社交类直播、新闻等。
- ○ 广告类：视频前置广告、插播广告、数字显示广告、社交赞助广告等。
- ○ 检索工具类：本地搜索、付费搜索、站内搜索、维基、百度百科、谷歌搜索等。

多屏互动、一云多屏等数字化技术使这些场所可以随时随地地互通互联，所以对于用户来说，资源是共享的，业务场景在不同的平台上是连续的：在社交平台上的喜好会同步到电商网站上，使电商平台更精准地推荐；在直播、广告等互动中所得到的红包或优惠券也可以导入电商网站使用；扫一扫二维码，进入的可能是当前流行的一款时装周秀的宣传活动页面，也可能是某场豪华游轮 5 日游套餐的推广活动页面；穿戴式设备会依据用户最近的跑步记录和时长情况，推荐适合的跑鞋；心率、心跳的监控会警告用户最近睡眠不足、心情焦虑，并推荐最近的娱乐放松场所和周边的医院，供用户及时就诊，缓解焦虑；智能家居的传感器会因为家里的鲜肉食材不足，给出生鲜超市的促销活动及不同品质产品的价位等相关信息；还有电商在 618、双 11 等重大节日推行的多店联合优化活动，例如买四免一、跨店同享等。这就是因为无界的连接而引发的营销飞跃。

跨越时空，隔阂无存

数字化技术在展现形式和感知角度方面可以跨越时空，通过现实场景及虚拟场景的结合，打造具有创意的情境，根据推广者的设计和意图，以技术的手段给人以身临其境、耳目一新的营销冲击。

德芙在七夕为一款巧克力进行了广告推广，在该广告的制作中参考了奥黛丽 · 赫本的大量影像资料及剧照，通过应用电脑制图技术、影像合成技术等数字化技术，打造了鲜活的奥黛丽 · 赫本形象。在该广告中，奥黛丽 · 赫本在公交车上略显忧郁，下了车则变得活泼开朗，还将公交车司机的大檐帽摘下来，顺手带到了出租车司机的头上，这个俏皮的动作凸显了她的调皮可爱，也引来了路人的注目，最后，在驶离城市的出租车上，奥黛丽 · 赫本吃了一块巧克力，其神情更是在满足中带有一丝兴奋，忧虑之感荡然无存，如图 6-4 所示。这种穿越时空的场景非但没有让人觉得突兀，还将隔世再造的效果表现得淋漓尽致，也让营销推广活动更具魅力。

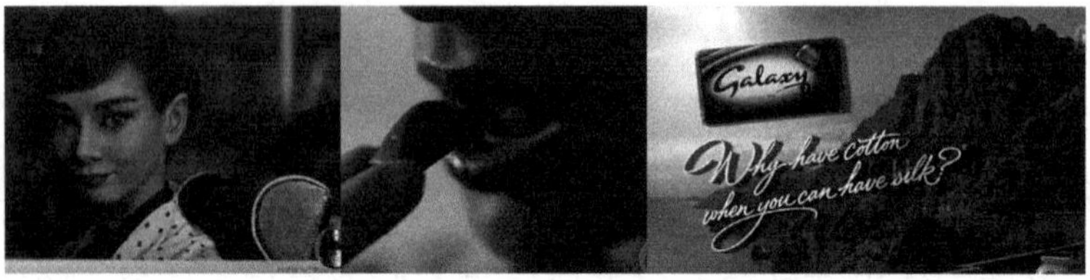

图 6-4　奥黛丽·赫本的德芙广告

类似地，在旅游地产营销中为重庆、贵阳两地倾力打造的《梦回桃望源》和《梦回夜郎古国》等 VR 视觉作品中，人们通过 VR 技术可以瞬间“穿越”到古代，欣赏当地的历史景象，形成另外一种意义上的人文探索、文明追溯，成为吸引用户的经典之作。

跨界合作，营销无“界”

在当前的营销推广活动中，跨界合作已成为常态，不同类型的企业通过产品与品牌的混搭，联合创建了营销推广活动，吸引共同的目标用户参与其中；并且，依托电商平台，可整合多个商家的营销资源，实现多个商家在线上线下的联合营销和推广。

【案例：小米与必胜客的“以跑示爱”】

必胜客在推广全新单品 STONE PAN 牛排时，进行了一次新的营销玩法，与小米手环开展了跨界“奔跑”合作，借七夕节日的营销热点，在小米运动 App 里以原生文字广告的形式吸引用户，用户在戴上小米手环跑出自己的快乐轨迹并分享到微博上展示给自己的伴侣后，就可以赢取奖品。跨界“奔跑”的创意贴合节日热点，充分吸引了都市年轻情侣的关注，并营造了极大的参与氛围，成功地对必胜客 STONE PAN 牛排的目标人群进行了大范围曝光。这一方面调动了小米手环用户的积极性，另一方面以新奇、有趣的形式吸引了非小米手环用户的参与，为必胜客 STONE PAN 牛排的主题推广实现二次传播提供了强大助力。如图 6-5 所示。

针对运动轨迹的问题，该活动还利用小米运动的运动轨迹记录功能，引导用户跑出一个心形轨迹，如图 6-6 所示。

图 6-5 小米与必胜客的“以跑示爱”

图 6-6 小米与必胜客的“以跑示爱”——个性化轨迹

心形跑步轨迹使所有热爱运动的人“脑洞大开”，创造出更有特色和趣味性的轨迹。在整个营销过程中，小米运动 App 提供了跑步记录的技术支撑，同时植入了必胜客的广告、跑步路线图等，通过朋友圈、微博的分享功能，提升了活动的趣味性。

必胜客与小米的品牌跨界合作，打破了传统广告媒介以纯粹曝光传播为主的简单粗暴方式，采用记录个人运动信息的全新热点方式，充分调动了个体用户参与品牌传播的积极性，以创意主题内容为呈现，以社交媒体为传播平台，实现了对品牌产品目标用户的有效覆盖，充分展现了移动互联网时代营销“无界限”的新趋势。

每逢 618、双 11，各家电商平台都在为这些数字化节日如火如荼地准备着，跨店优惠、红包送上、满减、赠品、优惠券派送等众多手段一齐上阵，都整装待发。在 618 零点时钟敲响的那一刻，某大型电商网站的红包雨如期而至，这些红包可以跨店使用，例如滴滴优惠券、SPA 优惠券等，而且多个合作商家的跨店优惠联合推广也随处可见。

由于万物互联，营销推广活动变得随时随地，线上线下可以更好地互动，穿越时空不再是梦想，各种界限和隔阂也逐渐弱化，可将其总结为：优惠的价格、优质的服务、创新的产品、多元化的创意，并处处体现了有数字时代感的优质体验。

6.2 推广的数字化运营

时代在变，营销推广的要求也在变：要能够以丰富的情感体验和完美的场景进行表达，实现千人千面的推广效果，让用户自发地在各种场合进行正面传播，从而完成企业与用户的精准对接，提升营销的转化率。本节将从营销推广活动的各个环节深入分析运营的重点，并针对具有数字化特征的场景营销、体验式营销、口碑营销这三种模式进行阐述和分析。

6.2.1 有效推广的活动运营

推广活动是指精心策划的具有鲜明主题、能够引起轰动效应的大型活动，它整合了广告、促销、公关、推广等多种营销手段，可迅速提升品牌传播力和产品销售效果。因为数字化的特性，营销过程中的运营也充满了数字化特点，带来了更多的手段和途径，使得推广活动更有创意并有更好的效果。

营销活动中有效的促销手段

随着电子商务的广泛应用，比较常用的促销手段有团购、秒杀、打造爆款等，可以实现用户对产品的集中关注，使用户从中获得实惠，达到营销推广的目的，具体如下所述。

- 团购：根据薄利多销的原理，商家可以给出低于零售价格的团购价格和单独购买享受不到的优质服务。通过用户自行组团、利用专业团购网站、商家组织团购等形式，提升了用户与商家的议价能力，并以极大的限度获得商品让利和大量销售。
- 秒杀：指网络卖家发布一些超低价格的商品，所有买家在同一时间进行网上抢购的一种销售方式。
- 爆款：指在商品销售中供不应求、销售量很高的商品，被广泛应用于网店、实体店铺中。在数字化技术背景下，打造爆款是一个循环的营销过程，能吸引更多的流量，从而将其有效地转化为成交量。在打造爆款的整个活动中，电商其实在扮演“催化剂”的角色，把将要“爆款”的商品更好地呈现在用户面前，刺激买家的购买欲望并促进成交。爆款商品的用户数随时间变化的销售曲线如图 6-7 所示。

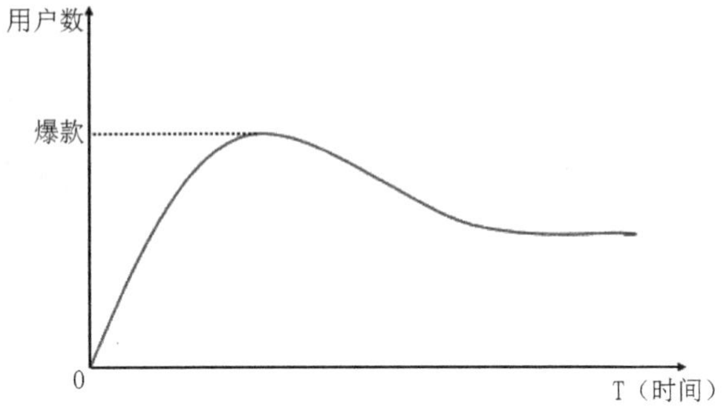

图 6-7　爆款商品的销售曲线

有效的推广活动运营

推广活动运营涉及活动的准备、活动策划及方案制订、活动的执行、对活动过程的监督及对活动效果的评估 5 个环节，如图 6-8 所示。如今的推广活动具有天然的数字化特征，而且随着人工智能技术不断在营销领域的渗透，在充分学习和准确挖掘用户行为特征、兴趣偏好、消费倾向等用户标签信息后，千人千面、有的放矢，深入用户内心的行为必然得到用户和市场的青睐。

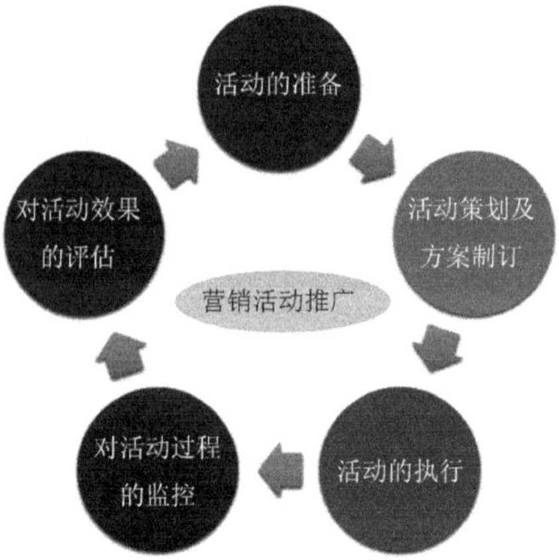

图 6-8　营销推广活动运营过程

1. 活动的准备

在准备营销推广活动时，我们要根据企业当前的数字化营销策略、经营重点和发展方向，确定本次营销活动的目标，分析当前活动所处的营销环境现状和企业的优劣势。对营销环境的分析可以依据 PEST 模型，即政治（Political）、经济（Economic）、社会（Sociocultural）、技术（Technological）等方面，从宏观角度对营销活动策略的可行性进行分析。对优劣势的分析可以参考 SWOT 分析法，分析开展营销活动的可行性和策略。在此基础上从横向和纵向两个层面进行经验的回顾和借鉴：纵向是指是否有过类似的案例或经验，以及在执行过程中所积累的经验、教训；横向则是指针对类似的目标采用的行业优秀实践及经典教训。

站在数字化的风口，资料的收集渠道更加多元化，有来自外部社交媒体的内容、有来自内部的数据，等等。借助大数据的分析和挖掘能力可以清晰定义本次推广活动的范围，包括定义目标群体、明确目标用户使用什么型号的产品、通过哪些渠道构建什么样的场景、给予用户什么样的体验、需要营造什么样的口碑等。针对目标用户群内用户个体的差异，推出具有针对性的准备预案，从预案准备层面就可以展开千人千面的营销。

在一次明确的营销推广活动中，所推广产品的用户是明确的，比如：一款吸管杯的主要用户是小朋友或有孩童气息的年轻人等，一款鲜亮的口红的主要用户则是平日里对彩妆有浓厚兴趣且经常在用的人群。因此在数据的关注点上，则需要分析这些用户的特质是什么，以及这些用户更偏好接触或接受哪些渠道的信息推送，对这些都应该在活动的准备阶段进行分析和思考，并作为营销活动策划环节的基础输入。

2. 活动策划及方案制订

活动策划及方案制订是指基于活动准备阶段的成果，明确活动目标并明确目标用户群体及其特点，推演活动的策划案。那么活动策划案应该具有什么特点，才能使得策划更容易成功呢？一次成功的营销活动，应能够引起用户的深度参与、互动并引发用户为之二度推广。首先，必须要有鲜明的主题设计，该主题要有趣味性和吸引力，可以充分调动用户的积极性；其次，要有可操作性和可执行性以及对活动过程的可监控性。

在进行活动的主题设计时，活动的核心立意要简洁、清晰、明确、有吸引力，通过这个立意来增加营销推广活动的深度和影响力。在根据不同的营销策划项目拟定各自所应围绕的主题时，可以从产品的制作工艺、效用、心理价值等方面进行挖掘，可以是有艺术性和创造性的抽象特征，还可以应用创新科技展示设备和技术，充分展示品牌形象，吸引目标用户的注意和参与热情等。另外，还需要针对不同个体，做到有差异化的推送和针对性的设计。

在设计活动的趣味性时，可借助各种数字化的科技手段，使营销活动充满创意和趣味性，以引起用户的高度关注。比如，可以利用数字化的途径，实现明星的虚拟参与；或者通过 VR、AR 等技术手段，制造或重现一些场景，借助用户的参与点与用户进行互动。例如，爱奇艺主推影游互动模式，通过热播剧主演的代言，以及与 IP 深度融合的剧情，粉丝会在相应的游戏里得到很好的用户体验，会真正感觉到身临其境。同时，影游的发布会，会将游戏及影视剧在最大程度上进行结合，影响相应影视剧的所有粉丝以及所有游戏的粉丝和边缘用户，通过同步宣传和粉丝运营来达到良好的效果。想象一下，如果可以和《我的前半生》中的“贺涵”下围棋，是不是很令人激动，那位演员可是魅力逼人、老少通吃的靳东呀！

在设计活动的可执行性时，要考虑万物皆渠道、营销场所无处不在，并考虑对于不同的营销场所、用户接入方式、流程订单方式，使用的营销方式的差异性；因此，活动要明确给出时间、地点、组织者、现场的具体活动议程，以及线上线下活动的配合互动等。线下活动容易受到场地和参与人群的限制，线上方式则可以传播到更大范围的用户群体，吸引其参与，获得更好的营销效果。

在设计活动执行过程的可监控性时，为确保活动的可跟踪性，要保证能随时监控。在活动设计的初期就对线下活动设置活动监控的位置、监控设备的安放及相关 IT 人员对监控工作的运维保障，确保活动过程中数据的实时、准确回收。除了对现场活动数据的积极收集，对线上数据的监控也是非常关键的，线上用户的来源更加宽泛，包括跨越地域的、跨越时空的，只要感兴趣，就可以进行参与。所以要跟踪监控线上、线下用户对实际产品的购买率、复购率，并且要制订在整个活动中可能发生异常状况的紧急预案。

最后，活动需要具有可执行的传播力。酒香也怕巷子深，活动执行的前、中、后都需要做足够的宣传和传播，在活动前造势，蓄积并引爆能量；在活动中将优秀的爆售品实时展示出来，引发用户的积极参与互动；在活动后推广传播，继续扩大品牌和产品的影响力。可以考虑采用数字化的体验式营销、口碑营销等手段为整个营销活动的推广助力。

总之，执行方案的策划与制订，对于活动的成功起着举足轻重的作用，例如：活动的主题新颖创新；活动的方案具有趣味性，足够引人入胜；活动的可执行性以确保活动的有序有章；活动的可监控以确保营销方案可追溯、可微调；活动的传播力贯穿于活动的始末。在整个活动中，需要始终关注用户的体验，将个性化推广做到极致。千人千面的执行效果，定会得到不同的人群从不同的角度对产品的认可。

3. 活动的执行

再好的策划方案，若没有得到执行，也仅仅是纸本文案，所以活动的执行是营销的落地过程：在经历第一批用户的参与、第一批用户的购买后用户不断增加直至爆棚，之后用户量维持或是在小幅波动后达到一个相对平稳的水平。从用户数据的角度来看，活动的执行也是如此的一个过程。第一批用户的蓄积效果和活动准备阶段的宣传与推广工作有着直接的关系，紧接着在活动过程中通过与用户的互动及活动中的精彩亮点，可以将参与用户量拉升一个爆棚点，此时直接切中用户的需求和潜在意愿，就会促使用户购买。当活动进入尾声时，新增的用户量会维持在一个相对稳定的状态，而不是急剧下降，并能在活动结束后一直维持这种状态，那么这个活动就可以视为一个成功的活动执行。

事实上，在活动中也会出现事与愿违的情况，这时就要依托监控数据发现问题，并及时给出决策性的方向调整预案，这时也是在考验活动决策者的快速应变能力，决策者要迅速根据现状，做出分析评估，决策活动的走向，甚至是直接终止活动。

4. 活动过程的监督

当一次营销活动正在进行时，其现场、网站、公众号等营销会同时开启，用户可通过多个渠道接入参与其中，进行互动、下订单等操作，这些都应该在实时监控的范围内。监控的目的是使主办方能够实时掌控大局，知晓各个环节正在发生什么，随后可能发生什么，提前预知、积极应对，降低不利因素带来的损失，同时也许能借势转危为安，动态地跟进，动态地调整。为营销活动的顺利、有序进行保驾护航。

一次实时活动的监控可分为线上监控和线下监控两类。其中包括收集线上数据和线下数据，并分别做分析、比对并给出预警和纠偏建议，包括对线上线下数据的联合分析，给出活动的综合评定情况等。

对于线上的监控通常要关注如下要素。

- 网站基础数据监测：用户到达网站的访问次数、停留时长、对新用户或老用户的识别及数量统计等。通过页面分析工具即可获得以上数据。

○ 流量源数据监测：是指对来自不同渠道的用户数量及用户行为进行分析等。

○ 互动数据监测：这里的互动数据是指活动中所特别设置的投票、下载、点赞、播放、分享等操作，实现用户与商家就某个特定营销活动点的互动，针对这些数据的回收和追踪也是一项重要工作，通常都是通过社交互动数据、事件进展分析等方式间接跟踪的。

○ 成功销售数据监测：即对真正注册、下单、支付完成等里程碑节点的数据量的监控。

对于线下活动，用户签到、下订单也可以通过数字化的手段在线上完成，比如二维码签到、人脸识别签到、指纹识别签到，扫码支付等，将线下活动的一些行为搬上了线上。但是在线下活动中还有很多线上活动不可替代的效果，比如现场活动的主持人、名人嘉宾，以及现场灯光的气氛营造、现场乐队对气势的烘托等，这些可以提升营销活动的影响力，从而提升产品的传播力，激发更多用户的关注。

在现场监控设备的运维工作中，现场的视频会实时传到质控中心，后台的视频分析会实时对可疑动作和人群进行分析和判别，出现异常，给出及时报警。另外，若临时遇到特殊情况，则要给予用户温馨的体验，也会增强用户对活动及产品的信任度。这无疑是在意外中提升用户的体验和感知的好机会。

5. 对活动效果的评估

在活动结束后，会有不同渠道的数据反馈，例如社交媒体的口碑反响、App 所接入的用户信息，以及线上线下登录用户的统计等，在对这些数据进行汇总处理后，活动的组织者可以很清楚地看到与目标是否偏离、爆棚用户量是否达到预期、文案的预案与实际执行的偏离度，以及在活动结束一段时间内用户量的维持情况等。对活动效果的评估不单单是活动后形式主义的一纸文书，而是应该更关注活动背后的故事，分析并改进活动不尽如人意的地方，后续可以作为活动迭代组织过程中的无形资产。

综上，数字化要素需要渗透到整个营销推广活动的过程中，才能达到最佳的营销效果。在营销活动的五个过程中，每个过程都会针对不同的用户群体进行不同的推荐和应用，而不同用户群体的细分，会随着数字化和人工智能技术的出现越来越细微和独特，从而为营销的个性化奠定千人千面的基础。当前出现了很多新型的营销推广形式，例如场景式营销、口碑营销、体验式营销等，在整个营销活动中，可融合各种营销理念与营销活动形式，促进活动的成功，并获得更好的营销推广效果。

6.2.2　推广之“场景式营销”

在数字化时代，用户所处的以下三类，场景通常都带有数字化的基因。

（1）拥抱现实，展现现实世界中你我生活现状的场景（即现实场景），具有定时定位的特质。

（2）对源于生活却高于生活的虚拟化场景营造，营销人员用生动的语言向用户描绘出来的，可以是在大脑中想象或渲染出来的意境，同时借助数字化的手段与技术所打造出来的场景，即虚拟场景。

（3）现实与虚拟场景相互结合而形成的虚实融合场景。

营造这些场景的意图是殊途同归的，我们希望向用户提供场景式营销，即：基于对用户行为的深度洞察，在特定的数字化场景下连接用户的所有行为，理解和判断用户的情感和需求，从而打造不同的应用场景，向用户传递实时、定向、具有创意的信息，引发用户的互动，树立品牌形象或提升转化率，实现精准的营销推广行为。

“边看边买”是在视频节目播放的过程中弹出商品信息，尤其是对节目主人公同款产品的推送，观看视频的用户如果对所提示的信息感兴趣，则可以点击收藏或购买。这种基于影音观看、游戏等场景提供的视频购物模式，为用户提供了一种全新的购物体验，也使得用户在毫无防备的情况下，被无声无息地植入了营销广告。同理，逐渐流行的 VR 技术被应用在场景营销中，从视觉的冲击力上给用户以身临其境的感觉，不仅加强了用户的体验感知，还使场景化更加凸显，更加贴近用户的显示需求，使用户产生更强的同理心，提升用户的购买欲望，优酷边看边买的示例如图 6-9 所示。

图 6-9　优酷边看边买示例

如何创建场景呢？在构建场景时需要深入洞察，挖掘用户的隐性需求，与用户建立“共情”，即对场景的营造要与用户产生情感上的共鸣，并注重场景营造的细节对用户的影响。可以从如下几个方面构建场景，从而使场景发挥营销效力。

其一，对于定时定位的现实场景的创造，可以基于时间、地点、情感等为入口，创造场景，实现营销。

1. 以特定时间为入口，以促销为手段

这是指借助节日，通过人们对节日的信仰，以促销打折为手段，满足用户在节日里的购物欲望。例如双 11、618 等都是数字化打造的节日，电商不约而同地大力度促销，创造了惊人的成交量。还有就是借助特定的时机，如开学季针对新生的营销，以及毕业季针对毕业生的营销，还有在某地的旅游旺季，针对特定场景的旅游所做的营销活动等。这些营销推广活动，都是基于特定的时间节点而设计和实施的。

2. 以特定位置为入口，助力营销推广

随着数字化在生活中的逐渐深入，基于定时定位的场景而产生的营销活动推广模式已经在很多地方适用。商家借助通信网络和 GPS 定位技术，将用户导入商家平台，为用户提供更多的精准化的营销增值服务。例如某会所的会员在接近该会所方圆一定距离的时候，就会接到该会所的一些营销信息，如果他们对这些营销信息感兴趣就会进入会所，在用户进入会所的那一刻，会所的门禁就可以扫描到用户的登录信息，并迅速给用户反馈基本信息，自动发出“欢迎 * 先生 / 女士的光临，本次推荐您 *** 区，这里为您提供了 *** 服务”的信息，这些具体信息及为特定用户提供的服务也是因人而异的，依据用户之前的消费行为，通过基于位置和时间的精准推荐，可以让用户有宾至如归的感觉，提升用户的满意度。

3. 以大众情怀为纽带，结合媒体推广

我们可借助影视媒体节目或者网络直播的娱乐节目抒发一种情怀，这种情怀正是产品要传递给用户的。例如，利用快乐大本营这样一个娱乐节目，vivo 开启了其场景化营销的大门。vivo 通过明星发起话题，明星在晒出老照片的同时会分享自己与快乐大本营的故事，以情感为纽带，以平台为基础，将品牌和快乐大本营的场景有机结合，不仅发动了粉丝群体的力量，也起到了推广的自传播作用。因为有情感故事的分享，所以 vivo 这个品牌有了情感的温度，不仅在青春正当时的少男少女中获得青睐，而且这种带有青春情怀的场景映射，也会使用户持续增加。快乐大本营 vivo 现场如图 6-10 所示。

图 6-10 快乐大本营 vivo 现场

其二，根据用户的潜在需求构建虚拟场景，结合产品或服务的自身特点，通过数字化的技术手段为用户营造一种期望和想象中的场景。

在这种场景下营销的产品或服务特别贴切，满足了用户在某时某刻的真实想法和内心需求。例如在雾霾浓重的时期，一则推送菲律宾阳光沙滩的营销场景如图 6-11 所示。沿着阳光沙滩这样的主题，蓝天、白云、白沙、碧水、美女帅哥、沙滩浴，或者在红如火的晚霞中点点白帆迎着夕阳徐徐飘荡在海上，顿时给用户营造了一种令其羡慕和向往的场景。另外，在阴雨连绵的日子里，人们的心都是潮湿的，无处不透露着一种阴暗的气息，然而，在一条宽阔的马路上，由于雨水的冲刷使地面上出现了一个二维码，伴随着一句简单的广告词“It's sunny in the Philippings”，如果时间和经济情况恰巧合适，则用户马上扫二维码下单是极有可能的。

图6-11　菲律宾海边美景

其三，以产品本身的功能特点为场景营造的重点，结合外界环境，借助产品本身的品牌优势，创建场景。

例如在 WWF 为其平底锅所做的场景营销中，平底锅的主要功能是煎锅，通过高温在下方加热，这是因为当下的时局是全球变暖，WWF 通过夸张的手法，将“地面温度”与“煎锅温度”相媲美，直接将 WWF 的平底锅放在地上煎烤食物，这样以 WWF 本身所具有的品牌知名度，借助夸张且现实与虚拟相结合的手段，创建了场景，给人以渲染和激励，激发人们的购买欲望。

其四，我们可以利用数字化技术的渲染和营造，使得场景的打造更贴近现实，并增强用户的信任。

例如，在某品牌的空调的营销过程中，在儿童专区的场景上加入了可爱天真的元素，不仅有小动物、玩具实物的点缀，还有用灯光进行虚拟现实增强来营造了一种温馨，在恬静的孩童熟睡的场景中，柔和的风像妈妈的爱抚一样，这也是一种结合了虚拟场景的营销模式。

其五，我们可以利用 AI 技术智能地识别出周围环境所具有的关键要素，根据识别出的要素来综合判断，给出适宜的场景营销广告。

例如 BMW 在新款汽车的广告中使用了 AI 技术，自动识别出场景中出现的不同要素，并区分是时尚、动力，还是欢快、激情，根据不同场景下的元素的组合，给出适合相应用户的广告，这种形式的营销广告模式，与用户的关注度有着密切的相关性，给用户带来最适合的广告，这就是 AI 场景营销的人性化，将体验做到极致的人性化，从而提升了营销效率。

总之，在场景营销中融入数字化的特性时，需要捕获碎片化的场景，洞察用户在那时、那刻的真实想法和需求，从而精准地迎合这些碎片化的场景，并实施营销活动。这种方式的营销从单纯的售卖行为，变成为用户创造一个更为有效的场景，在场景中与用户进行互动，从中实现商品的售卖。若想发挥场景营销的最大效用，则需要借助数字化的手段、大数据的技能、配备智能化的终端及各式各样的传感器，将用户的一举一动、一言一行都记录、存储下来，而场景营销发展的核心是基于用户行为的预测性营销活动，结合了场景的创建模式，基于适当的场景主题，进行场景的营造和渲染，从而针对产品及服务开展适合的场景营销，在场景中与用户形成深度互动、准确把握用户决定购买的时机，并激发用户购买。

6.2.3　推广之“体验式营销”

体验式营销也是一种伴随着数字化进程而产生的一种营销推广模式，通过看、听、用、参与等手段，为用户提供与情感、行为、思想、感官相关联的全方位体验。这种营销模式认为用户在消费时是理性与感性兼具的，用户在消费前、消费时、消费后的体验，是研究用户行为与品牌经营的关键。其实，体验通常不是自发的而是诱发的，是营销人员采取体验媒介借助体验环境，让用户参与其中并亲身体验产品的功能性特点，实现对于产品的更多关注和最终的消费。即在体验中充分体现产品和服务的价值，让用户信任品牌，这便是体验式营销的核心思想，体验式营销的关键要素如图 6-12 所示。

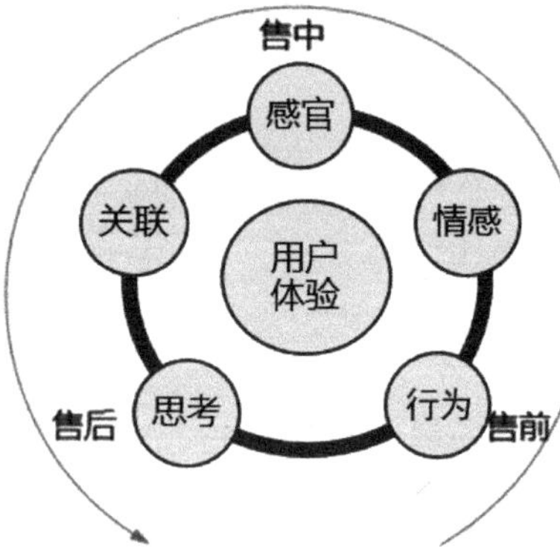

图 6-12　体验式营销关键要素

在执行体验式营销的过程中，关键的是通过好的用户体验感知，使得用户有更多的购买行为，营造更大的正面口碑，同时为用户的复购搭建夯实的基础。通常，用户愿意为好的体验支付更多的费用，而一次糟糕的体验则会使其迅速转向竞争对手的麾下，这已经成为一种事实。在数字化的大背景下，体验式营销注重用户的感官刺激、情感体验、思维转变等，通过与用户的互动及沟通，来发掘用户发自内心的愿望，给予用户更好的体验。那么，如何做到让用户更容易买单的体验式营销呢？

在一次体验式营销活动中有一个“主题”，而这个主题是营销人员精心设计和实际测算过的，有严格的计划、实施和控制等一系列管理过程，或是现实的场景，或是虚拟的场景，又或是虚实结合的。所以体验式营销中的场景绝对不是“误打误撞”的巧合，而是营销人员在对用户特别尊重和深入解后专门推出的体验场景。

首先，需要锁定明确的用户群。例如，在时尚前卫的女装推广中，若衣服上有个小脚丫或是镶嵌一个骷髅，则可邀请二十几岁的年轻姑娘试穿，这样的体验肯定很好，而对于 50 岁以上的阿姨来说肯定是无法接受的，因为不同的用户群会有不同的体验和感知需求。

其次，依据不同的用户特点可提供不同的消费体验。体验式营销的目的是希望用户在体验的过程中能够体会到品牌特点是什么并为之所动，否则精心策划的体验也将是一场简单的参与，没有任何实际意义。例如，在某空调的展示会上对产品的功能区分得极为细致，不同的功能特性对应不同需求的人群。用户在进店前会先询问和了解适用的对象，如果是为老年人使用的，就让他们体验静音功能；如果是为孩子选用的，就让他们体验吹风的柔和；如果是在客厅使用的，就让用户体验制冷的速度。通过体验不同的功能，用户的购买欲就会在极致的体验中得到释放。

如果说从“主题”的角度给用户以“体验式”的设计服务，那么从“创意”的角度则是从高层次提升体验的品质。可以说创意是体验式营销的灵魂，一个好的创意可以盘活一个濒临破产的品牌，一个糟糕的方案也可以让一个品牌进入冰河世纪。创意无限，创意源于生活，但高于生活。比如：位于西班牙比沙岛硬石内的著名的全球最昂贵的某餐厅，有米其林二星主厨，有艺术投影和灯光变幻的视觉冲击，给用户带来了极致的感官体验，该餐厅还应用了 VR 视觉眼镜来点餐，使得整个用餐过程奇妙科幻。在这家餐厅用餐需要提前预定，在预约时要提出就餐需求，比如期望欧洲中世纪模式的就餐风格，在该餐厅就会看到雍容华贵的罗浮宫，这是通过数字化技术打造出来的虚拟环境，还有穿着中世纪服饰的服务生为用户全程服务；如果用户期望有海边、灯光、红酒的浪漫海滩情调，那么餐厅会提供通过数字化技术营造出来的海浪、灯塔、海风的场面，再配上 5 分熟的牛排、红酒，甚是浪漫。总之，该餐厅会依据用户的个性化需求，拿出最有创意的设计，给用户更好的体验。

另外，与场景营销相结合并利用高科技手段，还可打造身临其境的沉浸式的体验式营销。例如，地产商通过对数字多媒体等高新技术的创新应用，实现了“房未建成，营销先行”基本诉求，让用户在全方位、沉浸式的体验中看房，一边享受科技带来的视觉震撼，一边全面、清晰地提炼房产的实用信息，进而做出准确的判断，如图 6-13 所示。这种高新技术使地产商突破时间和空间局限，从根本上挖掘区域价值，增强了投资潜力及升值空间，将目标区域的综合优势通过视觉展现的方式更加立体地推送给大众，吸引了用户更多的关注，获取了最大的价值回报。

图 6-13 “沉浸式”看房体验

现在，很多企业都借助 AR 和人工智能技术的应用，增加了体验式营销的形式和效果，例如百度 AR 提供了从创意制作到投放一站式完成的服务，并可针对不同的营销需求提供多种广告制作类型。这是将 App 内任一广告位进行 AR 赋能，可直接产生炫酷的 AR 广告，供广告主选择投放，例如启动画面、横幅（banner）、按钮（button）、文字链等，也可将 AR 识图扫描入口设置在“相机”或“扫一扫”功能中，支持扫描广告主投放的线下广告物料有产品包装、公交站牌等。而亚马逊推出了全新的 AR View 功能，允许用户通过手机以家庭或办公室为背景，在购买之前提前看到商品，例如看看紫色的沙发是否与其红色的地毯匹配，这对用户选择和购买家具、饰品等商品提供了非常好的体验。

总之，在消费过程中用户的体验通常来自于用户的某种经历对其感觉、心灵和思想的触动，体验营销把企业、品牌与顾客的生活方式联系了起来。因此，考虑产品的相关特性对于用户的生活方式所引发的感受，是企业进行体验营销时需要关注的。

6.2.4　推广之“口碑营销”

口碑营销，也被称为病毒式营销，是依托各种数字化的手段，引发和鼓励用户间自发讨论和交流，并鼓励用户将产品传播和推荐给周边人群的营销模式。这种营销模式是基于用户口口相传的，所以更具有可信度和购买推动力度，又因为这是参与者主动发起的传播，所以对企业而言宣传费用相对低廉。

在现实生活中，向大众介绍感受和心得是一种口碑式传播，在朋友圈里大家都在晒某某面膜效果不错，或者都在读一本非常励志的书籍等，这些都会引发朋友圈里的人去尝试。在选一家餐厅、买一件商品时用户在看到一个差评后有可能会放弃选择，这都是发生在身边的口碑效应。在数字化时代，社交媒体将人们连接成一个巨大的、相互联系的网络，这张网上的每个个体都通过不同的社交媒介和途径影响着其他人。

企业，首先需要考虑的是如何运作和借助口碑式营销来宣传自己的品牌、推广产品并提升社会的认知度。口碑营销总结起来就是通过“借势”来吸引大众的关注，促进口口相传。当然，还需要通过打造高品质或者具有独特性的产品或服务，来保持用户的良好口碑效应。

“借势”，并结合用户的故事来提升口碑效应

1. 借势权威，粉丝自发传播

借势权威，是指在新产品或品牌发布时，借势“名人”并通过其知名度及社会影响力来发布新品，并传递正面效应的口碑，引发粉丝效应，增强传播的动力和效果，是最为常见的营销推广方式。用户或是因为对“名人”的崇拜而跟随，或是对高品质的追求而效仿名人，或是因为对名人的信赖而选择同款并为其宣传推广，出现在街头巷尾的广告牌、数字宣传栏及微博等都是“名人”示范的口碑营销场所。

新品在取得用户对其的初期信任时，还可以借助权威机构的发布和认证。“经 ** 认证，该产品具有某种特别的属性，对于某类特定的需求具有显著的效果”，当用户看到这样的词眼时，会感到踏实和信赖。互联网技术让这些信息变得更易于传播，也更能引起正面口碑的推广。所以借势权威机构的发布和认证，也是口碑营销中不可或缺的手段之一。

2. 借势搜索引擎，社交媒体

数字化对于未知世界的探索，为营销提供了更为丰富的途径，谷歌、百度等是用户第一时间使用的应用，排名靠前的自然最先被关注，所以通过与搜索引擎公司合作来提升企业的正面口碑也是一种非常常见的方式。在与搜索引擎合作时，可以得到更多的关于用户搜索相关信息的分析图谱。例如，可以知道有哪些产品正在被搜索及相关索引是什么，在移动端也好，在 PC 端也好，人们正在搜索哪些相关的信息、热点，以此数据为依据来实现有效、精准的广告投放；同时，相关数据和信息对产品定位也有明显的指导意义。

另外，对社交媒体的运营维护也是非常重要的。我们可关注论坛中对产品的口碑风向，在有正面信息时给予助力；在有负面信息时，及时给予适当的解释，并积极担当，消除用户的质疑。

以欧莱雅为例，其与百度合作，在 200 个化妆品牌词条中位列第一，同时获得了关于“玻尿酸”网民的搜索情况。从数据上看，对于“玻尿酸”价格昂贵及副作用的言论日渐弱化，但是大家对于“打玻尿酸”仍然存在一些心理障碍。有了一手的数据，欧莱雅便携手百度对此需求做了一期市场活动；用户打开手机，百度搜索“范冰冰”或“玻尿酸”，在检索到“玻尿酸”或者“范冰冰”后，会有酷炫的动画效果及明星的示范，用户会对这个产品有了信任并积极推广给别人。借势名人及借势搜索引擎，为欧莱雅带来了正向的口碑，带来了巨额利润。

3. 借势热点话题，社会化传播

借助热点话题，为企业的品牌传播树立口碑，这种方式并不是数字化时代所特有的。当然，在数字化时代，传播的途径更加多样化，社交平台、手机端的新闻 App、娱乐视频 App 等，都是当前话题传播的途径。热点就是比较受广大群众关注或者欢迎的新闻或者信息，或是指在某时期引人注目的地方或问题，一般可分为时事热点和社会热点。而在借势热点的营销中，无论内容多么简单粗糙，几乎都能得到比平时多得多的传播。企业对于热点要有所选取，选择最适合自己的产品和核心用户的热点进行二次加工，让热点新闻和产品有一个很高的契合度，这样才能达到很好的效果。

作为口碑营销里的老手，杜蕾斯在广告文案中总是巧妙地将热点转化成“内涵丰富”的文案。不论是社会事件还是娱乐头条，杜蕾斯总能通过“借势营销”吸引大众的眼球并让其转发。例如，面对滴滴出行和优步合并的新闻，在两三个小时内杜蕾斯就更新了微博，在他人还在苦苦思索如何把此次事件跟自家产品结合来做营销的时候，杜蕾斯就已经做到了，杜蕾斯的微博宣传广告如图 6-14 所示。

图 6-14　杜蕾斯微博宣传广告

企业通过“借势”可实现其口碑的推广和产品的销售，从而获得用户对企业口碑的传播，实现对产品的推广，以口碑的方式，提升了用户对品牌的认知，提升了用户对品牌的信任和忠诚度，从而实现了营销的落地。

高品质的产品和服务是口碑营销的核心

在采用口碑营销的方式时，一定要发挥其积极的作用，通过细致、到位、超出用户预期的产品和服务在用户中赢得良好的口碑，并注重产品的质量和用户的体验，以及产品的售后支持等，使用户信心满满地为企业做免费的正面推广。因此，我们应该重点关注产品品质并不断创新，真正从用户的角度思考，以踏实的服务和高质量的产品作为保障用户忠诚度的唯一理由。早在海尔冰箱上市的时候，张瑞敏就通过砸冰箱的事件，营造了海尔冰箱高标准、严要求的口碑，实现了正面口碑宣传。

在这个过程中，打造“爆品”也是常用的一种推广策略：爆是指引爆、爆发；品是指产品、品牌、品质、人品，也就是说口口传播，形成口碑。只有好的品质才会产生好的口碑，好的口碑才会带动产品的爆发。拥有杀手级的应用，并打造一款极致的产品，可引爆链式的口碑效应，从而更好地实现口碑营销。而爆品的本质离不开四大要素：一是工匠精神，二是文化创意，三是性价比，四是解决用户痛点。早期的苹果手机就完全具备了爆品的四大要素。因此，我们要从用户的角度出发，寻找用户的痛点，基于受众的需求强调受众对产品的感受，利用同理心、同情心、同位心展示产品的个性给受众，呈现创业者的情怀，并承接爆品的线上渠道，例如微信、电商，而配以响亮的广告语、高颜值的海报以及一段独具匠心的 VCR 或是图文并茂的软文等，都是在渠道上支撑爆品的有效手段。配合上面讲到的各种“借势”，可抢占受众的心智资源，让产品快速地深入到受众的心里，赋予受众良好的体验，包括：好闻、好吃、好玩、好听、好想，从而达到让用户使用后爱不释手、达到营销体验让用户尖叫，等等来实现口碑营销。

然而，口碑也是一把双刃剑，在给企业带来价值的同时，负面的口碑传播对企业也会有致命的摧毁力。如果产品质量不过关，则一旦被披露出负面消息，又没有得到及时的纠正，那么负面的口碑效应同样会发酵，很快得到传播，这无疑对企业是非常不利的。

运营种子用户，发挥最大传播效力

通过种子用户对产品的正面口碑的宣传，更能快速有效地达到口碑营销的效果。优秀的种子用户就是关键的意见领袖（Key Opinion Leader，

KOL），他们拥有更多、更准确的产品信息，不仅会经常使用产品，还会活跃于产品社区，经常发表言论，带动其他用户讨论和互动，为大众所接受或信任，并对其购买行为有较大的影响力。最重要的是，种子用户能够为产品开发者提供中肯的意见和建议，帮助产品不断地提升性能和功能。

我们可以利用社交网络的媒介手段，结合优质内容的传播效果获取种子用户，例如在论坛发帖，通过帖子的转发量来获取种子用户，或者通过 QQ 发送信息、以微博的评论或私信、微信通讯录群发等方式获取种子用户，然后通过对种子用户的运营和培养，激发其深度参与的热情与积极性，实现对产品的营销推广和对品牌的口碑营销。

特斯拉的第一款汽车 Roaster 在美国一上市就吸引了硅谷巨头 Google 创始人拉里・佩奇和谢尔盖・布林、cBay 创始人杰夫・斯科尔及好莱坞明星布拉德・皮特、施瓦辛格等用户；而其在中国市场进行首批产品交付的 15 位用户也是非富即贵，其中包括小米 CEO 雷军、新浪 CEO 曹国伟、汽车之家创始人李想、携程董事长梁建章等，堪称史上种子用户最强大的科技产品。通过借力种子用户的营销方式，特斯拉非常准确地抓住了第一批目标用户，毫不费力地进入了目标用户的圈子。

同时，现在通过 AI 的技术手段，对社群内种子用户的发掘会更加精准，也能更高效地发现具有话语权的核心成员。通过神经网络算法也能更加清晰和准确地分析种子用户在不同社群中的社交链路和影响力，有助于提升对种子用户的运营效力，并深度挖掘对种子用户进行多次传播的因素和时机，从而提升口碑传播的效率和覆盖面。

总之，无论是专门为某类用户定制化的场景营销模式，还是注重用户感知的体验式营销，以及利用社交媒体所激发的口碑营销模式，都是在数字化的背景下以数字化连接技术手段的营销方式，三者很难独立完成一次营销活动。通常在一个特定的场景下一同为用户提供优质的体验，才能获得良好的口碑，并在正面口碑营销的不断发酵中争取到场景营销的一次又一次的用户爆棚，通过精心策划的营销推广活动积累大量的用户数据，不断改进和优化活动的模式，进入良性的营销循环过程。

6.3 推广运营的数字化实现

在数字化营销活动的推广中，可利用数字化技术注入智慧基因，集合动态用户画像识别、知识图谱的海量数据，实现线上线下的全场景识别及情感的反馈与交互。这时需要构建智能化、自动化的系统支撑能力，通过个性化的智能推荐技术，采用动态调优适变的机制来满足用户的动态需求，实现千人千面的数字化运营效果。

6.3.1 数字化推广运营支撑

数字化时代的营销推广，需要综合时间、社交因素，洞察用户的多样性需求，需要大数据的智能支撑能力及实现营销推广全过程的支撑能力，还需要营销推演的模拟能力，以及对每一次活动给出经验教训的评估能力等，作为下一次活动的有效参考。其中包括对活动的预设配置、演练模拟的营销执行能力、基于大数据和人工智能的分析计算能力，来实现对营销活动的有效监控和动态优化调整。数字化的营销活动之所以可以高效运行，与强大的数据计算能力不可分割，只有能力的协同处理才能为整个营销活动提供实时有效的支撑，数字化营销推广支撑能力框架如图 6-15 所示。

图 6-15 数字化营销推广支撑能力框架

推广活动的支撑能力

推广活动的支撑是指：通过活动策划，履行营销推广活动策划和设计过程；通过活动执行，履行营销推广活动的整体执行；通过活动监控，对营销推广活动的全过程进行实时监控和优化，如下所述。

（1）活动策划：实现营销活动规则的配置和管理、营销场景的管理、营销推广活动的相关审批工作，以及营销要素、营销目标的管理。

（2）活动执行：实现营销执行规则的配置和管理，包括调度规则、渠道匹配规则、用户匹配规则、营销策略的匹配规则等，通过相关配置为营销活动的执行提供依据；实现营销执行的调度、渠道、用户群、营销策略的匹配。在营销规则的配置过程中，相关参数的确认需要基于历史数据的推演，对所配置的营销活动进行模拟，给出路演的模拟结果数据；并结合对目标的期望，对活动过程中的参数进行调整；在再次模拟时，做到有效的事先预估，为活动中的数据的变化及预警给出有借鉴意义的指导。

（3）活动监控：实现对营销设备的管理，包括摄像头、传感器等终端的启用、停用、调整角度等各种遥控指令，实现对数据收集、数据定时归档等业务规则的配置和执行。同时，要强化对实时事件的捕获、对实时事件的解析处理以及实时流数据的处理，包括实时数据融合采集、复杂时间处理、实时数据分级存储等。

（4）第三方依赖：第三方的依赖信息包括第三方的物流依赖、第三方的支付依赖、第三方及时沟通工具等。

数据计算支撑能力

整个营销推广活动的基础数据支撑能力包括：数据采集、数据整合、数据挖掘与分析以及智能推荐与决策四种能力。

（1）数据采集能力：实现对结构化、半结构化、非结构化数据的收集，包括视频信息、音频信息、文本信息，以及对网页信息的采集、入库，对数据完整性、准确性进行必要的校验。

（2）数据整合能力：实现对收集到的各类异构数据按照不同的频度完

成预处理，以及对同类数据的同构处理并按照用户类型标签、消费行为标签等不同的业务维度做相关的数据处理并存储，为数据挖掘与分析提供基础数据。

（3）数据挖掘与分析能力：利用数据挖掘算法，实现数据的建模及建模后的模型评估分析，实现对用户基本信息的引用、对用户标签的引用及用户行为分析等基于业务专题的数据挖掘分析能力。

（4）智能推荐与决策能力：利用人工智能的有效途径，依据数据挖掘结果，对目标用户群体提供各种智能化推荐和决策，指导活动各个阶段的推广和推进，当出现风险时能及时给出纠偏决策建议。

依托这些能力，可以提供营销过程所需的用户洞察、标签管理、营销模型管理和营销评估管理等功能。

（1）用户洞察：指通过对用户基础数据的存储、分析，从用户的价值、喜好及行为等方面形成鲜明的用户画像，为在营销活动中获得用户的真实期望和需求提供数据支撑。

（2）标签管理：指对用户、产品、环境数据进行分析，针对不同的个性化用户、产品、环境给出具有标志性属性的标签信息，为营销活动提供特征值标签支撑。

（3）营销模型管理：指实现对营销模型的管理和关联分析，从而优化营销模型。

（4）营销评估管理：指依据每一次营销活动的数据来分析营销活动，结合营销推广目标、营销推广统计指标、营销推广统计维度等对营销推广方案进行效果统计，对营销成果与预期结果进行对比和分析，获得营销活动的经验和教训，为下一次活动提供知识积累。

数字化时代的营销推广，不同于以往的关系营销，需要构建实时、智能的数字化营销推广能力，可以协助营销人员轻松准确地找到目标用户群体，开展有针对性的实时营销推广，实现个性化推荐，并配合动态适变的营销优化能力，自动调整满足用户不断变化的需要。

6.3.2 个性化智能推荐

个性化智能推荐，指深度理解用户的意图，通过长时间的学习来实现对用户需求的预判，并主动将用户可能感兴趣的信息推荐给用户，把最适合的产品和服务实时呈现在其眼前。私人定制式的内容推送让营销实现了个性化升级，引发用户的购买欲望。营销能力的精准化和智能化代表了企业在数字化时代的技术能力和运营能力，帮助减少马太效应和长尾效应的影响，使商品的利用率更高，是实现千人千面营销运营的关键所在。

个性化智能推荐包括个性化、智能化和推荐这几个关键要素。

个性化即满足特定的需求，所指向的用户群是具有某种个性特质的人群或者个人，这些用户特质是可以通过对已有的历史数据做量化、对比、关联分析的，可以对用户的实时兴趣进行精准定位，实现个性化的用户标签，秒级更新结果、，满足个性化需求。

智能即基于海量的用户行为数据，挖掘多种多样的高质量推荐候选集，借助机器学习、人工智能、神经网络的高精准算法，精细化用户标签和商品标签并形成海量的用户画像，对数据的表层关联性及几次数学转换后所隐藏的关联性进行快速运算，实现实时大数据机器学习的内容个性化推荐。

推荐即在商品或服务被消费的过程中自动收集用户的信息，根据用户标签与产品标签的匹配，基于高性能分布式计算框架及快速迭代算法生成多维度的用户画像，进行千人千面的推荐，提供合适的产品或服务功能展现，将营销信息及时有效地传达给客户。

以出行市场为例，依托大数据，滴滴将根据用户的历史出行习惯与消费水平，联合汽车经销商、媒体、车主及用户等各界合作伙伴，定向推送试乘试驾服务，并根据其体验对潜在购车人群与区域市场情况进行分析，实现交易预测及对潜在用户的直接触达，提升意向群体的购买转化率。而微信依托庞大的用户群体，在流量变现的个性化推荐上形成了一个创新的突破点，它在商业广告的探索上权衡了部分用户体验，推出朋友圈广告，这种基于用户分析的广告推送机制，在避免给用户带来过度干扰的同时，又有了社交互动的成分。对于用户来说，推送“我感兴趣”的广告，可以使他们从广告中可以获得一些利益，也更容易获得其他用户对被打扰的包容。

个性化智能推荐框架示例如图 6-16 所示，该框架基于大量的用户交互数据和基础数据，经过离线与近线推荐计算，形成用户、产品、业务的标签库，在多个角度和特征的推荐引擎触发下实现了初始推荐结果的输出，然后进入推荐去噪环节。这个过程对初始的推荐结果进一步做过滤、排名，通过对相关产品的相关性推荐进行匹配和比较，基于历史推荐的反馈，对推荐结果给予修正，形成最优推荐，以多种营销形式触动给用户。整个个性化智能推荐过程是以大量的用户数据及丰富、高效的算法库为基础的，各种个性化推荐技术也是推荐能够精准落地的有力支撑。

图 6-16　个性化智能推荐框架示例

个性化推荐依托强大的数据分析和算法

从推荐算法上来讲，在推荐的过程中比较常见的有基于关联规则的推荐、基于内容的推荐及基于协同过滤的推荐，等等。涉及的关键技术有特征提取、特征建模、特征降维技术及相似性度量方法、聚类、协同过滤等算法应用。

（1）基于关联规则的推荐。当前常用的关联推荐大多是基于 Apriori 算法、FP-Growth 等算法的演进和优化。关联规则技术在数据挖掘领域中主要用来处理关系型事物数据库，电子商务中的购物车分析就是这种法则的重要应用场景。通过对购物车的分析，我们可以发现不同的商品在销售过程中的相关性，从而增加商品的组合销售能力。推荐算法的原理是：首先通过挖掘用户的历史记录来产生聚集树，获得用户行为的频繁项集，然后定义推荐因子为关联规则的置信度乘以距离，最终通过推荐因子的大小确定推荐项。关联规则推荐简单、高效，可以离线建模，因此能够保证推荐系统的实时性要求，但准确性欠佳，通常用于分析内容的商品推荐。

（2）基于内容的推荐。这是一种信息过滤技术，无须获得用户对项目的评价信息，只需对用户的历史选择信息做学习，便能做出新的项目推荐，因此对信息获取技术的成熟度直接影响着内容推荐的精准程度。随着视频、音频、多媒体文件的特征分析技术的逐渐成熟，内容推荐的精确度也在不断提升。在算法上，有特征提取、降维处理、特征建模、相似性计算等经常被涉及和应用，对这些算法的理论研究也比较成熟，常用的方法就是信息过滤中的 TF-IDF 算法、相似性计算方法，包括余弦相似性计算及阿基米德相似性计算等。今日头条是国内较早地将人工智能技术应用于内容的个性化推荐的公司，采用了以 AI 为主导的信息分发模式，通过机器推荐大大提高了分发效率，这是对传统分发方式的重大颠覆。

（3）基于协同过滤的推荐。协同过滤也被称为社会过滤，计算用户间偏好的相似性，在相似用户的基础上自动地为目标用户进行过滤和筛选，其基本思想为：具有相同或相似的价值观、思想观、知识水平和兴趣偏好的用户对信息的需求是相似的。因此，相对于传统的推荐方法，协同过滤技术体现的一个显著优势就是能够推荐一些难以进行内容分析的项目，比如信息质量、个人品位等抽象的资源对象。在商业实战中，协同过滤通常会与对物品及用户的深度分析相结合，并与模型进一步融合，从而得到一个精准度更高的效果。比如基于物品的协同过滤在 Amazon、Netflix 等网站中成功应用，能为用户推荐同领域更为深入的结果；而基于用户的协同过滤则倾向于推荐范围更宽泛而热门的内容，在特定场景下有效地使用其他兴趣相似的用户的评价信息，从而利用较少的用户反馈，加快了个性化学习的速度，有利于发现用户的其他兴趣，实现跨领域的令人耳目一新的效果。

基于效用推荐是对用户使用项目的效果进行计算的，基于知识推荐等技术，这些算法随着人工智能技术的深入正在不断完善和优化，并且在商战中大多数是多种算法的综合运用。淘宝的“千人千面”的展现结果就是基于个性化推荐的经典算法应用，如图 6-17 所示，不同的用户在搜索“连衣裙”时会有不同的商品展现，因为店铺通过标记精准的用户标签、产品标签和店铺标签（森女系、欧美风等），并运用各种推荐算法进行深度运算，来分析个性化搜索权重并进行各类标签的匹配推荐。店铺在用户搜索时根据标签进行投放，让老客户优先看到新品，让新客户优先展示热卖款、优势款等，帮助不同的用户更高效地买到自己想要的商品。

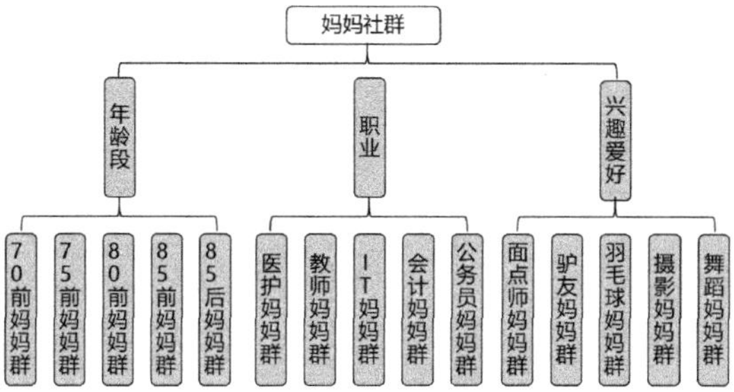

图 6-17：淘宝“千人千面“的展现结果示例

个性化推荐的重点技术应用

在个性化智能推荐过程中，除了基本算法的保证，在具体的实施过程中，还有一些关键的技术配合和支持。个性化智能推荐技术源于一系列人工智能学科，包括自动推理、认知建模、机器学习、神经元网络、自然语言处理、专家系统、智能机器人等方面，以及开放 API 等领先技术领域。阿里巴巴自 2015 年开始加速个性化电商推广工具的研发，并将一部分人工智能算法融入底层结构中，例如，基于全网电商数据、跨渠道数据及第三方数据的客户运营产品——聚星台，可实现店铺“千人千面”的个性化互动营销及全域会员运营。通过标记的方式圈定潜在客群，建立个性化的用户细分和精准营销的数据管理合作平台——达摩盘，以及开放付费 API 的人工智能系统阿里云 ET 等。

下面分别对人工智能技术、基于流处理技术的营销推荐、采用多种算法结合的融合推荐、基于机器学习的自动化优化推荐、用 Kafka 解决推荐中的消息交互等进行介绍。

1. 人工智能技术

随着大数据时代的到来，从运算到帮助人们去做个性化决策是认知计算的核心内容，也是人工智能体现其价值的关键。以下列举的 AI 技术从不同的角度加强了个性化智能推荐，并优化其推荐算法，从而更好地帮助其识别和匹配。

（1）深度机器学习：研究通过计算机模拟实现人类的学习行为、解决问题的思维模式，获取和组织自己的已有知识从而更新已有的知识结构等。推荐系统要提取上万乃至上亿维的特征，从海量的数据中学习到人类无法提取的特征组合，这是进行深度标签应用的重点。

（2）问题求解：主要用于解决在数据处理中遇到的归纳、推断、决策、规划方面的问题，例如客户的消费习惯分析、客户社交关系分析等，在分析的颗粒度及准确性上都有所提升。

（3）模式识别：通过计算机用数学的方法来研究模式的自动处理和判读，解决机器具有感知能力的问题，主要应用于智能推荐数据处理及分类标签识别环节中。

（4）自然语言理解：通过计算机深度理解人类的自然语言，学习大量的信息并进行语义分析，并实现人类不同语种之间的转换和翻译工作。在基于内容的推荐中，该技术可以翻译自然语言文档，识别文化和语言背景知识并分析内容，挖掘用户的真实意图和潜在需求，进行有效的智能推荐。

2. 基于流处理技术

个性化推荐场景支持智能推荐的流处理框架，如图 6-18 所示，它支持多元的数据采集，包括文档、XML 消息、视频、图片等数据格式的获取、采集和解析；支持实时分析处理，包括毫秒级的事件捕获和处理，以及实时的数据分析；支持复杂的规则匹配，包括捕获规则的配置、多种规则的并发等；支持多元化的对外服务，包括流处理流程的可视化及可视化的运维监控工具。在实时流数据处理中采用了分布式、高可用、低延迟的流式计算技术，通过原子事件捕获、目标用户匹配、原子事件池等实时动态数据同步组件和静态数据同步组件的配合，实现了实时个性化推荐。

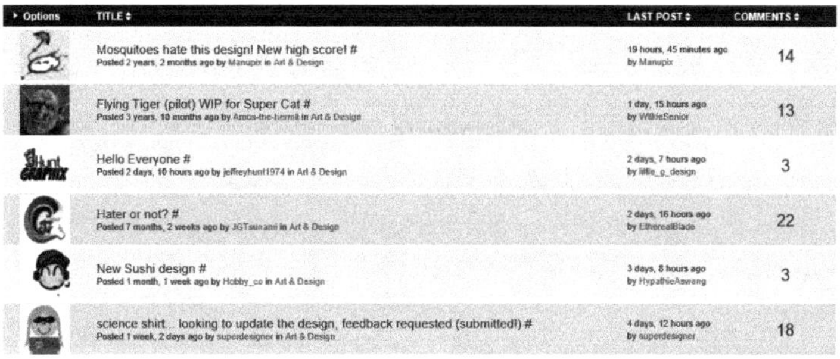

图 6-18　个性化推荐场景的流式处理框架

3. 算法与计算模型结合的融合推荐

推荐算法推荐引擎的核心是实现用户和内容的匹配，一般采用组合算法推荐，根据不同算法推荐的复杂程度采取不同的计算模型，针对不同的情况使用不同的推荐方式。对于离线计算，执行协同过滤等常规算法，对几个月内的用户行为计算推荐结果；对于近线计算，执行高效的推荐算法，对用户近期的行为数据进行分析，并调整离线计算结果；对于在线计算，按照推荐的上下文环境对推荐结果进行筛选、过滤并重新排序后推荐给用户。

4. 通过 Kafka 解决推荐中的消息交互

在大数据支撑的营销推荐的过程中，数据需要在各个模块中高性能、低延迟地不停流转。传统的消息系统并不非常适合大规模的数据处理，而 Kafka 是一个分布式的、可划分的、冗余备份的持久性的日志服务，能同时为发布和订阅提供高吞吐量，易于向外扩展、支持 online 和 offline 的场景，所以可以处理活跃的流式数据，在线应用（如消息）及离线应用（如数据文、日志）中得到了广泛应用。Kafka 技术在个性化推荐中的应用如图 6-19 所示，它通过 Kafka 支撑业务系统及客户触点渠道之间消息的交互，将消息最终存储在数据库中（例如 Redis、Hbase 及其他数据库）。

图 6-19　Kafka 技术在个性化推荐中的应用

【案例：京东个性化推荐实践】

京东具有庞大的用户量和全品类的商品，根据用户浏览、点击、购买、评论数据及品牌、品类、描述等商品自身的数据的积累，京东基于用户和基于商品的协同过滤实现了千人千面的个性化推荐。随着业务的快速发展及移动互联网的到来，多屏（京东 App、京东 PC 商城、M 站、微信手 Q 等）互通，推荐类型从传统的商品推荐逐步扩展到其他类型的推荐，例如活动、分类、优惠券、楼层、入口图、文章、清单和好货等，即在合适的地方和时机，通过合适的渠道将合适的内容推荐给合适的用户，京东的个性化推荐应用场景如图 6-20 所示。

图 6-20　京东的个性化推荐应用场景

京东对大数据及推荐系统的应用，为用户创造了场景化购物的体验。平台型电商往往希望用户“逛”的时间更长，所以创造了更多的推荐，京东则更希望将推荐应用在“目的性”购物中，比如通过点击、浏览等数据判断用户打算旅行，则为其推荐 GoPro；若判断用户是跑步爱好者，则为其推荐跑鞋列表。京东的推荐系统还体现在物流体系上，比如配送站选址、仓库的货品分布，甚至库房中的拣货路径。此外，京东很早就开始测试“未买先送”，根据对社区内用户消费行为的预测，将库存预置于末端配送站，以实现极速送达。

总之，京东的个性化推荐系统有如下关键点。

（1）基于京东的大数据平台 + 推荐引擎的个性化实时推荐支撑架构。

○ 京东的大数据平台提供离线和在线计算能力，支持用户画像、商品画像及机器学习更新等复杂处理；推荐引擎负责具体的场景感知、营销策略匹配和渠道执行。

○ 选用主流的开源大数据处理技术、实时交互和机器学习技术，包括 Hadoop、Storm、Spark、Kafka、Mathout 等。

（2）基于用户消费路径捕捉关键营销场景，实时触发多种类型营销。

○ 用户通过站外、入口页、过程页、购买页、维护页等路径可以进入营销场景页面，实现对多种营销类型的触发，包括商品推荐、活动推荐、品牌推荐、专辑推荐等。京东的个性化推荐用户路径如图 6-21 所示。

图 6-21　京东的个性化推荐用户路径

（3）基于用户画像和群体特征洞察用户的实时、长期的群体需求。

- 用户画像：从基础属性、购买能力、行为特征、社交网络、心理特征和兴趣爱好等维度对用户打标签。
- 实时、长期的需求洞察：基于用户的近期行为进行实时画像来识别用户的实时需求，基于用户的中长期行为进行非实时画像来识别用户的长期需求。
- 群体需求洞察：基于用户画像相似的标签来识别潜在的群体需求，例如，三里屯的用户都有买扑克的需求。

（4）以用户体验和营销目标为驱动，进行用户和商品双向匹配视角的组合推荐。

- 基于用户的实时画像、非实时画像、商品画像来实现人找商品、商品找人场景的个性化推荐，京东用户和商品双向匹配过程如图 6-22 所示。

图 6-22　京东用户和商品的双向匹配

○ 采用多种推荐方法融合的方式，满足用户的多样化的惊喜度需求和价值目标。

（5）通过统一调度、规则控制和信息共享来实现互补、增强、替代的渠道协同效应。

○ 营销任务统一调度：由推荐引擎统一营销任务的管理和调度。

○ 渠道协同规则控制和信息共享：统一管理渠道协同规则，渠道间营销信息实时共享。

○ 渠道协同执行：实现任务分流（互补）、营销配合（增强）、交叉营销（替代）三种协同方式。

多渠道的统一调度机制如图 6-23 所示。

图 6-23　多渠道的统一调度机制

（6）聚焦用户体验和商业价值指标，对画像模型、营销模型持续优化更新。

○ 针对用户体验指标如用户访问率、用户回头率、用户访问深度、老用户留存率，以及商业指标如展示、订单转化率、GMV，进行持续改善优化。

○ 随着监控用户实时兴趣的变化、捕获产商品清单的实时变化信息，通过机器学习、A/B 测试构建并持续优化用户画像模型、商品图像模式、推荐排序模型等。

总之，在个性化的智能推荐模块中，数据是基础，算法是手段，推荐是目标。通过收集用户特征，依据用户的历史行为数据及数据处理相关的技术手段，为用户主动做出个性化的推荐，随着实时数据的更新和变化，应用高性能的智能算法实现推荐的动态调整，使得推荐结果更加精准、智能，在提升用户体验的同时，提升了企业价值。在个性化推荐中通常包含相关内容的推荐，这也为用户对其他商品的选择提供了必要的提示，这对于企业而言也是一种营销。

6.3.3 动态适变、优化运营

数字化用户需求是一种动态需求，数字环境也是动态的营销环境，因此需要动态适变的营销推广运营机制，在营销推广活动过程中实时监控改进，并通过技术手段对营销推广模型进行优化，运营要从宏观到微观、从单次到持续，提升效率，实现营销效果最大化。

动态适变的运营机制

要想适应数字化时代瞬息变化的市场状况，我们需要重视对营销过程的动态优化能力，并将这种适变能力作为实时动态营销推广的基础，应用到日常运营的营销活动中，从而形成一种优化机制，包括需优化点的识别、优化方案的快速建立及动态实时优化的执行。

这样的一套良性循环机制的建立过程，离不开对于动态用户特征的捕获，以及对市场需求变化的洞察，因此需要实时地对用户和市场做有效的跟踪。用户画像、用户行为分析、用户标签都是在系统中对用户进行实时监控和分析的输出，根据客户的购买量所推算出来的企业销售情况属于市场监控，环境分析、竞品分析、竞争对手跟踪等属于市场跟踪。每一次营销活动在执行过程中都会依据现实的执行状况，在强有力的数据分析支撑能力下，对活动进行实时跟踪及纠偏分析，给出动态调整的决策方案。与此同时，本次活动在整体执行过程中的经验教训将被吸取并在下一次活动中实现优化及螺旋滚动，从而形成一种动态优化的营销机制，营销活动的持续优化和改进机制如图 6-24 所示。

图 6-24　营销活动的持续优化和改进机制

在营销活动中，关键要素客户、产商品、渠道是具有多变性的，例如客户的需求有多变、个性的特点，这就对产商品有了新的要求，比如在产品的外观、功能或者友好体验等方面，而作为营销活动的运营者，我们需要将这些要求进行汇总和分析，与产品相关的产品设计人员团队做沟通并改进产品，然后通过各种渠道进行推广，为下一次营销活动的开展做准备。

营销推广活动的实时优化

数字化实时营销要求产品或服务在营销推广过程中可自动收集顾客信息，自动调整产品或服务地功能，实时适应消费者的需求。信息反馈是自动的，无须客户对产品提出要求，也不需要修正产品中的资料信息。

而营销推广活动的实时改进是指对正在进行中的营销活动进行调整和优化，使得营销更为有效，对用户动态变化的需求进行实时监控并给出实时决策、动态调整，实现为整个营销活动的最终成功保驾护航。跟踪活动的实时数据、获取活动的实时效果、给予实时的评估和预警，是活动监控的作用，同时保留活动过程的数据，作为在后续活动中复盘总结的重要数据依据。数字化给予活动过程监控的更多手段，包括实时摄像设备视频的回传、在线用户数的实时登记、订单数据的实时分析等。其中具备各种数据源的收集能力、各种类型数据的整合能力、数据即时处理和分析能力，以及在这些能力基础之上提供的营销决策能力，这些大数据能力是对活动实时监控并动态优化的保障。尤其对于线上活动，我们需要确定并调优监控度量，确定活动监控过程中的一切指标是否在正常的范围内、是否达到预警标志等，过高和过低都要给出预警提醒，用户点击率、用户签到率等都是现代营销过程中常用的监控度指标值。

智能机器学习优化营销推广模型

除了构建适变的运营机制和过程改进，我们还可以从系统模型的角度上支持动态的优化过程，利用真实的历史数据，借助机器学习的算法，识别产品目标用户的潜在行为模式，优化营销推广模型，动态优化营销效果，提升用户体验。可以考虑通过机器学习进行特征发掘、行为分析、喜好学习，不断优化推荐效果，丰富推荐的维度，增强智能化推荐。机器学习技术框架如图 6-25 所示。

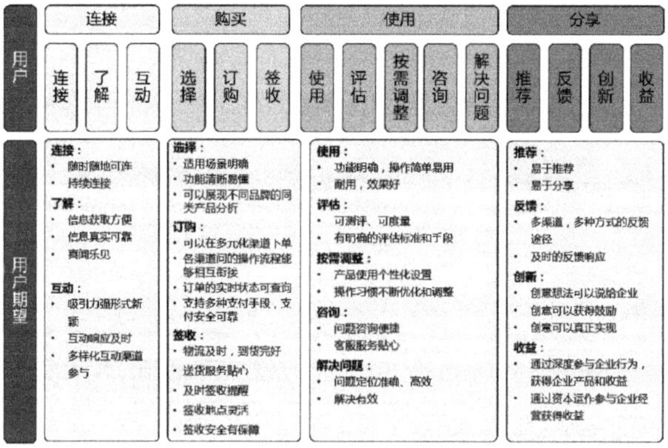

图 6-25　机器学习技术框架

在机器学习中，我们通过各类机器学习算法如聚类算法、分类、关联、推荐等，以及对模型的训练和对参数的优化等建立营销模型。在模型应用中，营销人员进行产品营销推荐和客户营销推荐，并对反馈模型结果执行优化，通过创造和优化倾向模型（ propensity models ）来指导推荐销售和交叉销售。通过机器学习进行持续优化的营销模型如图 6-26 所示。

会员特权 \ 用户等级		免费用户	普通会员	高级会员	初级VIP	高级VIP
获得方式		注册起点账号	一次性充值1元（100起点币）	12个自然月内消费≥19900起点币	12个自然月内消费≥120000起点币	12个自然月内消费≥360000起点币
订阅价格		5分/千字	5分/千字	5分/千字	4分/千字	3分/千字
票务特权	保底月票	无	无	上月订阅满1000币=1	上月订阅满1000币=2	上月订阅满1000币=3
	订阅月票	无	当月每订阅满3000币+1	当月每订阅满2000币+1	当月每订阅满1500币+1	当月每订阅满1000币+1
	打赏月票	无	每打赏1万起点币默认投该书1张打赏月票（粉红票）			
	与免费用户相比，推荐票上限	无	无	+1	+2	+3
其他特权	专属会员标示	无	√	√	√	√
	章节赠送定价	5分/千字	5分/千字	5分/千字	4分/千字	4分/千字
	单日领取赠送章节上限	无	单本5章，共10章	单本10章，共20章	单本15章，共30章	单本20章，共40章
	申请书评区副版主	无	√	√	√	√
	给作者发站内信	无	无	无	无	√

图 6-26　通过机器学习进行持续优化的营销模型

总之，数字化时代的营销推广活动有更多的手段和途径，也更具特色，不拘形式且充满创意，使太多的不可能变成可能。借助营造场景和体验，我们在注重客户的感知的同时，凸显了品牌的魅力，传播了正面的口碑，实现了有效的传播和高效的推广。而这一切运营目标的实现，需要强有力的支撑能力，实现依托数据说话、自动化挖掘运算与决策、支撑个性化智能推荐，以及动态的营销优化能力。

第 7 章

订单交付，贯通营销要素的纽带

7.1 数字化驱动订单演进

随着时代的变迁，订单的承载形式和实现方式也在不断演变，从纸质订单演变为无处不在的数字化订单，交易过程也变得越来越简单、便捷。我们通过剖析订单的基本概念、订单包含的基本要素和订单交付的基本流程，就可以理解订单交付的本质与内涵，还可以通过分析数字化时代的用户、产商品、渠道、营销推广的发展特点和变化趋势，理解订单交付在数字化时代面临的挑战和要求。

7.1.1 订单交付的内涵

我们在前面讨论了用户运营、产品运营、渠道运营、营销推广等运营活动，这些运营活动的最终目的是销售和赢利，而销售和产品服务需要通过订单和订单交付来承载和实现。

原来，订单的形态主要为纸质订单，一张跨世纪的纸质保单如图 7-1 所示。例如，1938 年 7 月 5 日，一位用户在一家保险公司为自己的家人购买了一份保险，与保险公司签署了一份纸质的保险合同，保险公司向其提供了纸质的申请单和保费收据。21 世纪的某一天，投保人和被保险人都已过世，法定受益人凭借这张跨世纪的已经泛黄的保单，找到了继承自原保险公司的新的保险公司机构，成功办理了理赔手续。

图 7-1　跨世纪的纸质保单

后来，订单逐渐由从纸质形态转变为数字化形态。例如，股市出现在 100 多年前，那时股票价格是通过电话报价的，然后人工记录在黑板上供股民观看，或者用传真机传递行情，并通过手工画 K 线分析行情，股民在交易时需要在证券交易所填写买卖单据，由工作人员执行指令。后来，股民可以在证券交易所通过显示屏看到行情的变化，也可以通过电视了解行情的变化，但需要到证券公司填写买卖单据或通过电话下单并交由证券公司处理。现在，人们可以随时随地通过移动终端查看股票行情并实时进行交易操作了。总体来看，股市交易经历了从最早的柜面委托下单、电话委托下单，到现在通过移动终端下单的演变。

现在，数字化的订单无处不在。电商平台、服务订购（旅游、家政、在线教育等）以及传统的票务类业务等都采用数字化订单，叫车 App 和外卖 App 更是典型的订单驱动业务，人们可以通过手机发起订单，享受订餐、打车等各种服务。

订单交付的过程和实现方式，经历了从纸质订单到数字化订单的演变，发生了巨大的变化，然而订单交付的本质和内涵一直没有改变。那么，究竟什么是订单？什么是订单交付？

订单的概念和内涵

先来看一下订单的标准定义。在新华字典中对订单的解释是“订购货物的合同、单据，也称为定单”，在百度百科中对订单的解释是“企业采购部门向供应商发出的订货凭据（包含成品、原材料、燃料、零部件、办公用品、服务等全部的采购过程）”。从这些定义可以看出，订单有一个非常重要的特性，那就是订单的法律效力。从某种角度来说，订单是买卖双方达成的交易契约，相当于商业合同，当双方发生纠纷时，订单可以作为法律依据。当买方获得了产品或服务却拒绝付费时，卖方可以依据订单来说明自己履约而买方违约；同样，当买方支付了费用且完成了订购却没有获得产品或服务时，也可以依据订单进行索赔。由此可见，订单管理对于企业运营来说非常重要。

上面的标准定义说明了订单作为契约的重要特性，但是对于理解订单的内涵来说还是比较抽象的，而且似乎只是针对企业之间的交易而言的。我们不妨把订单的范畴延伸到大众消费领域，以一种更加通俗、直接的方式进行定义。简单来说，订单是买卖双方达成的购买约定，它体现了谁（买方）在什么时间、什么地点，以什么样的价格、方式，向谁（卖方）购买了哪些产品或服务。从这样通俗化的定义中对订单做进一步的解析，可以看到完整的订单其实包含了以下几个方面的要素。

○ 用户：购买方是谁，是哪个用户？

○ 时间：是什么时间发起的订购？

○ 渠道 / 营销活动：通过什么渠道以何种方式进行了订购？

○ 产商品：以什么价格购买了哪些产品或服务，有哪些特殊要求？

不难发现，这些要素恰好包含了我们之前讨论过的营销运营的基本要素，因此，可以说订单是连接贯穿所有营销要素的纽带，是企业销售和服务过程的核心承载，是包含所有营销要素并创造综合价值的终极保障。

数字化订单管理过程

订单在整个生命周期中包含的基本流程有：买方挑选商品、发起购买、生成订单，卖方交付全部产品或服务。而订单交付管理是对订单整个生命周期中的所有活动和信息的管理。在通常情况下，完整的订单管理过程可以大致划分为三个阶段：订单的生成、订单的实现和订单的交付。

订单的生成：是指用户找到需要的商品或服务，提交购买需求并产生订单的过程，它完成了用户的需求与企业提供的产品或服务的价值匹配与对接，包含了全部确定的订单要素信息。例如，在保单业务中，用户选定一家保险公司并签订保险合同就是下单的过程。保险合同作为交易订单的承载，包含了所有确定的订单要素：用户要素明确了投保人、受益人等信息，时间要素包含签订合同时间及合同生效时间等信息，渠道/营销活动要素包含签订合同的门店信息、优惠方案等，产商品要素即合同约定的所有保障服务和履约条款等信息。

订单的实现：是指商家在接受订单后对订单进行解析和拆分，通过生产制造、采购集成或系统配置等方式实现可交付的产品或服务的过程。这是数字化时代订单交付的关键环节，与订单的各要素密切相关，不同的用户类型、产品类型、渠道类型、营销活动可能需要不同的实现过程。以制造行业为例，前面提到，按照企业组织生产的特点，可以把制造企业划分为库存生产、按单装配、按单生产和按单设计四种生产类型。它们对于满足用户定制化需求的层次和深度是逐级增强的，随着订单定制化程度的升级，订单将成为驱动企业生产的源头，制造企业将转型为以订单为导向的流程驱动型企业，并且数字化会颠覆原有的流程，自动化的决策流程与自助服务相结合会逐步替代人工流程，订单将成为驱动企业运转的原动力。

订单的交付：是指将可交付的产品或服务提供给用户使用的过程，包含订单约定的完整售后服务（如退或换服务等）。交付过程可能是一次性的，也可能需要持续一段时期周期性多次交付。如果用户购买的是实物商品，则商家只需把订单包含的所有商品一次性地提供给用户，订单交付就算完成了；如果用户购买的是“一次购买、多次服务、周期性付费”的产品或服务，比如电信运营商提供的信息服务、报纸杂志的分期订阅服务、周期性的蔬果配送等，就需要商家实现产品或服务的多次交付。例如，在各种数字化生活场景中，既包含共享单车骑行、手机支付早餐、手机预定外卖送餐、团购 KTV 欢唱券等一次性订单交付过程，可能也包含一次购买多次代驾服务优惠的订单交付过程。而且，这些订单交付过程大多是通过数字化方式完成的，例如共享单车的电子化开关锁、外卖送餐服务的订单状态和实时位置查询、团购优惠券的二维码生成和现场兑付等，充分体现了数字化时代订单交付的高效和便捷。

随着人工智能等技术的大力发展，订单交付也变得更为高效和准确。机器人可以帮助执行订单；而智能聊天机器人还可以查询订单需求、订单状态和延迟交货的原因等。用人工智能审核用户和订单，不仅能够提高效率，也能提高审核的准确率，例如一个正常用户下单时，其浏览页面的时长、下单间隔等会呈现出不规则的特点；而若一些用户在下单时出现“离群特征”（比如规律性下单），则这些用户就属于“特殊用户”。这种“离群特征”只有通过机器学习及大量的计算分析才能识别。

7.1.2　无处不在的数字化挑战

数字化时代的市场环境已经发生了根本性的变化，商业模式不断打破常规，新的数字化产商品形态不断颠覆人们的想象力，使订单交付变得不同寻常而又充满挑战。

我们在前面的章节中对数字化时代的用户、产品、渠道、营销出现的不同的变化趋势进行了分析，下面进一步分析这些要素的变化对订单交付的管理带来哪些冲击和挑战，以及哪些问题是订单交付必须重点解决的。

用户：订单交付要智能要快速

（1）用户的个性化需求凸显：用户的个性化需求涉及产品层面和服务层面。在产品层面，他们希望出现更多的个性化可定制产品以彰显个性，例如包含个人照片、签名或 LOGO 的首饰、具有定制化气味的书签等；在服务层面，他们希望更加灵活的商品售卖和交付方式，以满足特定场景的特殊化需求，例如第三方支付、延迟提货的商品交付等。个别用户在打车时可能只喜欢某类车型及某种类型的司机，尤其是女性用户，她们在深夜时可能对车型和司机的要求比较高，这需要进行个性化匹配。这对传统的订单交付管理模式带来了巨大的挑战，例如在商品浏览和展现过程中需要根据用户的选择实时展现定制化的效果，并且用户进行商品定制选择的下单流程必须简单、友好且流畅，那么商品生产实现和交付的过程便需要根据用户需求灵活变通。因此，新的订单管理系统必须具备可定制的智能化生产能力和自动化交付能力，才有可能满足广大用户千变万化的定制化需求。以制造行业为例，正在发起的工业 4.0 的目标就是要建立一个高度灵活的个性化和数字化的产品与服务的生产模式，以达到快速、有效、个性化的产品供应，真正实现从库存生产、按单装配到按单制造、按单设计的大规模定制的转变。基于这样的转变，订单将成为驱动企业创新的源头，订单包含的用户个性化需求将驱动不同的个性设计、原料采购、个性生产直至个性物流的订单实现和交付流程，并且订单定制化程度的升级和规模化对企业的订单实现和交付也提出了更高的要求。订单的实现需要将订单中的用户定制化信息附加在原材料上，即从采购环节开始，原材料就被“贴上”一个标签，例如这是给 A 用户生产的某产品的某项工艺中的原材料。

（2）用户期望和行为习惯改变：借助各式移动智能终端，人们几乎一直处于在线的状态，可以随时随地发起订购，也习惯在线自服务的方式，而且期望“即时满足”，这对订单交付的快速响应和准确性提出了更高的要求。但实际上，很多传统企业的订单交付管理模式往往无法适应用户需求的变化，出现订单交付周期过长、订单失败率不断上升等问题，而且由于订单处理流程不可见，导致订单错误很难快速修复，从而影响用户体验，甚至造成用户流失。

产商品：挑战订单实现的适配灵活性和自动化

（1）产商品形态数字化与多样化：新型的数字化形态的产商品层出不穷，例如电子阅读、在线教育、云服务等，甚至用户数据、产品数据、交易数据等数据资产也被作为商品进行交易。这些数字化产商品要求全数字化的订单交付，这可能完全不同于传统的订单交付，需要有不同的交付流程、管控方式和能力要求，例如需要考虑数字化产品的访问权限和版权管控、数据交易的数据安全性等。以媒体行业为例，在过去，人们主要通过购买纸质媒体产品（报刊、杂志和书籍）获取资讯和信息；后来出现了数字化媒体，人们购买的商品变成了 CD、DVD 等移动存储实物承载的数字化商品；现在，人们通过各式各样的智能终端应用就可以轻松制作、传播、获取丰富多彩的多媒体内容了。与此同时，新形态的数字化商品也从丰富的电子书产品，扩展到有声图书订阅、数字专辑，还扩展到微课、微刊、微电台，以及在线直播等新型内容产品，这些数字化产品的订单交付基本上完全通过数字化交付来实现。

（2）产品生命周期不断缩短：为了满足用户不断出现的新需求，我们需要对产品或服务不断推陈出新，才有可能跟上市场和用户的脚步。相比过去全新的新产品提供方式，未来的新产品将更频繁地以提供新的定价策略和产品组合包的方式出现，这要求订单管理系统可以快速建立适配新产品的订单交付流程和系统功能，以满足新产品快速上线或原有产品迭代更新的要求。

（3）产品可配置与生产交付自动化：数字化产品将被分解出众多细粒度的产品参数和指标集，对于每个用户的个性化需求，都需要创建一个定制化的产品服务配置，这将导致出现无数的产品配置组合。订单交付系统必须足够灵活，以实现不同的产品配置组合，同时需要采用数字化技术实现自动化生产和交付。以电信行业为例，虚拟化技术的发展改变了网络定义方式，NFV（网络功能虚拟化）、SDN（软件定义网络）、云计算等新技术的发展将为电信网络带来重大的变革。SDN 被视为让网络更好地响应应用需求的重要工具。借助 SDN 控制器，运营商将可以更高效地利用网络资源。NFV 用于实现虚拟网络功能，因此其可以在成本较低的硬件平台上运行，并且以自动化的方式提供服务。虚拟化的网络功能（VNFs）将像虚拟机一样运行在 COTS 平台上，并且通过编排工具管理要执行的服务，实现资源调度和业务协同。总体而言，移动网络功能将以软件化和组件化方式提供，将直接影响未来的通信产品定义和产品实现方式，从通信产品到连接服务再到网络资源的自动映射将成为可能，电信服务订单将以更灵活的方式实现自动化的生产配置和交付。

渠道：挑战订单管理一致性和协同性

（1）购买渠道泛化：数字化时代的渠道无处不在，并且合作伙伴和产品目录不断扩展，泛化的渠道需要更多简单、快捷的订单入口，以适配不同渠道的商品浏览、订购下单流程和处理方式。而泛化的渠道和琳琅满目的产品目录可能让用户觉得很乱，无从下手，并且他们也可能在不同的渠道获得完全不同的购买体验，例如，同样的产品在渠道 A 和渠道 B 的产品说明却不一样，或者用户通过渠道 A 变更了服务订购状态、却无法在渠道 B 看到状态的变化。因此多样化的渠道需要为用户提供一致的订购体验和订单服务。

（2）跨渠道交付需求多样化：在全渠道的运营模式下，用户期望有更加多样的交付方式，也期望在不同的环境和场景下灵活地选择线上线下融合的跨渠道的交付服务。当不同的渠道孤立地处理订单时，跨渠道的工作会显得非常缓慢、低效，甚至出错。不仅如此，更多的诉求也促使订单交付工作变得更加复杂，用户通常希望商品可以发送到任何指定的地点，例如到家、办公室、交通枢纽、提货柜等，他们还可能要求缩短交付时间，从几天到几小时甚至到几分钟，这些新的需求都会对订单交付提出更大的挑战。以零售行业为例，用户希望通过智能手机精确地查看门店的库存并下单，并在下班回家的路上顺便提货；或者非常喜欢门店的一套衣服，但想要的尺码或颜色没有了，这时希望能够立即下单，并由另一家门店或配送中心将相应的衣服寄送到家，或者他到离下一个活动地点较近的门店提货；再或者，可以同时在线购买三件不同尺码或颜色的衣服，然后试穿看看哪件最适合，并将另外两件退回到附近的门店或者配送中心。这些都要求多渠道系统及后台订单系统具备协同一致的订单处理能力。

营销活动：挑战订单海量并发的稳定性

（1）营销活动灵活多变：营销推广会从现在的秒杀、预售、联合促销发展到将来的场景营销、体验营销等新型营销推广模式，这些越来越灵活多变的营销推广模式将对订单处理带来新的挑战。

（2）营销活动引发订单海量并发：量变引起质变，当业务量出现爆炸式增长或阶段性井喷时，订单系统性能将面临严峻的考验，既有的订单系统可能无法支撑暴增的业务，导致发生严重的问题，甚至造成不可挽回的损失。因此，需要提前进行业务量和库存、销量等预估，并优化订单系统的架构，保障足够的系统能力，以支持海量并发订单的及时高效处理，同时保持系统的稳定性和业务的持续高可用性。电商行业，每年都会发起几次像双 11 那样的大规模促销，每次大促都会掀起一轮全民购物的狂欢盛宴，并一次次地刷新交易量和交易额的历史记录。用户在购买东西时从单品页进入，然后查询价格、评价等众多相关信息；在将商品加入购物车后，用户会不停地比对各类商品；在刷新购物车时，从前端到后端所有的服务基本上都会刷新，每刷新一次，调动服务就会承受一次动态的调用。所以，当订单量翻三倍的时候，实际上服务的访问量至少要翻 20 倍。事实上，为了备战每年的 618、双 11，电商系统的支撑部门需要进行大量的准备工作，包括整体规划、系统调优、容灾备案、限流降级及监控优化等。

综上所述，数字化时代的用户、产品、渠道、营销所呈现出的各种变化都对订单交付管理带来了巨大的冲击和挑战，传统的订单交付系统和管理模式已经无法满足新形态业务的支撑要求了，亟需通过重构和转型应对挑战。

7.2 订单交付如何实现营销价值

订单是连接贯穿于所有营销要素的纽带，是企业销售和服务过程的核心承载，通过订单交付可实现关键营销要素的一体化，是实现营销价值的最后一公里。在订单交付中，我们需要有针对性地考虑并解决以下问题：满足用户的个性化需求、保障卓越的用户体验；支持产商品的融合、多态；实现全渠道的服务一致和协同；支撑灵活多变的营销推广模式；支撑营销数字化生态体系。

7.2.1 满足个性化的用户需求和体验

在社会化媒体盛行的今天，由内而外的传统经营模式将无以为继，因为新技术赋予用户前所未有的主导商业力量。由企业营销部门主导的话语权已经被用户的产品消费体验所替代。用户运营的目标是在市场中发展长期用户资产和“社交资本”，关注重点从实现短期收益转移到发展可持续的、互惠的合伙人式关系。那么，这样的用户运营需求对于订单交付有哪些要求？即如何通过订单交付贯彻和实现这样的运营目标呢？

通过数字化订单交付技术最大化满足用户个性化需求

90、00后的用户有着独特的消费倾向，他们（她们）只忠于自己的个性定位，但并不限于哪个品牌。在整个销售链条上，如果不能满足个性化需求，那么用户随时都有可能离开。而通过数字化订单交付技术则可以让用户个性需求得到实现和满足。

例如，在红领集团定制一款服装，首先要用手机下载一款名叫“酷特”的App。通过“酷特”顾客可以挑选服装款式，对不喜欢的款式在App上进行模拟修改，设计完成后通过店面预约进行量体裁衣，量体完毕之后下单或者直接输入尺寸下单进入工厂环节，目前工厂制板只需1分钟，之后即可进入制作生产环节，从下单环节到顾客收到衣服一般经过几个工作日即可。红领的模式，没有库存风险，每一个进入生产线的订单都已经有买主，而且已经有了用户的部分付款。

红领建立了包含西装个性化定制系统在内的20多个子系统的平台数字化运营系统，实现了个性化产品订购以及自动化生产和订单快速交付。通过对顾客的体型尺寸进行数据建模，借助计算机3D打板形成顾客专属的数据板型。数据信息被传输到备料部门后，在自动裁床上完成裁剪。每套西装所需的全部布片会被挂在一个吊挂上，同时挂上一张附着用户信息的电子磁卡，存储顾客对西装的驳头、口袋、袖边、纽扣、刺绣等方面的个性化需求。流水线上的电脑识别终端会读取这些信息，在流水线上实现个性化定制的订单传递。总体来说，系统会根据市场一线每天发来的订单，自动排单、裁剪、配里料、配线、配扣、整合板形等，实现了同一产品的不同型号、款式、面料的转换，以及流水线上不同数据、规格、元素的灵活搭配。

有的放矢的订单交付服务覆盖用户生命周期体验管理的关键节点

如今外卖平台众多，百度外卖、饿了吗、到家美食等 App 几乎人人必备，手指一动，餐即送到，是很多上班族的常态。外卖平台是典型的订单驱动服务平台，用户体验是影响用户持续使用的关键要素。整个下单和订单交付是用户体验非常重要的环节，外卖平台通过 App 连接用户，并通过发放优惠红包吸引新的用户使用。一旦用户开始准备订餐，打开 App 就能通过对用户的位置智能定位，为其推荐周围的餐厅，并显示对餐厅的评价和离餐厅距离，以明显颜色标注起送价格，方便用户直观地获取价格信息。通过每天饮食建议、新品推荐、猜你喜欢，体现出“逛”的感觉，强调体验感。强调品质感，符合白领用户群，如“小资人士”“土豪们都喜欢吃”等。“猜你喜欢”则是根据大数据为每位用户的地理定位、饮食喜欢、口味、心情、消费水平等多重角度进行个性化专属定制。在选择商家和菜品生成订单的过程中，合理设置菜品描述，有利于促进用户下单。下单过程中用户可以根据喜好随意组合订购，同时根据用户订购的历史记录自动注明“免辣”“口味清淡”等备注，以及环保纸质包装偏好等。商家根据用户订单中的备注信息提供对应的餐饮外卖，满足个性化的订单实现。个性化的餐饮外卖要求如图 7-2 所示。

图 7-2　个性化的餐饮外卖需求

在订单交付环节，外卖行业的最大痛点是：等待外卖时间过长，由于不明确等待的时长，用户会变得很焦虑，体验感很差。因此外卖平台都支持用户随时查看订单状态，并可与商家或者骑手取得联系，了解情况协商沟通。整个订购状态显示分为商户和外卖骑手两个方面，商户主要是接单动作，包括“等待商户接单”的时长，接单时间限制在 10 分钟内能杜绝商家忘记接单等特殊状况；而外卖骑手分为“赶店”、“到店”、“取货”三步，并且在配送过程中采用骑手定位系统。后台可以采用人工智能技术，基于外卖场景的数据基础，分析餐厅、配送员、订餐人、配送路径的特点、并结合业务规律、天气等数据实现智能调度高级算法，实现机器实时智能调度，从而合理利用运力，提高外卖小哥的配送效率。

通过以上案例可以看出，树立品牌形象实现口碑营销的关键制胜点，是创造卓越的乃至超越用户预期体验的关键。订单交付的重点不仅是产品的交付，更重要的是分阶段提供个性化、恰到好处的服务。从用户产生某种产品或服务的需求，到选择了某个商家进行购买并最终接收到产品和服务的过程中，用户与企业之间的所有互动都会对用户体验产生影响。为了便于形成统一的认知和普遍一致的视角，我们根据前面用户运营章节提出的用户生命周期历程模型，作为分析的基准，如图 7-3 所示。

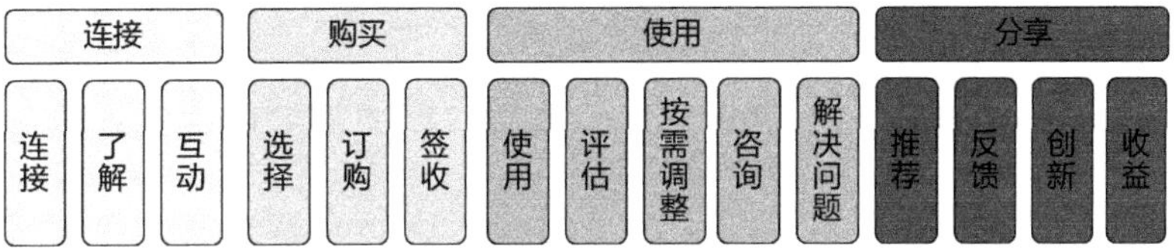

图 7-3　数字化用户生命周期历程

在此模型中，用户生命周期历程大体上可划分为连接、购买、使用、分享这四大阶段，分别进一步细分为连接、了解、互动、选择、订购、签收、使用、评估、按需调整、咨询、解决问题、推荐、反馈、创新、收益共 15 个关键节点。订单交付涉及其中的 10 个关键节点，覆盖了购买、使用、分享三大阶段。在订单交付服务涉及的这些不同的节点过程中，分别有不同的侧重点，以及相应的通用举措。

（1）购买阶段：订单交付服务涉及选择、订购、签收节点。订单交付服务侧重点：提供一站式购物体验，支持个性化订购，订单透明化可追踪。订单交付服务的通用举措如下。

- ○ 提供多渠道的订购下单入口，支持用户在浏览挑选商品时一键下单。
- ○ 提供向导式用户交互方式的商品选择，实现相关商品一次性订购下单。
- ○ 根据用户已有选择智能化推荐关联商品，提供实时、个性化购买建议。
- ○ 基于产商品属性提供可配置选项供用户选择，并在订单中保存用户选择的配置参数，支持个性化订购。

○ 确保用户订购时所见即所得，提升用户体验。

○ 提供多渠道一致的订单查询，并支持完整的订单信息查询，包括订单详情、订单状态、物流信息、支付信息等。

○ 基于用户订购的交互行为分析，实施订购流程的用户体验优化改进。

【案例：新加坡电信个性化订购】

新加坡电信是新加坡最大的电信公司，在用户线上订购电信业务时，通过向导式用户交互订购过程，提供用户一站式服务体验，满足新入网用户的一系列商品订购需求。根据用户已选商品，自动推荐关联电信业务，用户可以根据个性化要求进行自主选项组合，满足定制化的用户体验感受，其业务订购界面如图 7-4 所示。

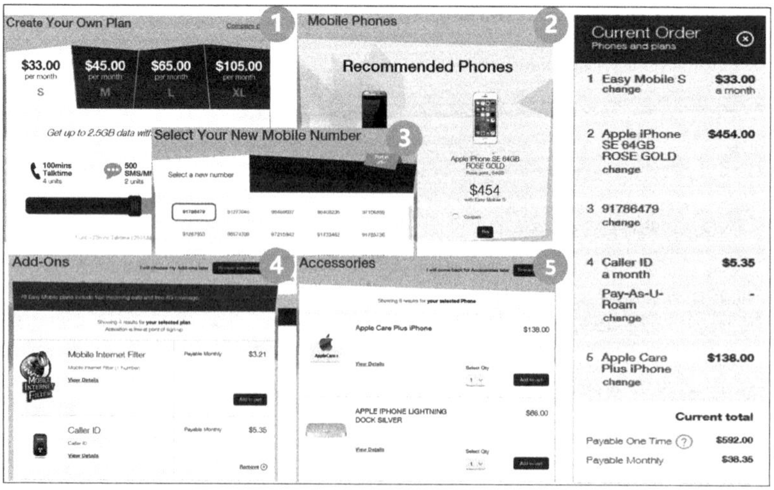

图 7-4 新加坡电信提供的向导式定制化电信业务订购界面

（2）使用阶段：订单交付服务涉及使用、评估、按需调整、咨询、解决问题节点。订单交付服务侧重点：提供完善查询、通知、售后服务，满足用户进行服务升级或变更需要；另外，根据用户使用习惯发现用户新的需求，提供增值产品 / 服务。订单交付服务的通用举措如下。

○ 提供产品 / 服务使用数字化记录查询服务，支持用户随时在线查询。例如用户可在线查询电子账单、支付记录、通话记录、业务变更记录等。

○ 支持 24 小时在线客服，提供用户订单咨询和投诉渠道，自动将用户投诉传递至统一客服系统后台进行及时处理和反馈。例如提供 400 客服电话、在线客服、智能客服。

○ 增强订单管理和监控能力，尽可能提前发现风险，减少问题的发生，避免用户投诉。

○ 在关键业务节点到达或出现特殊情况时提供通知服务。例如产品到货通知、周期性账单生成提醒、催缴提醒、账户变动提醒等。

○ 提供订单服务升级或变更渠道，根据用户使用历史情况支持符合条件的订单服务升级或变更。

○ 基于使用记录分析用户行为习惯，发现新的需求，提供增值或关联产品 / 服务，包括合作伙伴生态产品 / 服务，在终端应用中无缝嵌入订单入口，实现随时随地营销导入，持续激发新的购买行为。

例如，市场上已经出现的众多智能冰箱可以查看和管理内部存储的食材，当在食物接近保质期时发出提醒，还可以根据食材提供烹饪食谱，并在食材缺货时通过冰箱液晶屏的在线商城实现一键购买；有些还可以通过3D摄像头和智能体感操控，实现立体人体扫描，测出人的身体维度尺寸，计算出人体的BMI(身体质量指数)、BMR(基础代谢率)、体重、体脂等数据，再进行精准分析获知个人健康饮食状态，并根据记录数据对用户体能进行综合评定，在用户通过其内嵌智能界面订购食物时，给出合理的运动建议和每日健康食谱的购买推荐。

（3）分享阶段：订单交付服务涉及推荐、反馈节点。订单交付服务的侧重点为支持用户随时随地的分享和反馈。订单交付服务的通用举措如下。

- 建立订单评价反馈和分享机制，为新用户购买提供参考，以符合用户互联网购物习惯。
- 提供分享返利服务，例如生成专属分享链接、发送分享优惠券等，激励用户持续分享和传播。
- 基于订单数据，为产商品营销统计分析提供数据基础。

7.2.2 满足产商品的融合、多态

数字化生态内能力互通，促进以用户需求为导向的产商品融合。不同的商品运营主体之间各种不同品类的产品，不断以灵活多变的销售方式进行融合创新，形成生态融合商品，实现企业与不同合作伙伴之间的资源整合和合作共赢。

产品融合的模式大体上可分为三种：跨产品形态的纵向融合，跨行业/企业的横向融合，同时跨产品形态、行业、企业的多元化融合。对订单交付过程而言，多元化融合是其中最复杂且最具挑战的一种模式。如何实现产商品融合业务的订单交付支撑，智能家居的以下业务案例或许可以给我们一些启发。

【案例：AT&T Digital Life 产商品融合业务的订单交付】

在前面的产商品运营章节中，将全球领先电信运营商 AT&T 的端到端融合智能家庭业务“Digital Life”作为生态融合的典范，进行了融合产商品方面的案例分析，以下将从订单交付的角度分析该业务如何实现融合产商品的业务支撑。

（1）支持融合的产商品形态：通过自建平台整合众多不同形态的产品和服务资源，包括硬件设备、安装服务、网络服务、平台监控服务、跨屏移动应用等多形态产品/服务，面向用户实现融合的端到端价值服务。

（2）支持多渠道下单和订单自服务：通过多种自有渠道进行业务分发，包括自有呼叫中心、自有零售门店，以及 Digital Life 家庭安全服务网站，用户可通过自服务进行产品选购和下单，如图 7-5 所示。

（3）实现与合作伙伴的协同订单交付：该业务整合了众多合作伙伴资源，依靠 Cisco 等设备型合作伙伴提供家庭控制器等各类智能家居终端设备，依靠专业的安装服务商等服务型合作伙伴提供灵活的安装支持服务，允许用户随时（直至安装当天）提出安装变更申请；在 Digital Life 家庭安全服务

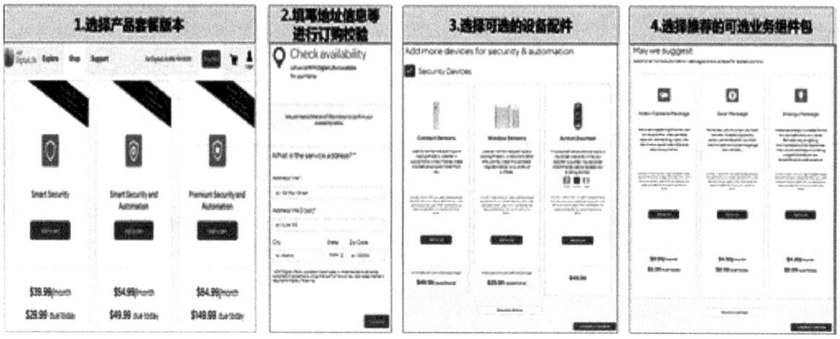

图 7-5　Digital Life 业务的订单自服务下单流程

网站上提供特别的用户支持区域，可实现与技术专家的实时对话或视频交流，保障用户支持服务的实时性和一致性。

（4）通过自有通信网络和统一运营平台实现订单流程贯通和协同：通信网络为 AT&T 自有无线网络；运营平台为 AT&T 自有运营的安全监控中心，提供专业的 24 小时家庭安全监控服务，出现紧急情况时，监控中心可以自动响应直接联系警察局、消防局或紧急医疗机构。

产商品融合业务的订单交付运营要点

通过以上的融合业务案例，可以发现在产商品跨界融合的大趋势下，订单交付运营的最大挑战在于支撑订单的多态性。订单是用户交易合同的载体，它体现了哪个运营主体的哪些产品以何种销售方式进行交易的实例化订单交易场景。数字化时代催生了不计其数的新产品和新产品形态，在同样的产品上附加不同的价格策略等销售方式，又会衍生出不同的商品。因此，产商品的多态、融合的发展趋势带来的产品类型、商品销售模式、商品运营主体类型的多样性，也促进了订单的多态性，如图 7-6 所示。

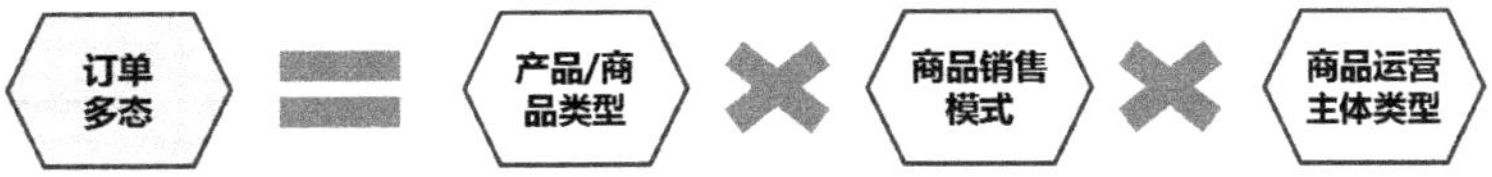

图 7-6　订单的多态性

具体来看，产商品的多态造成订单处理的多态，对于不同类型的产品，不同类型的商品销售模式，以及不同的商品运营主体类型，订单处理分别有哪些不同的特点，以下我们从产品类型、商品销售模式和商品运营主体类型等影响订单的三大要素，分别分析订单处理方式的特点，如表 7-1、表 7-2 和表 7-3 所示。

表 7-1　产品分类及订单处理方式特点分析

产品类型		订单处理方式的特点
产品大类	产品细类	
虚拟产品	数字内容类	订单交付涉及以下处理环节：内容订购关系管理、内容访问与接入权限管理和控制、内容分发、内容版权管理和控制
	数字应用类	订单交付涉及以下处理环节：应用分发、应用功能及数据权限管理和控制、应用版权管理和控制
	通信连接类	订单交付涉及以下处理环节：产品间存在业务互斥关系时，订单处理需要包含校验服务；产品依赖网络开通或配置时，订单处理需要包含开通服务；产品涉及号卡资源分配时，订单处理需要包含资源预占环节
	平台服务类	订单交付涉及以下处理环节：服务开通和资源配置、权限管理、流量控制、安全管控
实物产品		订单交付涉及以下处理环节：物流配送环节、仓储库存管理、供应链库存变更、店面供货配给流程
组合产品（虚拟产品 + 实物商品）		订单处理需要同时包含虚拟商品和实物商品涉及的处理环节

表 7-2　商品销售模式分类及订单处理方式特点分析

<table>
<tr><th colspan="2">商品销售模式</th><th rowspan="2">订单处理方式的特点</th></tr>
<tr><th>销售方式</th><th>销售方式细类</th></tr>
<tr><td>价格策略</td><td>按时间定价、
按顾客群……</td><td>订单处理需要把不同的价格参数传递给订单结算服务或后续的计费账务服务</td></tr>
<tr><td>营销方式</td><td>打折、满减、组合……</td><td>订单处理需要调用营销活动查询服务，完成订单优惠计价</td></tr>
<tr><td rowspan="2">销售渠道</td><td>自有渠道</td><td>订单处理需要支持各自有渠道之间的渠道协同，实现跨渠道交叉协作</td></tr>
<tr><td>合作伙伴渠道</td><td>订单处理需要涉及外部订单标识与内部订单标识的关联、订单数据的交互和共享，并确保内外订单数据一致</td></tr>
<tr><td rowspan="2">支付方式</td><td>预付费 / 后付费</td><td>订单处理涉及不同的计费账务服务，预付费时实时完成支付，后付费时将费用计入用户后付费账单</td></tr>
<tr><td>自有账户 /
第三方账户支付</td><td>订单处理涉及不同的支付服务，自有账号支付方式时直接扣减自有账户余额，第三方账户支付方式需要调用第三方支付服务，例如微信、支付宝等</td></tr>
<tr><td rowspan="2">配送方式</td><td>快递送货</td><td>订单处理需要包含配送中心物流服务</td></tr>
<tr><td>门店自取</td><td>订单处理可以不涉及物流配送环节，涉及门店库存变更</td></tr>
</table>

表 7-3　商品运营主体分类及订单处理方式特点分析

商品运营主体类型	订单处理方式的特点
组织内部自有单一商品	• 订单交付仅涉及组织内部单一商品运营和交付
组织内部自有商品融合	• 订单交付涉及组织内部不同商品运营团队之间的订单分解、交付协同，以及成本和收入分割
跨组织商品融合	• 订单交付涉及跨组织不同商品运营团队之间的订单分解、交付协同和资金结算

为了满足产商品融合、多态的需求，订单交付管理需要实现订单流程对产商品的有机适配和一体化联动，保证内外部流程的顺畅衔接和自动高效，建议采取如下的订单管理策略。

1. 产商品与订单有机联动

支持产品全生命周期的订单一体化管理，建立产商品目录与订单交付流程之间的适配关系，以自动化联动的方式构建订单交付流程，实现个性化、定制化产商品的敏捷上线实施部署，有效降低运营管理和业务支撑成本，缩短新产品变现周期。

2. 不同商品的订单流程灵活适变

基于订单多态性分析结果，综合分析不同的产品类型和商品销售模式下的不同订单流程需求，将通用订单处理环节（例如支付、库存、物流、退换货等）进行解藕和标准化，形成相对独立的订单交付基础服务，并通过开发技术进行能力拆分和服务封装，以供不同的订单处理流程调用，进而实现订单交付流程的灵活编排和自动化流转。

3. 订单跨运营主体高效协同

通过内外部渠道的统一订单处理，基于不同的商品运营主体实现订单的快速拆解和分发。通过 IT 系统对接、能力接口开放、数据共享等方式，将渠道能力及供应链能力双向延伸至合作伙伴，实现组织内外部的订单流转和高效协同。

7.2.3 实现全渠道的服务一致和协同

要适应随时随地的消费需求需要实行全渠道战略，融合线上线下渠道提供无缝化体验。全渠道要求以用户为核心，利用信息技术实现渠道一体化，带给用户的品牌、服务、价值都应该是一致的。全渠道运营模式下的交易场景，可以通过以下的电信运营商向用户销售终端产品的例子来了解。从图 7-7 终端销售的渠道协同场景中可以看到，运营商综合利用短信、客服电话、网站、外部电商平台（如天猫、京东）和社交媒体平台（如微信、微博）等线上渠道，以及营业厅门店的线下渠道，通过全渠道协同的一体化支撑运营，满足用户从产品获取、咨询到购买的不同流程环节的不同需求，实现了无缝化的购物体验。

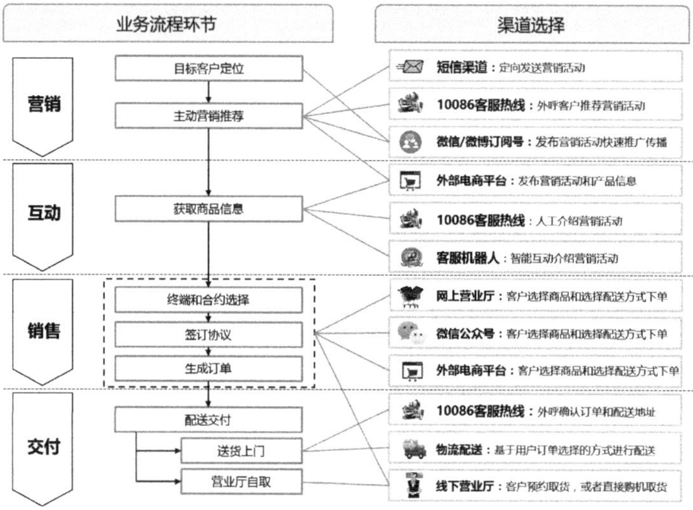

图 7-7　终端销售的渠道协同场景

向全渠道业务模式转型并非易事，从订单交付的角度来看，全渠道运营对于订单交付管理的一致性和协同性带来巨大挑战。首先，多样化的渠道保持一致，包括展示的产品目录一致、提供的客服服务体验一致、呈现的企业品牌形象一致。其次，要满足用户线上线下融合的跨渠道交货方式的需求。当不同渠道孤立地处理订单时，跨渠道的工作显得非常缓慢低效，甚至出错，因此需要更加高效协同的全渠道订单管理中心系统架构的支撑。

【案例：服饰行业全渠道布局订单中心的实现】

布局全渠道是劲霸电商发展中的重要一步。劲霸通过自建的 B2C 系统，逐步摸索出了打通全渠道的模型，将全渠道推进分成 4 个阶段：搭建企业内部的全渠道架构，走通内部系统；与第三方合作平台实现订单下行等方面的工作；完成“店铺信息透出”、“店铺商品关联”、“库存同步”；整合线上商城、线下专卖店和物流，从而打造“线下千店一面，线上千人千面”的格局。

想要在短时间实现这些功能，需要有一套成熟的系统支持和前端单一轻量级的应用，因此劲霸在刚开始推行全渠道时，采用了试点的方式：先选择几十家店铺试点，把设想的流程，包括用户维护流程、订单处理流程都在这些地方实施。把 PC 端的 B2C 系统，与线下 POS、DRP 分销系统、CRM 系统整合，逐渐形成用户、货品、财务之间的通路。此外，前端除了天猫、京东等第三方平台，劲霸也建立了自己的手机端微信商城，利用标准化工具让线下导购参与其中，进一步加快全渠道打通的节奏。

劲霸将线上和线下看成两个端口，在两者之间建立转化的枢纽，而这个枢纽就是承担规则算法的中台。中台就像道路交通中的环岛，让系统通路更加顺畅，它主要由订单中心、库存中心、结算中心，以及会员中心 4 部分组成。其中，订单中心是核心，当订单产生后，订单中心开始运转，依据每个门店的存库深浅、发货效率、距离远近得出综合得分，在“先就全后就近”的原则下，安排门店发货；库存中心包含电商货和加入全渠道的门店货品，然后根据设定比例将其分配到线上渠道；结算中心是在订单完成后，承担每个子公司、发货门店的利益分配平台。

通过以上案例分析可以发现，全渠道运营需要依赖订单管理，实现从订单获取到供应链发货再到订单履约交付等一系列复杂的订单流程场景。总结来说，全渠道订单管理中心需要具备以下四方面的关键能力。

1. 集中统一的订单流程编排管控

全渠道订单管理的核心是分布式的订单流程编排引擎，它提供统一的订单入口接入服务，从不同渠道的订单获取系统接入订单；它实现可配置化的订单处理工作流程，以及智能化的跨订单履约实现中心的订单路由算法。而且，它必须支持处理各种极端情况下的订单场景流程，包括重复订单、预付订单、延期交货订单、分批装运、厂家直接发货、数字化产品或服务交付、订单分割等。因此，支持流程建模、业务场景测试和优化的直观的可拖曳式的业务配置工具将显得尤为重要。利用这样的工具，无须开发或修改系统代码，就可以实现这些订单处理能力的配置、修改和优化。

2. 全渠道订单数据和库存数据共享

通过全渠道订单管理中心实现企业级的订单数据和库存数据中心，满足不同的内外部渠道对于订单数据和库存数据的实时共享，保证订单数据的一致性和准确性。对于订单数据，全渠道订单管理中心需要从不同渠道接收订单，创建和订单变更数据，形成统一的端到端订单视图，并对外提供标准化订单查询和订单管理服务。对于库存数据，大部分企业都有 WMS 系统管理分布式的仓库中心库存，POS 系统管理门店库存，ERP 系统管理供应链库存。全渠道订单管理中心需要从相互独立的 WMS、POS、ERP 系统中整合库存信息，形成跨销售渠道的统一的企业级可用库存视图。基于这样的统一库存视图，商家可以决定某件商品是否可见可售，以及在什么时候以何种方式被提供。订单管理中心如同中介，提供企业内部跨系统的可靠的订单数据和库存数据信息。

3. 支持线上线下融合的订单交付

为了实现线上线下融合的订单交付，需要进行不同渠道系统的整合和贯通，特别是对于线下渠道，全渠道订单管理中心需要特别针对门店履约进行优化，支持门店经理对需要他的门店履约的订单进行控制。实体零售店和品牌店需要利用工具，帮助店员从店铺库存中高效完成订单交付，不管这个订单是在线订单还是其他门店的订单。大多数现有的仓库管理解决方案都不适合在零售商店环境中部署。此外，将定制工作流集成到现有的遗留 POS 平台中以解决门店交付费时、低效，而且昂贵的问题。

4. 支持全渠道一致的订单服务

订单管理需要提供为客服设计完善的工具，以帮助他们获取手机端订单并管理订单变更。最初的电子商务平台也具备订单获取功能，可是订单创建后通常缺少有效的功能和流程修改订单。由于在订单管理中心可以看到一个订单完整的生命周期，所以可以很容易地判断该订单是否可以被修改，以及什么时候可以进行哪些修改。订单修改可能需要系统支持从订单中增加或去除某些产品、价格调整、重新计算税费，接受额外的支付或者处理退款。例如：京东改造购物车服务端存储，只要用户登录，购物车数据就会从服务端提取，让用户在 A 设备加入商品，在另外一个设备也能结算，实现跨渠道数据一致性，提高用户体验。

7.2.4 支持灵活多变的营销推广模式

数字化时代各种新型的营销方式，创造出人们津津乐道的营销传奇。营销推广活动的执行和实施依赖于订单交付流程和系统的有力支撑和保障。数字化营销推广呈现出的新特点和发展趋势，为订单交付带来了相应的挑战和要求。

在营销推广活动的执行过程中，订单交付需要如何应对和支撑

1. 支撑灵活多样的营销活动形式

通过表 7-4 对目前几种的主流营销促销形式分别进行分析，可看出不同营销模式的基本特点，以及对应的订单交付的支撑重点和可能的参考实现方案。

表 7-4　主流营销方式的基本特点及订单交付的支撑重点与参考方案

营销活动形式	基本特点	订单交付支撑重点与参考方案
团购	规定时间：规定时间段内才可以下单或享受团购优惠	按时间要求控制渠道的订单入口可用性
	规定人数：参团人数达标时订单才生效，否则订单自动取消	设置订单生效和失效规则
秒杀	事先设定的固定时间起点、固定时间段	精准控制销售额开放时间点和关闭时间点：提供动态 URL 生成，避免用户在活动开始前直接 URL 下单
	限量的库存	准确控制库存量：实时进行库存更新和校验，库存为零时及时关闭订单入口
	瞬间高并发业务量	应对峰值流量：秒杀业务系统与常规业务系隔离部署；进行分流限流
预售	• 分时间段分步骤实施，包括前期预售期和后期正式销售期 • 预售期下单并支付预付款 • 正式销售期支付余款	支持预售单处理，控制库存量，支持分阶段支付方式，支持订单延时交付
组合营销	• 不同商品打包组合促销	支持订单金额按特定规则拆分，支持拆分的退换货服务
联合营销	• 跨商家联合促销	支持跨组织的订单金额按规则拆分，支持拆分的退换货服务

以上分析的是单一的营销模式对应的订单交付支撑重点，实际上，在营销案过程中往往同时包含多种营销模式，这就要求订单交付流程和系统需要同时实现多种营销规则的联合运作。如果能对单一套路了然于胸，那么对于营销组合拳的应对也能进退自如了。

2. 应对新型的营销推广理念

为了实现场景营销、体验营销等不断出现的新型营销推广理念，贯彻处处皆渠道的营销策略，订单交付需要提供无处不在的便捷的订单入口，支持随时随地生成订单。例如，当用户在使用视频应用 App 观看热播剧时，忽然出现了通信套餐流量不足的情况，此时视频应用 App 中立即弹出流量加油包订购推荐窗口，用户可以实时发起新的流通包订购流程，App 将用户订单自动推送至相应的电信运营商的后台订单系统，直接完成流量包的订购和实时开通。

3. 应对营销高峰期海量订单带来的系统处理压力

不论是通过单一渠道发起的单点营销活动，还是多渠道同时联动的整体营销活动，势必会带来营销高峰期的海量订单，这对于订单交付系统的处理能力是巨大的考验。具体来看，主要体现在以下几个方面。

- 高效：订单交付系统需要具备快速准确地完成订单处理的能力，即使面对海量订单，也需要保证订单及时得到处理，避免造成长时间的用户等待而影响用户体验。
- 稳定：海量订单要求订单交付系统具备更强的健壮性和高可用性，避免出现系统拥塞甚至系统崩溃瘫痪的情况，同时减少营销中的业务对于普通常规业务的冲击和影响。
- 弹性：营销活动期间瞬间高并发的业务量将导致应用、数据库负载的激增，以及突然增加的网络及服务器带宽拥挤问题，要求订单交付系统的基础设施资源分配具备根据需要弹性扩展的灵活配置能力。

○ 安全：业务量大的情况要求订单交付系统具备更高的安全性。

在营销推广活动实施完成后，订单交付系统可以提供哪些数据支持

为了满足营销结果的评估、分析、总结和持续改进需要，基于营销活动评估分析的目标和主题，订单交付系统可以提供以下等维度的订单分析数据支持。

○ 营销活动订单的用户分析：用户地域分布、用户年龄分布、用户类型分布、用户精准度分析等。

○ 营销活动订单的产商品分析：产品分布、产品类型分布、爆款商品分析等。

○ 营销活动订单的渠道分析：渠道分布、渠道类型分布、各渠道订单时间段分布等。

○ 营销活动订单的失败情况分析：订单失败原因分析、失败订单对营销活动影响分析等。

7.2.5　助力数字化生态体系

美国波士顿大学和杜兰大学的几位学者将公司类型分为线型（pipelines）和平台型（platforms）两种。其中，“线型”意味着参与最终用户核心价值的创造，我们常见的大多数传统企业，尤其是制造业往往以提供产品为终极目标，都属于线型公司；而“平台型”不直接参与核心价值的创造，而是联结着核心价值的创造者与用户两端，并为双方提供第三方交易平台，这包括以阿里巴巴为代表的一些互联网巨头等。以下分别分析这两种类型的企业构建数字化生态体系时其对于订单交付的能力要求。

线性企业打造数字化生态体系对订单交付能力的诉求

线性企业利用新兴数字化技术建立产业生态圈，搭建产业链能力开放平台，从战略高度整合供应链上下游合作伙伴的能力及资源、并与之达成共赢。在向数字化演进的过程中，大多数线型传统企业都采取自发数字化变革与外部能力引入相结合的方式。以美国 CVS Health 为例，它原本是传统的老牌连锁药店，经过一系列数字化改造后，成功转型为美国互联网医疗服务提供商。CVS 积极寻找数字合作伙伴，针对那些无法前往诊所的患者，CVS 与 Teladoc 等在线医疗服务机构合作，开通电话或视频远程问诊；在布局疾病预防方面，通过与 IBM 的 Watson 合作，基于大数据分析，预测病人何时需要急救护理。

让竞争对手在一起合作，让传统线型企业借助平台力量完成转型，不同企业的路径和进程可能并不完全相同。但是，线性企业整合上下游合作伙伴的能力和资源，建立产业链生态圈的基本方向和核心基本上可以统一为搭建强有力的数字化产业链平台，实现生态圈各方的价值整合。搭建产业链平台对订单交付的能力要求可以大致概括为以下两方面。

（1）订购相关能力开放与聚合能力：通过 IT 系统对接、能力接口开放、数据共享等方式，将订购服务能力双向延伸至合作伙伴。通过双方订购能力的开放和共享，可以实现产商品与服务的融合，为用户提供跨企业的整合业务价值；另一方面，将订购能力封装，向第三方合作伙伴订购相关能力，借助外部力量激活创新，共同繁荣产业链。

（2）订单协同与统一管理能力：整合上下游合作伙伴能力，为用户提供端到端的融合服务价值，意味着更加复杂和难以管控的订单处理流程。首先，订单实现和交付将横跨组织内部与外部，这需要订单管理系统具备准确高效的订单分解和路由能力，同时需要与外部订单处理系统的有机连接，才能保证订单流程的顺畅衔接和高效流转。其次，对于最终用户仍然需要提供整合统一的服务体验，订单管理系统必须具备强有力的统一管控能力，支持完善的用户服务能力，才能保障订单交付的准确和良好的服务质量。

平台型企业打造数字化生态体系对订单交付能力的诉求

平台型企业通过构建交易平台联结两个以上群体，弯曲、打碎了既有的产业链，激励多方群体之间互动，从而打造一个完善的、成长潜力强大的“生态圈”。平台生态圈里的一方群体，一旦因为需求增加而壮大，另一方群体的需求也会随之增加。各行各业都已经出现了不少平台型企业巨头。例如，在中国公路物流市场上，传化物流致力于成为物流业的阿里巴巴，预计未来形成全国性的公路港网络，建成 10 个枢纽以及 160 个基地的全网布局，合计 170 个公路港。它提出的“公路港物流模式”，即把众多依托公路运输的第三方物流企业集聚到一起，为他们提供一个包括“基础性的物流设施”、“信息交易服务”和“商务配套服务”的平台，能提供所有信息共享，轻点鼠标物流信息就能呈现在眼前，如：货物几点发货、几点到达、一目了然的服务。

当然，并非所有企业都要成为平台提供方，依托现有平台进入新的生态系统，同样能够完成自身的整合与商业生态链的协作。越来越多的商家都采用多平台开店的模式，它们在开展电商业务时，不仅建立自己的官网，也不仅在单一平台上开网店，而是和所有主流平台合作，如淘宝、天猫、京东、苏宁易购、1 号店等，在这些平台上开独立网店或通过网络分销模式进行推广。无论是对平台提供者还是对多方平台的参与者，订单交付都是不容回避的挑战。

（1）平台提供者需具备强大高效的订单管理能力和服务能力

○ 支持多品类的产商品 / 服务订单。

○ 提供多商户订单的统一处理。

○ 提供实时的订单查询服务。

○ 实现跨组织的订单统一管理和订单拆分。

○ 支持灵活的订单支付方式。

○ 订单最优化分配和智能订单匹配。

○ 实现订单收入分成统一结算和统计分析，优化运营。

○ 具备强大的可配置的基础设施资源和系统处理能力。

（2）多方平台的参与者需具备多平台订单统一管理能力

○ 多平台订单状态统一：由于不同平台的设计思路有差异，每个平台的订单状态都不尽相同。这些平台状态中，有不少状态对平台管理有用，而对后续订单的处理无用，比如淘宝平台的“没有创建支付宝交易”状态，这个状态是淘宝网为控制订单支付过程中的异常而设计的，商家其实并不需要。商家需要去掉这些无用的状态，根据业务处理的需要，将订单状态统一为内部可用状态。

- 多平台订单统一处理：按照一定的规则和策略，对多平台订单进行归集和统一处理，以提高处理效率。例如集中审核、合并和拆分处理等。订单的合并可以是手工合并，也可以是自动合并。手工合并灵活，但效率低；自动合并高效简单，但只适用于满足特定条件的场景。订单的拆分需要区分平台商家、方便财务结算；还需要按照最后的发货包裹进行拆单，如不同仓库、不同运输要求的 SKU、包裹重量体积限制等因素。
- 多平台全局库存管理：在传统零售中，每个实体店都有自己的库存；而对在不同平台上的网店而言，也需要有各自的库存数，这个库存数既是平台的要求，也是防止超卖的管理要求。每个网店有库存数，不代表每个网店都需要有自己的独立仓库。因此，不同平台上的网店库存需要进行全局管理，以保证每个网店既不缺货又不超卖。

数字化生态体系中平台的作用主要是聚集、连接并服务于需求平台参与各方，而其上的数字化订单正是直接连接需求方和供给方的纽带。利用人工智能技术实现订单的最优化智能匹配，是平台进行精细化订单运营的关键。例如，对应前面提到的外卖、打车类的平台，都是以本地需求为主的，对时效性要求比较高。当用户确认叫车或下单外卖后，平台进行算法选择机器学习做订单匹配，找到最适合接该用户的司机或者外卖骑士。以滴滴为例，其“数据大脑”对弈的是现实出行的海量数据，通过对每天 24 小时不间断产生的新数据，以及检测这些数据本身产生的二度数据，包括 ETA、路径规划、实际路线、匹配时间等，通过大数据计算学习，让订单匹配更加智能，实现智能派单。以前司机可能需要开 3 公里才能接到 1 个客人，但现在开 0.5 公里就能接到客人，在节省时间的同时，每天订单成交量也得到增加。最终实现订单匹配效率的提升，司机取得更多收入，乘客更加快捷出行。

7.3 订单交付之数字化实现

数字化实现要求企业构建订单管理能力，用于管理产商品交易的信息处理，支持各核心业务系统在多种渠道进行商品销售、退订等服务，满足订单交付对于用户、产品、渠道、营销推广这些关键营销要素的一体化支撑需求，通过协同形成完整的业务流程，并可根据企业运营的需要进行动态调整及演进。以下将从订单中心的能力框架和技术参考方面分析订单交付的数字化实现要点。

7.3.1 订单中心能力框架参考

我们基于前面对订单交付的挑战分析和各关键运营要素对订单交付的能力要求以及基于业界的优秀实践，从业务、技术能力的角度给出订单中心的业务和技术能力要求及主要功能架构建议。

业务能力框架建议

（1）以统一产商品目录驱动订单管理：实现产商品全生命周期的订单一体化管理，如图 7-8 所示，以自动化联动的方式实现个性化、定制化产商品的敏捷上线实施部署，有效降低运营管理和业务支撑成本，缩短新产品变现周期。

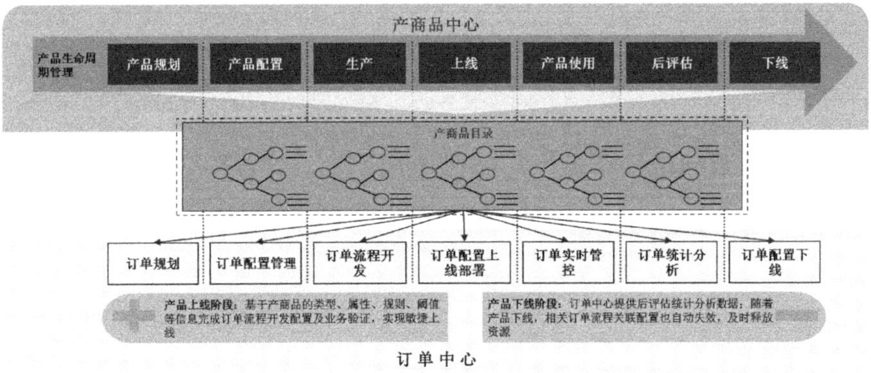

图 7-8　产品全生命周期的订单一体化管理

- ○ 基于集中动态的企业产品服务目录，确保预先定义在目录中的产品、服务、资源等相关业务规则在订单处理和业务实现过程中被准确地应用。
- ○ 支持产品从引入到退出全生命周期的订单建模、验证、分解和映射，以及主数据管理服务。

（2）支持个性便捷的订单受理和用户服务。

- ○ 向导式订单自助受理：通过向导式用户交互方式，提供一站式购物体验，满足相关商品一次性订购需求。根据用户选择推荐关联商品，提供实时、个性化购买建议，同时根据产商品属性提供可配置的选项供用户选择。

- 支持全渠道订单受理和订单变更等用户服务：实现渠道一致和渠道协同，提供卓越的用户体验。
- 支持灵活多样的营销推广模式：支持秒杀、团购等业务，提高可扩展性和高可用性，包括应对业务量激增的实时可扩展性，应对营销高峰期海量订单带来的系统处理压力。

（3）订单集中统一处理：打造以用户为中心，业务订单场景为驱动的订单处理中心，实现全渠道订单的统一入口和集中处理。

- 订单处理集中化：通过集中化的订单中心实现各个渠道订单的统一接入和集中处理，实现订单流程统一编排，订单分解统一路由，订单任务统一调度。提高订单处理效率，满足全渠道订单流程协同，保证内外部订单数据一致性，并实现订单集中监控和管理，提升订单处理质量。
- 订单服务标准化：订单中心提供订单入口统一服务，将各渠道的差异进行归集处理，使订单入口规范化，不同的渠道可以调用统一的标准化订单服务，如订单生成、订单处理、订单查询等服务。
- 订单视图统一：订单中心提供统一的视图查询服务，用户可以通过网站、手机 App、线下店铺等渠道查询订单的信息，而且用户从不同渠道获取的订单信息和展现视图是准确一致的，满足渠道体验一致性的要求。

○ 订单全局最优匹配：订单中心提供机器学习进行运筹优化，实现多订单和多任务认领方的平台模式下的智能匹配和全局最优，预估订单所需时间，智能分配最合适的接单方，规划订单交付路径，动态优化订单分配规则。

（4）订单端到端管理

○ 端到端的订单跟踪，订单中心实时采集订单流程中各监控点信息，包括从订单接收、订单校验到订单处理流转、订单反馈的整个订单处理过程，定时统计等待处理订单量、异常订单量等监控指标，按照预先定义的预警规则，及时对异常进行预警，提高订单成功率。支持图形界面、短信、邮件等预警方式。

○ 订单处理流程的图形化展现，包括业务层面和系统接口（技术）层面。

○ 支持设计阶段的可视化订单流程编排，对订单流程进行统一编排配置，支持订单模板的发布管理。

○ 提供订单大数据分析能力，满足以数据驱动运营的支撑需求。

技术能力框架建议

（1）业务能力组件化：将通用订单处理环节（例如支付、库存、物流、退换货等）进行解耦和标准化，通过微服务和组件化技术进行能力拆分和服务封装，形成相对独立的订单交付基础服务组件库，实现根据业务订单场景的不同，进行订单流程自动编排和流转，如图 7-9 所示。

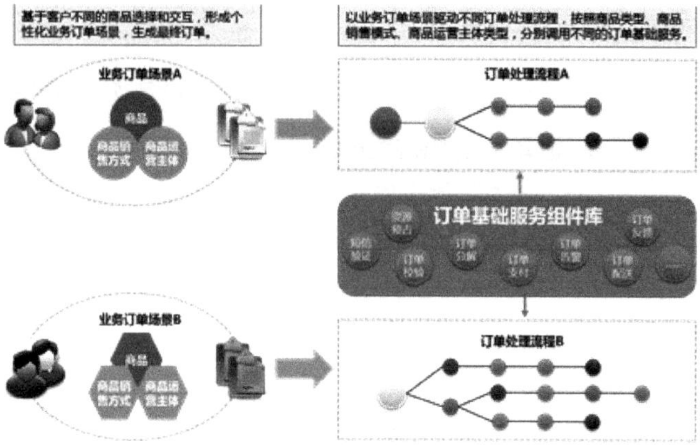

图 7-9　订单能力组件化与流程编排

○ 订单中心包括中心服务和业务组件服务，业务组件服务是一个相对独立的可拆分业务功能聚合体，它是一个基本的业务服务单元。

○ 组件服务可管理：包括组件注册、组件编排、组件调用等管理功能。

（2）订单异常标准化：为应用程序的异常处理提供统一的处理逻辑，把异常处理从程序正常运行逻辑分离出来，提供结构化、可读性更好的程序架构。

○ 异常接入：制定统一的异常接入规范，该规范包括异常标准抛出及异常捕获后标准处理。

○ 异常处理：制定统一的异常处理流程，包括异常类匹配、异常定义匹配、异常原因匹配、异常扩展处理。

○ 异常配置管理：支持异常配置管理，提供异常定义配置及异常提醒信息配置。

○ 异常原因管理：提供异常标准原因日志记录，可对异常原因进行管理和操作。

（3）订单处理异步化：用户对订单处理时效性要求提高，传统的同步处理模式易导致业务受理时间长、用户体验不佳，因此引入消息中间件通过消息的方式，实现订单处理异步化，提高订单处理效率和用户体验。

○ 订单受理：中心完成订单的生成操作后立即返回。订单生成后，通过触发新订单消息，实现订单受理与订单处理的异步。

○ 订单处理：不同的订单流程处理节点，可通过消息中间件异步触发执行。

○ 消息中间件：消息中间件保证消息最终发送到消息接收方，从而整个业务操作最终是一致的。

订单中心主要功能参考

基于以上订单中心的能力框架，进一步提出订单中心主要功能参考如下。

（1）订单服务：对外提供标准化订单服务，供外部系统或模块调用、访问。基本的订单服务包括订单校验、订单创建、订单撤销、订单变更、订单查询、订单评价、订单投诉等。

（2）订单处理：基于订单配置数据，实现订单统一调度和集中处理流程。基本的订单处理模块包括订单分解、订单匹配、工单分发、订单调度、订单审核、订单提醒、订单状态更新、订单关闭等。

（3）订单管理：实现订单统一管控和统计分析功能，包括订单配置管理、订单支付管理、订单配送管理、订单结算管理、订单监控管理、订单统计分析管理。

- 订单配置管理：实现订单相关的配置管理功能，包括订单模板、订单规则、订单流程编排、统计报表模板、结算报表模板、结算规则、异常配置等。
- 订单支付管理：实现订单相关的支付管理，主要包括支付单管理。
- 订单配送管理：实现订单相关的配送管理，主要包括配送单管理。
- 订单结算管理：实现与内外部组织间的订单结算管理，包括结算对象管理、结算报表生成、结算报表稽核等。
- 订单监控管理：实现订单运维监控管理，包括订单日志管理、订单警告管理、流量控制、订单监控等。
- 订单统计分析管理：实现订单统计报表和大数据分析功能，包括统计报表生成、统计报表查询、订单大数据分析等。

7.3.2 订单中心关键技术参考

最近几年电商行业迅猛发展，业务量年年翻番屡创新高，电商交易系统的订单量由日均几百单到日均突破千万级，其背后支撑业务的核心 IT 系统订单与交易系统也随之不断更新换代，需要从架构、技术层面保障订单系统的高性能、高可用和高稳定。通过以下案例分析订单系统随着技术和业务发展的演进和优化。

【案例：淘宝交易系统发展历史和架构演进】

淘宝交易系统承担了购物车、下单、订单管理这些功能，交易系统的演化分成三个阶段，如表 7-5 所示。

表 7-5　淘宝交易系统发展阶段

阶段划分	第一阶段 单应用阶段	第二阶段 分布式架构， 初步服务化	第三阶段 规则与功能解耦， 深化中心化
阶段总体特点	交易系统只有一个应用	服务化改造，存在多个后台服务系统，多个前端应用，交易系统作为前端应用存在	在第二阶段的基础上，业务规则和功能完全解耦，前端应用做轻
阶段具体特点	一个应用囊括了商品、优惠、物流、订单等功能	• 商品、优惠、库存等功能逐步沉淀成纯粹的后台服务系统，存在几个交易前端应用，比如天猫、移动应用都是独立的前端应用	• 通过服务治理，把业务规则从原有的功能中剥离 • 通过集中式的业务规则管控，保证业务规则统一及灵活可配置 • 在前端应用中做前后端解耦
阶段面临挑战	满足业务需求并行开发越来越难： • 开发效率低，沟通成本和代码管理成本越来越高 • 需求响应时间长 • 故障不能很好地隔离，小功能故障变成整个系统故障	• 规则和功能紧耦合，业务规则变化快，规则变化涉及前后端，需要多个团队配合实施，沟通协调的成本大 • 前端应用做的比较重，业务逻辑要在多个前端应用中重复实现，导致浪费开发人力，落地节奏不一致 • 业务接入成本高	• 应用的拆分急剧增加，变得不可控 • 系统依赖关系越来越复杂 • 测试、部署和调试都变得复杂

【案例：去哪儿订单中心系统架构演化】

去哪儿订单系统经历了从分业务多交易系统改造为建立统一订单中心，再从订单中心 1.0 更新至订单中心 3.0 的发展演化历程，如表 7-6 所示。

表 7-6　去哪儿订单中心发展阶段

阶段划分	分业务多交易系统	订单中心 1.0	订单中心 2.0	订单中心 3.0
阶段总体特点	随着公司业务的快速扩张和发展，公司产生了多种形态的产品和业务线，每条业务线有自己的交易系统，产生订单	建立统一订单中心，包含通用订单查询、订单变更消息通知、订单列表展现、订单数据仓库等功能，并保证服务可靠	将存储层进行了优化，将索引与数据进行了分离。抽象出 ES 模块单独负责 ES 存储的订单查询	对核心业务模块进行拆分，提出基础服务层，保证服务稳定性。抽象出配置中心与适配层，增加开发效率与灵活度
阶段具体特点	不同业务线有各自独立的交易系统	• 存储结构上采用非结构化方式：订单内容保存到订单表content字段中，通过配置文件，抽取业务线订单数据中的索引字段，将其保存到订单索引表中。通过这种设计，订单中心将公司不同业务的订单数据统一化到相同的数据结构中，不同业务的订单通过配置文件抽取业务订单中心的通用查询索引，方便订单中心内部使用 • 基于 JSON 的 Merge 与 Diff 通用服务：提供订单消息变更事件与订单	• 引入 ElasticSearch 搜索服务器：用于灵活的提供订单中心条件支持，辅助支持 MySQL 索引，解决订单中心查询条件多样化的需求 • 订单数据扩容与索引拆分：完成订单库拆分。并通过一系列技术手段解决订单库拆分面临的问题，如引入了 TC 提供的 QClientDB 数据中间层，屏蔽数据库复杂的结构；使用 QMQ 可靠消息中间件，保证订单数据与订单索引数据的一致性；通过内部与外部消息隔离	• 业务隔离与业务限流：废弃了内存过滤模式，引入了通用的业务限流模块，在用户接口模块中根据用户特性，将请求分流到不同核心业务服务器，两部分用户使用两套数据库，从而在业务层与数据层将用户隔离 • 订单适配层：订单查询时引入了订单适配层，解决用户端版本迭代与版本兼容问题 • 微服务化与配置中心：根据业务特点和内部逻辑。将订单中心核心业务模块中拆分，包括

（续表）

阶段划分	分业务多交易系统	订单中心 1.0	订单中心 2.0	订单中心 3.0
阶段具体特点	不同业务线有各自独立的交易系统	操作，抽象各业务操作与数据结构。 • 异步 IO 抓取业务线接口：集成各业务接口时，使用全异步方式，当某一个或多个业务的接口出现高延迟甚至不可用的时候，不会阻塞订单中心的调用线程	的模式，解决外部读取数据时的正确性；将一段时间前的历史数据导入 HBase 中，线上保留近期数据，以解决历史数据不断增加问题	MySQL 索引模块、订单存储模块等。并且，单独抽出通用配置模块，统一管理与分发通用配置，不同系统通过选用不同的解析器完成配置解析
阶段面临挑战	• 公司级通用业务，如呼叫中心，需要查询各业务线订单，对接业务工程烦琐 • 订单数据没有统一的整合，不利于订单的统计与分析。 • 用户订单列表强行区分业务线，用户体验差 • 订单数据格式与状态不统一，业务跨业务线使用不方便	• 查询订单的条件不断多样化。订单中心最初构建时使用内存过滤解决业务查询的多样化，内存过滤采用流式的方式从数据库中获取订单在内存中通过逻辑过滤。添加新的过滤条件时，订单中心需要做相应开发 • 订单单库的容量无法满足业务发展的需求	• 由于采用内存过滤模式黄牛用户大量订单与内存过滤结合时，造成应用内大量数据堆积，内存无法释放，出现故障 • 接入无线订单列表后，面临着用户端版本迭代与版本兼容问题 • 核心模块内部承载了过多业务，耦合度高	

参考以上电商企业订单系统的发展演进历程，可以总结关于订单系统架构实现的宝贵经验。为应对数字化时代的挑战，满足数字化业务发展的需要，订单中心可实施以下关键技术，以构建完善的订单管理数字化能力。

订单中心实施部署

订单中心的分布式部署是指将订单中心的同个系统应用，部署到一组物理或逻辑独立的计算机上，对外呈现统一的请求入口，由订单中心动态分配请求任务，系统应用之间通过内部网络进行数据交换。订单中心可以根据请求的业务类型、渠道，对象，时间等参数分配不同的系统资源数，保障如团购、秒伤、抢购等关键业务的处理成功率。并且随着订单的业务越来越复杂，系统业务流程也会越来越多，这就需要我们划分好主次业务流程以及优先级，同时需要设计灵活多样的降级方案，保证主业务正常运营。

（1）应用隔离（稳定）：营销活动涉及的业务应用与其他普通业务应用分开部署，例如单独部署秒杀系统；不同时间段营销、不同渠道的业务应用分开部署，例如 PC 端订单和移动端订单分开处理。隔离的目的是实现分流限流，避免资源独占，减少相互影响，增强系统稳定性。

（2）资源云化（高效）：通过云计算技术实现硬件资源、平台资源的云化设计、实施、部署和管理，提高资源使用率。

（3）数据库拆分重构：随着业务的快速发展，订单量不断增长，企业原有的订单存储架构往往不能满足公司的发展，特别是在大促高峰期，原订单库可能成为抢购瓶颈。在进行数据库架构优化时，“分库分表”是经常采用的重构手段。常见的数据库拆分方式有三种：垂直拆分、水平拆分、垂直水平拆分。

○ 垂直拆分：垂直拆库是根据数据库里面的数据表的相关性进行拆分，

按照业务模块划分出不同的数据库。垂直拆表是对数据表进行垂直拆分的一种方式，常见的是把一个多字段的大表按常用字段和非常用字段进行拆分，每个表里面的数据记录数一般情况下是相同的，只是字段不一样，使用主键关联。

○ 水平拆分：把单表按某个规则把数据分散到多个表的拆分方式，以降低单表数据量，优化查询性能。最常见的方式就是通过主键或者时间等字段进行 Hash 和取模后拆分。

○ 垂直水平拆分：一种综合了垂直和水平拆分两种方式的混合方式，垂直拆分把不同类型的数据存储到不同库中，再结合水平拆分，使单表数据量保持在合理范围内，提升性能。

订单中心性能优化

为提高更加稳定、可靠的订单服务，需要对订单中心进行性能优化工作，满足订单快速处理要求，提升整体性能和质量。

（1）缓存：缓存就是数据交换的缓冲区，当某一硬件要读取数据时，会首先从缓存中查找需要的数据，如果找到了则直接执行，找不到的话就从内存中找。由于缓存的运行速度比内存快得多，故缓存的作用就是帮助硬件更快地运行。缓存技术可用于页面缓存，通过页面内容静态化，增加结果缓存，不用业务逻辑处理和数据库访问直接返回结果，提高效率。另外，还可以实现购物车缓存和在购物车里面做热数据缓存，比如：促销服务直接影响价格，缓存效率必须是在秒级毫秒级。

（2）异步：当一个业务需要调用一个接口时，如果对实时性的要求不是特别高，就可以把消息发到异步消息队列系统，然后可以完成这项业务，而之后的消息投递过程就完全交给消息队列系统来实现。异步处理的方式是不用阻塞当前线程来等待处理完成，而是允许后续操作，直至其他线程将处理完成，并回调通知此线程。异步处理可实现在异步 Web 请求、后端数据异步推到前端、内部调用接口并行异步、异步数据落地等方面。例如购物车会调三个服务，如果是串行，一个 2 毫秒，累计起来是 6 毫秒。如果同时去处理这三个服务，根据业务规则先调商品，再调促销，调两次可能就在 3 毫秒之内。异步数据落地，中间存储来解决访问流量过大，冲击原始存储的问题。包括库存状态库存数据的剥离，库存状态调用量太大，穿透直接到库存数据。

（3）压测：通过压力测试发现系统可处理的业务量极限值，以及系统性能瓶颈，从而进行有针对性的优化改进。压测分为线上压测跟线下压测。压测场景分为读业务和写业务。压测方案有集群缩减服务、模拟流量、流量泄洪等。当订单量达到上千万，换算为访问量大涨，集群也更大，如果只依靠技术人员优化，已经无法满足要求。需要引入线上压测，即在业务量小的时候如深夜把整个线上的流量小部分剥离到机器上，把集群剥离出来，然后再做压测。所有的服务器、所有的配置就是用线上完全真实的场景去做压测，就能够得到线上服务器的真实情况，定位出系统在哪里出现了瓶颈。

第 8 章

支撑体系，使能数字化运营

8.1 重构数字化支撑体系

数字化时代的企业都应该是数字和软件企业。数字化运营提出更高的能力要求，转型与创新需要新型的支撑体系，需要变革组织结构以适应数字化战略，重构 IT 价值与能力定位，优化数字化流程进行全面贯穿，三位一体地构建数字化支撑体系，这样不仅能实现数字化运营，还能确保数字化运营更为高效、智能。

8.1.1 数字化组织转型

数字化战略下的组织架构

商业历史学家 Alfred Chandler 曾说过:“战略决定组织,组织跟随战略”,即战略环境变了，建立组织的模式就需要调整。推行数字化转型战略，必然需要构建新的数字化组织架构，这样才能更快、更有效地推动转型。

组织架构的传统模式为树状结构，通过层级、分工、规则化来组织资源，沟通与影响自上而下，CEO与管理团队位于金字塔顶端，对一系列相对独立的职能进行管理，包括营销、销售、人力资源、IT、公共关系、财务、研发、运营及用户服务等，每项职能的设计都是为了独立服务于具体的业务。这是典型的工业时代的资源组织方式，企业对内外部资源的获取依照层级发生连接。这种模式的优点在于机构简单、权力集中、命令统一、迅速决策。其弊端在于组织系统刚性大，对外界刺激的反应灵敏度差，不能快速响应市场需求；抑制透明沟通，信息不对称，不利于市场决策；层层管控的组织架构效率低下。

如今组织架构呈现出新的网络结构模式，扁平化是其突出特征，因为顶层设计无法掌控一个数字化运营体系，更难以用传统的上令下行方式进行任务的分发。在网络结构下，企业行为不依赖于强大的中枢神经，它的资源获取与组织呈现分布式的状态，这种形态目前更多地体现在互联网行业中，表现为每个节点都呈现出水平式的连接与资源交换。网络化运营遵循的是由单点辐射、水波式蔓延直至整体迭代的演化规律，这种规律打破了以往相对隔绝、独立的职能界限，并打开了沟通渠道，促进了组织内部整体的协同，具备更强的适应性和灵活性。

互联网企业在推动时代和其他行业数字化融合的同时，正在积极应对数字化带来的技术和商业模式变化，以确保其在数字化时代的领先地位。例如阿里巴巴的核心价值观体现在“拥抱变化”，阿里巴巴在感受到机遇和挑战后的战略调整和自我变革，不仅促进了业务的爆炸式增长，更是商业形态的全面升级，其战略定位从电商扩展到打造未来的商业基础设施，为从事买卖的商家赋能，而不是与从事买卖的商家竞争。阿里巴巴启动中台战略，打造“大中台、小前台”的组织架构和业务运营机制，从过去自上而下的“树状”管理结构变成更加灵活高效的“网状”管理结构，实现了管理模式的创新；并通过运营策略、组织流程与系统架构的完美结合，实现对战略的有效支撑。中台事业群是未来阿里集团前端业务的灵活发展、快速升级的最强有力保障和支撑，是阿里巴巴在组织结构上的重要战略变革。阿里巴巴提出包括新零售、新金融、新技术、新制造、新能源在内的“五新”理念，显示其主营业务布局从纯电商领域扩展至跨越全行业，并随之开启了新一轮的组织架构升级，在组织上成立了“五新执行委员会”，负责全面落实“五新”战略的执行，其组织的变化是为了适配战略升级和业务变革。我们纵观阿里巴巴的组织结构调整可以发现，每一轮调整都是对整体战略变革的有力执行，也正是其战略得以高效推进的重要因素。

组织的变革演进

事实上，我们很难说某种标准化的组织架构模式可以适用于所有数字化战略。在数字化转型的过程中，数字化运营的成功需要与之匹配的组织，只有根据战略和目标对组织架构进行变革，才能激活动力，从而带动产品及赢利方式的创新，并抓住发展的先机。数字化组织的变革大致需经历如下三个由内而外的阶段。

（1）数字化先锋试点阶段：管理团队针对发展战略制定数字化发展目

标，基于数字化转型目标成立数字化创新先锋小组，在关键的业务领域进行数字化变革与创新试点。先锋小组可以来自于内部颠覆团队，引领数字化文化和架构的变革，也可以借助外部创新团队的力量，寻求从外部输入的创新血液。对于开始试点的关键业务领域的选择，不同的企业可以有不同的侧重，这取决于不同的数字化转型目标和策略。

（2）数字化整合推广阶段：成立专门的数字化部门，包括数字化创新先锋小组团队中的成员，在整个企业范围内推进数字化整合的速度与深度，以逐步推广的方式开发并贯穿于整个组织的各个领域的数字化基础设施，整合各领域的线上线下职能和流程，包括用户管理与服务、市场营销、信息技术、人力资源、订单交付等，满足用户从端到端的业务需求。

（3）数字化连接融合阶段：与外部合作伙伴进行数字化能力整合，实现流程协同与贯通，满足数字化融合业务需求。与合作伙伴构建数字化融合运营团队，引领或参与推动产业链生态体系的持续创新，发掘新的商业模式，创造数字化价值。

【案例：中国联通混改和融合运营】

传统行业和新兴行业并重的运营商既面临变革所带来的新机遇，也面临新的挑战。在数字化的冲击下，运营商受到人力资源结构老龄化，以及产品开发流程、运营管理思路及创新能力不足等问题，其改革任重而道远。中国联通在数字化时代面对互联网 OTT 异质对手，以开放合作的姿态积极求变，真正在运营层面进行了深度融合。

中国联通希望通过混改，深化落实电信企业供给侧结构性改革，促进数字经济繁荣，助力实体经济发展。引入的战略投资者包括：大型互联网公司腾讯、百度、京东、阿里巴巴和苏宁，在零售体系、渠道、内容、家庭互联网、支付金融、云计算、大数据、物联网等领域展开深度协同；垂直行业公司有滴滴、网宿科技、用友、宜通世纪和光启 kuang-chi，在物联网、CDN、系统集成领域深度合作；金融企业产业集团有中国人寿，在产业互联网、支付金融领域合作；产业基金有中国国有企业结构调整基金股份有限公司和前海母基金，为联通提供了与其投资的大量央企、地方国企、民营企业更多的对接机会。

混改引入的战略投资者与中国联通主业的关联度高、互补性强，在网络、用户、数据、营销服务及产业链影响力等方面的资源和优势与战略投资者的机制优势、创新业务优势相结合取得了很好的效果。中国联通通过与新引入的战略投资者在云计算、大数据、物联网、人工智能、家庭互联网、数字内容、零售体系、智慧城市、支付金融等领域开展深度战略合作，聚合资源、整合优势、能力互补、互利共赢，推动重点业务和产业链的融合发展，扩大了其在创新业务领域的中高端供给，培育、壮大了公司创新发展的新动能。并且，中国联通在运营商的数字化转型、数字化服务等新领域引入新的力量来帮助与协作，用新机制与多元主体的共同激励发展新兴业务，加快了对新兴市场的布局。

运营组织融合创新

为深化实施聚焦合作创新战略，加快向“互联网”集约化运营转型，中国联通分别设立中国联通电子商务腾讯合作运营中心和中国联通电子商务阿里合作运营中心。上述运营中心为内设部门，其主要职能为分别对接腾讯、阿里等互联网公司，旨在建立以互联网合作伙伴为中心的一体化电子商务运营体系，提升面向线上的一体化产品设计、研发、运营及支撑能力。几大互联网公司的集体入局、其他垂直行业的参与，将深化跨行业的融合，实现产品业务的全面合作，无论是腾讯、阿里巴巴，还是百度、京东，都已经与联通开展了各种手机卡品种（腾讯王卡、蚂蚁宝卡、京东强卡、百度神卡）的合作。

这些运营和产品举措，都帮助中国联通实现了与合作伙伴的真正融合，通过创新的融合产品，实现了双方用户流量和价值的共享；通过联合运营，真正连接数字化时代的用户，实现了从单纯的电信运营向数字化运营的转型。

营销职能转变

营销组织是整体组织架构中的一部分，在数字化战略下，整体的组织架构的变革必然包含营销职能的转变。营销早已不再只是具有孤立、竖井式的职能，而应整合、贯穿至整个组织内部。

这首先体现在营销部门的职能及首席营销官（CMO）的职责转变上。过去，营销部门的主要职能是以创新的方式传播公司理念，作为部门首脑的 CMO 往往负责吸引市场与行业的注意，建立话语权。而在数字化时代的今天，营销已经从思考型、功能型转变为更具实时性、分析性、动态性、创意性，成为用户体验、公司收入和业绩的推动力量，CMO 面临数字化形态转变的必然挑战，需要应对和管理可能尚未熟悉的数字化技术，要想承担新时期的重任，把自己定位为营销专家、品牌专家、数字转型战略家或创意大师恐怕远远不够，它还应该是公司业务增长的驱动者。领军企业中的 CMO 会积极采用创新的颠覆性技术，不断丰富与用户的互动，深入了解每一个用户的个性化需求；关注新技术带来的思考和机遇，试验增强智能，利用预测性分析和规范性分析，发现向用户提供建议的最佳方式；使用数据驱动的决策，及时提供个性化的创新体验。

大数据的爆炸式增长，社交媒体、渠道与设备选择的增多，以及如何实现用户协同，这些传播方式和技术改变给 CMO 带来的冲击，使得在 CMO 与 CIO 之间建立合作关系成为必然。CIO 主要负责预测科技发展趋势并制定与战略一致的专家指导与 IT 规划，在信息的流动、大数据收集与分析方面的职责与 CMO 在数字化技术方面的职责有着一定程度的交叉。因此，需要打破营销与 IT 职能之间的历史藩篱，在两者之间建立起更为紧密的合作和协同关系。事实上，许多企业都已经设置了混合型的职能与角色，例如百事公司的首席数字官，还有其他组织也出现了一些类似的职能，例如“首席营销科技官”或“首席汇合官”，等等。

关于营销职能转变，IBM 提出了以 AI 为基础的“增强型营销”创新管理实践。IBM 设置了全球首席营销官一职，不仅要根据所有洞察进行决策，还要不断推动“区域化团队”工作，从“走向市场”的整体战略角度出发，努力推动预测与前瞻工作并抓住发展机遇。CMO 在管理错综复杂的现代营销时，必须利用技术工具获得更深入的洞察及更准确的布局，理解海量的非结构化数据，例如，通过识别自然语言和影像的数据模式来提供建议，并持续从这些建议中学习，从根本上转变与用户的交互模式。在人工智能时代，营销人员可以利用AI更精准地洞察用户并与用户互动，提高投资回报率。因此，营销人员对AI的开发和应用扮演着至关重要的角色，思路敏捷的营销团队将具有创意能力、流程、数字化市场能力，加上拥有数据科学技能的人聚集在一起，让营销团队变得和以前完全不同。他们利用新工具的导入和营销工作流程的优化，可有效地实现营销自动化，更准确地预测商机并制定营销计划，实现对每一个用户的更加精准的个性化营销。

8.1.2 新型IT价值变革

在数字化时代，实体产品和服务正在被数字化技术逐步取代，应用就是产品。例如，越来越多的用户正在使用网络银行而非实体银行；电子书已经蚕食了纸质图书的市场份额。数字化正在定义一切，数字化的IT系统渐渐成为了生产系统。传统企业数字化转型也更需要依靠IT部门，将IT技术深入到制造系统和产品、服务及运营的管理过程中。所以，对数字化技术的应用能力将成为未来竞争力的核心要素。

时代赋予IT新的价值

IT不再是管理层传统印象中的成本中心，也不再是一个职能部门，它正在从幕后走向前台，推动业务迈向数字化和智能化。它将会变成企业的创新中心、赢利中心和推动变革的价值中心。运用IT技术和思维探寻方法和路径并重塑数字化基因关系到企业在数字化时代的生存问题。

未来的企业都应该是数字企业和软件企业。如美国最大的电信运营商

AT&T 计划彻底完成网络转型，未来整个网络的 75% 由软件组成，通过 SDN 和 NFV 将网络控制放入云和用户手中。那时，AT&T 将真正成为一家“软件公司”。其员工需要学习与公司发展方向相匹配的技能，以便适应在以软件和云计算为主的环境中工作。该公司还通过能力开放平台吸引大量的具备相同业务开发理念的第三方开发者和合作伙伴，构建软件生态体系，吸引外部创新融合。另一家美国最大的制造商 GE 已经有 124 年的历史，为应对数字化的挑战，在加州专门成立了软件部门，把现代软件技术——机器学习、人工智能及云计算应用到工业领域，希望在未来成为一家数字工业化公司，甚至成为十大软件公司之一。它将电机组、飞机发动机、火车机车和炼油设备等设备连接起来，斥资逾 10 亿美元开发了基于云计算的 Predix 软件平台，通过工业机械的传感器收集数据流，使用这些信息分析具体产品的性能，并预测未来的市场趋势。

我国领先的制造企业，例如海尔、美的等也紧跟时代的步伐，积极进行数字化转型的 IT 变革。美的提出“双智”战略，力求实现互联网化、移动化、智能化。“双智”战略中的一个“智”是指创造智慧和有温度的产品，另一个“智”是指智能制造，它进行全价值链的精益化与数字化改造、经营。美的全面重构系统，系统交付从外包转变为以自制为主，并采用了集团级的企业标准和语言进行流程 IT 重构与整合，实现了企业管理的透明化，从业务定单到收款、从采购到付款，以及内部关联交易、合作伙伴业务流程与系统的打通，实现了业务协作。它还实施移动化战略、大数据，使系统从 2B 转向 2C，设立新的用户体验设计部门 UED。美的巨大的投入体现了其对于推动公司数字化转型的勇气和决心。

海尔集团的战略是从企业的信息化转变为信息化的企业，聚焦以用户体验为核心的社群经济，建立全球化技术平台和数字化应用服务。海尔家电率先通过价值链重构探索出一条践行工业 4.0 的道路——推出业界首个家电大规模定制平台“众创汇”（diy.haier.com），在定制平台系统能力的支撑上，打造了从创意到交付（Mind to Deliver，MTD）的众创模式，并依托背后七大智能互联工厂的研发和柔性制造能力，完成从“交互需求”到“产品众创”再到“规模定制”的生产方式的创新，助推家电定制的快速发展和强势引爆，海尔 IT 战略演进的情况如图 8-1 所示。

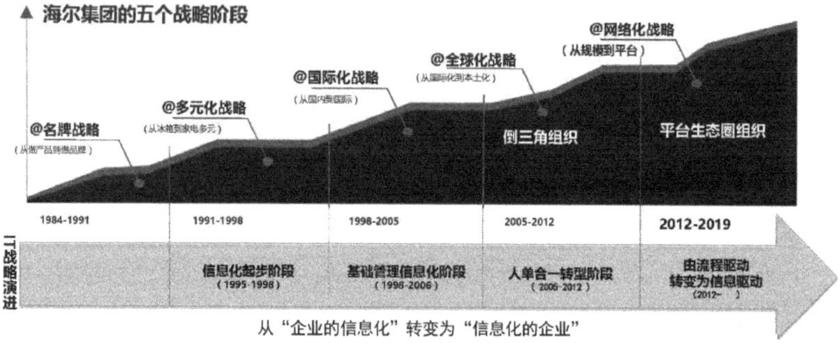

图 8-1　海尔 IT 战略演进

在数字化时代之前，IT 的主要价值体现为匹配业务和支撑业务，结合企业发展战略的要求，从需求要素中实施相应的信息系统，不断加强信息化演进，例如，针对财务实施 ERP、针对生产制造实施 MES、针对人力资源实施 HR 系统、针对客户关系实施 CRM、针对产品生命周期实施 PLM，等等。而在当前的数字化阶段，IT 的主要价值体现为引领业务和创新商业模式，通过数字化创新成为商业生态中的独特生命体，实现企业社会价值、商业价值的最大化是这个阶段 IT 的重要使命。数字化正在改变一切，不仅利用技术实现更敏捷、更弹性，而且凭借信息和技术从根本上改变了企业，并在某些情况下创造了新的产业。例如，创新制造即服务的理念，实现制造型企业向云制造服务的转变，在加强产品生产制造的同时，提高产品服务的附加值，在有效降低成本的同时加快产品交付，提高企业制造资源的生产效率。

数字化 IT 面临转变

对 IT 来说，数字化无疑是个大好机会，可以充分展现其商业价值，但这也会对 IT 的行为方式产生深远的影响。数字化时代的 IT 面临以下几方面的转变。

（1）IT 时代向 DT 时代转变：从需求驱动、控制为核心的 IT 时代正向数据驱动、激发价值为核心的 DT 时代转变。数据价值成为当前的重点，数据驱动也与需求驱动一样成为主要的驱动模式；基本的 IT 技能在这个时代已经不够，需要掌握业务技能、大数据分析技能和数字化技术技能的专业人才。

（2）从成本中心到利润中心的转变：IT 部门从“成本中心”转向“利润中心”，成为业务发展的核心，成为数字化产品和服务的生产和创新中心。IT 的本质在于用信息化改造企业运营，通过助力数字化运营精准分析优化决策，创造数字化价值，增强优质、低成本和快速响应用户需求的能力。

（3）从技术权威垄断到去中心化的转变：传统科技公司已不再垄断先

进的 IT 技术，互联网企业自身 IT 技术的发展正支持 IT 技术“去中心化”进一步发展。IT 技术去中心化主要是指技术对普通用户的赋权，去中心化的典型例子是 blog、UGC、社交媒体等。业界大热的区块链在本质上也是去中心化的数据库，通过分布式存储与全网验证来保证安全性。

（4）从封闭独立走向开放共享的转变：传统企业的 IT 系统一般采用紧耦合，链条式集成的封闭模式建设，不同的业务系统采用完全独立的主机系统、存储系统、软件系统，各系统之间的业务数据与能力不能共享，不但系统中存在大量的信息孤岛，而且流程不贯通。而当前的企业则提供更加开放、弹性、能够内外部共享能力的 IT 体系，采用“分布式 + 开放”的系统架构替代“集中式 + 封闭”的架构。

（5）从稳定支撑到敏捷开发理念的转变：由于需要对市场和用户进行快速反应，所以我们需要更高的发布效率来实现快速交付，数字化时代的 IT 开发周期从以往的几年缩短到几个月甚至几周，以稳定为目标的瀑布式开发理念逐渐被敏捷快速迭代所替代，Scrum、DevOps 等方法和工具的出现也使得敏捷理念真正落地并大放异彩。

变化无处不在，现在是一个需要持续可用性和及时响应的世界，如果想要达成终极业务目标，就必须解决数字化转型目标和 IT 现实之间的冲突。需要思考如何使 IT 工作人员更加投入业务，以及 IT 领导人怎样能更加紧密地与业务部门合作，不仅提供制造产品的工具，还要制造数字化产品。CIO 不仅仅是 IT 导向的信息化代表，而且要成为在数字化驱动的今天连接技术、业务等多方需求的方案解决者；还需要依靠物联网、云计算、大数据等技术针对企业重心和期望做出应对调整，建设支持转型的数字化能力，创造出商业价值；需要根据现阶段业务发展构建新型系统架构，在资源有限的前提下进行小型快速敏捷的开发，快速形成数字化成果。

8.1.3　数字化流程管理

战略要依托于具体的业务才能带来收入，解决生存和发展的问题；而要保证业务的正常运行，并避免各类风险的发生，还需要有相应的运营管理和支撑服务系统。将这些结合到一起的是什么？是在组织中使用的流程。业务流程是为达到特定的价值目标而由不同的人共同完成的一系列活动，战略定位的变化和战略思路的改进最终都在其中体现，可以利用流程优化的手段来规范和提升管理体系。组织机构通过管理流程实现落地，业务通过业务流程实现落地，日常运营通过支撑流程实现落地。良好的流程设计是保证灵活运行的关键。流程使业务方式协调一致，支撑业务的规模化发展与术业精进的知识整合，还促进资源的有效利用与对业务趋势的把握。有效的业务流程也提供了一种手段，便于组织以最能满足其业务目标的方式来引进并使用新技术。

新时代的业务流程将从原来的以产品为中心向以用户为中心、以服务为导向转变，从原来的线上、线下相互孤立向深度整合、流程贯通、协同服务转变；管理流程从原来的部门级、存在断点、人工审核向流程端到端贯通融合、数字化自动流程管控转变，从信息不对称、企业间单向线性协同向信息共享、渠道扁平、数据运营、生态协同转变。

为了满足用户越来越高的期望，我们必须加快业务流程的数字化管理，这并不只是简单地对现有流程做自动化处理，而应该通过数字化技术改造整体的业务流程，包括精简各种程序、压缩文件的数量、开发自动化决策流程，以及处理监管和欺诈问题等。业务数字化作为数字化运营的助手，包含业务对象数字化、业务流程数字化和业务结果数字化。我们需要通过IT技术支撑数字化运营，让移动化、微服务、大数据和人工智能等新技术驱动业务流程重新设计，并引导组织匹配新的业务流程。同时借助流程自动化，IT部门得以释放部分重复性、流程性工作，让内部人员将精力集中在创新和开发上。

数字化运营可帮助企业在用户服务、供应链生产制造、产品管理、知识传递等方面全面优化流程。例如，近年来中国光大银行信用卡中心利用人工智能等优化业务流程，实现了现有各风险管控子系统功能的融通、调度，形成了涵盖贷前、贷中及贷后业务的风险一体化平台，并将数据挖掘技术运用于精准营销、用户细分等业务中。在汽车制造业方面，由于需要对生产、库存和供应链管理进行精准监控，有家部件制造商就采用了一种基于云的制造执行系统，用于监测和控制何时将塑料注塑部件插入装配流程中，并数字化了汽车生产过程。该系统自动规划并执行生产安排流程，从而发挥工厂的生产潜力，使其满足用户对于质量和准时交付的期望。欧洲有家知名的轮胎制造商重新设计了其供应网络和生产流程。轮胎制造需要使用多种原材料，包括化学品、橡胶、金属和织物，而且在这个复杂生产流程中生产出每件最终产品需要几百个步骤。该制造商实施了全面的预测、生产规划和制造执行解决方案，获取影响分配和容量计划的1000万个数据元素，包括各个工厂、供应商、机器、产品相关数据和员工数据，通过将数据集中在一起来支持全球组织中的协同和迭代规划流程。

数字化战略需要有体系地执行，而组织、流程和 IT 系统都是为业务服务的，从而形成一体化的支撑体系。为了与新型数字化流程相匹配，我们需要重新设计运营模型、技能、组织架构和岗位角色，调整和重建数据模型，更好地支持决策流程。组织体系是实现战略的基本保障，为发展而变革。新型数字化组织在构建后，要真正发挥其作用，只有打通各个环节的业务流程和管理流程。数字化支撑体系不能以孤立的方式完成，必须跨多个部门，例如销售部门，营销部门和运营部门，这些部门需要协同工作，创建一致的业务流程与管理流程。通过跨职能能力网络的构建并结合 IT 技术的数字化应用，业务和 IT 系统的持久对话得以形成和加固，数字化业务流程实现贯通和融合，数字化运营得以高效、敏捷地支撑，真正推动企业数字化的全面开展。

8.2 打造敏捷高效的 IT 系统

IT 系统是支持流程执行、执行效果检查和关键过程数据记录的有效工具，数字化的 IT 需要从原来的“缺乏统一的技术架构和规范”向“开放、敏捷、可控”转变，从而支撑敏捷响应业务、精益化运营。因此，数字化运营对 IT 系统提出了更多的能力要求，例如敏捷应变、贯通统一、开放协同和数据驱动等，同时各个营销运营要素也有对应的支撑需求，这些都要求 IT 系统随着数字化战略的实施进行转型，以 IT 系统全局最优的理念构建敏捷高效的 IT 架构，基于 DevOps 敏捷开发运维，满足数字化时代应对市场的快速变化和激烈的和竞争。

8.2.1 新 IT 系统的能力要求

为支撑数字化业务对多速率、多维度发展的要求，真正提高企业的价值，IT 需要在各种多样的渠道连接用户，提供优质的用户体验；需要更快地实现创新效果，催生数字化产品;需要更快的交付速度和更短的开发周期;需要比之前更加智能，深度洞察市场和商业机会；需要提供开放协作的技术基础，与合作伙伴共建生态。这些对于新 IT 的能力均提出了如下一些较高的要求。

敏捷适变能力

在高速发展的电信、金融、制造、公共事业等行业中，很多大型企业已经拥有领先的数据中心，一排排的服务器、存储极为壮观。但众多的权威调查表明，传统的 IT 基础设施只关注计算能力，忽视了适应能力，因此造成 IT 越来越复杂，无法快速应对变化。以往行业信息系统的建立大多基于垂直体系架构，在这样体系架构中，每一个应用对应一个系统，所有的业务资源是独立的，后台 IT 资源也是专用的，无法实现共享。在业务需要变化并提出新需求之后，IT 系统也要进行相应的改进，如果 IT 系统不具备适应性，则从需求提出到最终实现的延迟将导致企业错失市场机会。

IT 在全面进入开放结构和适应性基础设施时代之后，需要同时关注计算及适应能力，使 IT 资源与业务变化同步并充分被运用，为企业带来最佳的回报。首先，需要从架构上打破垂直系统的孤岛式体系，将系统进行解耦重构，基于服务化的 PaaS 平台架构构建应用，通过对核心业务对象和处理逻辑的聚合和解耦，构建各域的业务能力中心，实现业务服务化、中心化、标准化；通过对 IT 系统通用能力组件的封装，为应用迭代交付提供敏捷开发、快速响应和弹性扩展能力。其次，需要从技术上实现 IT 基础设施的适应能力，通过云计算技术实现资源分配的高弹性高扩展性。并且，可基于开放结构的服务器、存储、网络设备等 IT 资源，借助虚拟化技术构建基础设施资源池，资源池实现应用共享，按照服务等级，动态自动提供应用所需要的资源，帮助行业实现“IT 与业务同步”，快速响应市场和业务的变化需求。虚拟资源池具有高可用性，包括自动恢复及资源调动等功能，满足数字化时代业务对技术架构的高并发、快速响应、高可靠、海量存储等要求；同时，我们可通过建立敏捷开发模式提高 IT 响应速度，缩短新业务的上线周期，紧跟市场步伐，提供 IT 系统的快速试错能力。

贯通统一能力

数字化业务的发展需要统一规划，各个部门需要统一认识、形成合力，流程的贯通需要从组织和 IT 的层面分别进行，才能真正实现业务的数字化融合，从以职能部门为导向的流程体系向企业级、跨组织贯通的流程体系转变，并实现各级组织间端到端流程协同贯通。而在分域自治的 IT 体系中，各域 IT 资产和服务能力独立管理，不可避免地导致各域之间出现信息壁垒、流程不通，造成跨域业务支撑响应慢、功能重复建设、运营效率低、成本高等的恶果。这时，我们需要从硬件、平台、软件、业务、数据等多个层面，通过集中化、横向整合、纵向整合等多种方式实现整合，构建中台系统来整合运营数据能力、技术能力、产品能力等，对各前台业务形成强大的支撑，通过端到端流程贯通来打通各个业务模块、信息模块，实现信息共享，使线上线下协同、相互促进，确保众多数字化渠道和应用上的体验一致性。

开放协同能力

在一个行业的产业链中，任何企业若想成为一个全能型选手已经不现实，在满足用户需求的时候由自身全盘控制，面临着服务质量和业务创新巨大的挑战，因此构建一个良好的生态链是获取竞争优势的关键。通过与上下游企业、互联网企业甚至个人开发者建立合作伙伴关系，实现渠道共享、能力互通、协同交付，才有可能为最终用户提供端到端的创新业务价值。因此，IT 系统必须具备开放协同能力，实现外部能力引入和对外能力开放，确保与合作伙伴 IT 系统的高效接入及流程的无缝衔接，包括订单流程协同、客服流程协同、供应链流程协同等，实现面向分布式、云化架构的能力集成管控，将能力提供系统的服务通过服务编排、报文转换后形成标准化能力提供给产业链的合作者使用，创造出创新的融合业务产品。

数据整合与分析能力

在数字化时代，企业战略将从“业务驱动”转向“数据驱动”。基于大数据的智能化决策至关重要。只凭主观或经验，或者对自身经营发展的分析，认知只停留在数据和信息的简单汇总层面，进行市场估测及制定决策时，必将导致战略定位不准，存在很大的风险。传统 IT 数据分散在各个系统中，需要向数据融合方向转型，建立统一的数据管控标准和规范接口，拉通互用，进行多维度关联建模分析，提升营销效率，实现数据资产价值的最大化。通过收集、融合及挖掘大量的内部和外部数据，可以预测市场需求，进行智能化决策分析，从而制定更加行之有效的战略。IT 系统是实现大数据智能化决策的核心使能工具，IT 系统必须具备数据采集、数据整合、数据治理能力，同时应基于数据分析结果和数据洞察决策，应用于用户运营、产商品运营、渠道运营、营销运营等各领域，推进业务流程改进和商业模式创新。

智慧运维能力

在 IT 基础架构变迁的环境下，为了应对业务系统更快上线、云化资源池更灵活的动态伸缩，以及用户更高的服务等级等要求，运维人员将面临前所未有的压力和挑战。他们既要保障业务质量，还要提高运维效率，同时需要保持较低的运营成本。在云架构下通过资源共享和自动弹性伸缩策略来满足用户体验与业务高可用之间的平衡，这增加了运维人员进行故障定位的难度，并且在向云架构迁移过程中，通常存在传统 IT 系统和云架构 IT 系统共存的混合架构期，使得运维人员需要解决两种架构统一维护管理的难题。传统 IT 的软件安装部署和系统运维模式已经无法满足高效运维要求，越来越多的企业开始采用 DevOps 等运维模式构建自动化运维模型和运维工具，运维与开发之间的关系变得密不可分。实现 IT 系统全自动化运行，要求运维管理具备智能化的自治能力，系统可以基于系统状态、用户规模、业务体验质量和策略规则等实现系统的弹性伸缩、故障隔离和故障修复等。智慧运维能力具体体现在应用生命周期管理数字化和自动化、持续交付、运维和线上服务的度量、端到端可视化监控、自动化资源配置管理、故障预防、发现、告警、自动修复等方面。

基于前面的用户、产商品、渠道、营销活动等要素的数字化业务发展趋势、数字化运营关键和数字化实现策略，以及订单交付的挑战和应对之策，这里分别分析用户运营、产商品运营、渠道运营和营销活动运营及订单交付对 IT 系统的需求要点，作为企业数字化运营支撑系统的建设输入参考，如表 8-1 所示。

表 8-1　用户、产商品、渠道、营销活动及订单交付诸多运营的 IT 需求

用户运营之 IT 需求	产商品运营之 IT 需求
• 支持完善的用户体系管理和用户历程管理 • 构建完善的用户交互和体验框架并实现系统建设 • 实现永远在线、即时响应的用户服务 • 支持面向营销的用户分析和用户洞察 • 支持数字化的会员体系管理和运营	• 实现产商品全生命周期管理，包含标准化的产商品数据管理、多态数字化产商品灵活定义及品类扩展等 • 支持产商品的定制化实现 • 支持数字化生态下的产商品融合创新
渠道运营之 IT 需求	**营销活动运营之 IT 需求**
• 支撑全渠道业务协同 • 基于渠道大数据分析实现全渠道的智慧运营 • 实现全渠道的集中管控 • 通过渠道开放支持企业渠道的快速扩张	• 全面打造高效的营销支撑能力，包括构建数据计算能力、营销执行能力等 • 支持营销活动的持续优化机制 • 支持个性化推荐的精准智能营销
订单交付之 IT 需求	
• 以统一产商品目录驱动订单管理 • 支持个性便捷的订单受理和用户服务 • 实现订单集中统一处理 • 实现订单端到端可视化管理	• 业务能力组件化 • 订单异常标准化 • 订单处理异步化 • 满足高并发业务如团购、秒杀、抢购等处理成功率

8.2.2 数字化 IT 系统实施要点

在企业 IT 系统转型中要明确相关的业务驱动力和业务需求，同时在转型实施过程中需要与当前本身的 IT 治理水平相匹配，进行 IT 系统全局最优化的设计实施，而不是盲目跟风各种先进的数字化技术。建议规划实施的原则如下。

动态 IT 战略规划

IT 战略作为 IT 建设的愿景目标与策略原则，需要基于数字化业务战略，也需要考虑新 IT 技术及新思维、新模式对业务战略的影响。业务战略快速变化与调整，IT 战略也需要与其保持一致并随之而动，战略的一致性通过业务架构与 IT 架构的一致性来保证，因此 IT 架构规划也更加动态、灵活。过去的技术投资聚焦于运营效率，所以往往自内向外的角度考虑；未来的技术投资则更多地聚焦于敏捷与用户价值创造，因此必须是自外向内的。现在用户最关心的价值在不断演化，而且随着行业的不同而有所差异，因此，技术架构必须根据行业的不同属性进行定制，从而灵活地应对未来的各种变化。

对于已建立庞大 IT 系统的传统企业，还要注重对于大量旧的 IT 系统的整合及如何与“新 IT”进行有效融合，因此架构也需要以数据为核心，以数据的梳理整合驱动老的 IT 系统与“新 IT”技术的融合，从容、灵活地应对 IT 技术的不断发展与动态的需求变化。

IT 转型分层策略

数字化时代的 IT 转型应考虑基础设施、数据、应用、流程及 IT 运营等多个层面，从整体上对当前 IT 面临的问题进行分析并进行体系化的研究和设计，以推动 IT 的整体转型。从基础设施到 IT 运营的各层转型，总体来看，自下而上的转型难度逐渐增大，同时转型的价值也越来越高，需要循序渐进的转型演进策略和演进路线，具体如下所述。

（1）基础设施层面：从传统的 IT 独占基础设施资源的方式，向云化 IT 架构共享资源池转型。能够避免重复建设，提升资源利用率，也能够缩短响应时间。

（2）数据层面：从传统的 IT 数据分散在各个系统，向 IT 数据融合方式转型，需要融合内外部数据，建立统一的数据管控标准，对外支撑精准营销、精细服务，支撑精益运营，提供数据和服务变现能力。

（3）应用层面：从传统的分域自治向一体化、集中化的应用转型，鼓励百花齐放，支撑企业多种业务形态的敏捷应变与突破创新。

（4）流程层面：从以职能部门为导向的流程体系向企业级、跨组织贯通的流程体系转变。各级组织间端到端的流程协同贯通，实现卓越的用户体验。

（5）IT 运营层面：从分散的组织向集中化组织形态变革，实现 IT 能力的快速、敏捷、提升，提高支撑效率，最大化投资效益和企业价值。

平台 + 应用模式

随着生态、业务及系统复杂度的升级，构建平台 + 应用的架构模式成为业界主流，业界开始以服务化的形式提供弹性可扩展的基础技术平台和业务、数据中台，适配底层的各类基础设施环境，进行平台级服务的资源共享和内外开放，为各类企业应用提供了服务化的支撑能力，将 IT 系统改造成为一个完全适配敏捷开发和智能化运营的数字化平台架构，实现应用与数据分离、动态水平扩展；系统核心服务统一治理和开放，实现“可见、可控、共享、协同”的对内对外服务。

针对业务系统中的共性能力下沉，构建能力中心是 SOA 和微服务架构平台 + 应用的核心构建策略思想。各个中心遵循高内聚原则和低耦合原则，高内聚即功能必须是紧密相关的，所提供的业务处理逻辑可以在各个中心内部形成闭环；低耦合即各个中心之间的引用与交互必须通过服务调用或通知消息的方式实现；中心间只能存在关联关系，尽量不存在依赖关系。各个中心对外提供使用服务，这些服务要求被高度复用，不允许相同能力的服务在不同的域中都实现。所有中心的实现技术架构是相似的，各中心独立自治，包括中心服务和业务组件服务，业务组件服务是一个相对独立的、可拆分的业务功能聚合体。对外接口要进行服务化封装，实现透明访问与控制，包括前端应用集成与域间的集成。

当前，阿里巴巴、京东等电商企业的 IT 架构体系都在朝着“前台 + 中台、后台“的模式演进，即在系统层面通过“前台专业化、后台中心化架构”灵活支撑业务发展，小前台支撑一线业务，需要快速响应瞬息万变的市场需求并快速决策，同时需要一个强大的中台支撑统一的运营管理，包括运营数据能力、技术能力、产品能力等，其底层技术架构必须稳定先进。“大中台”将底层技术与业务“中心化”，形成用户中心、商品中心、交易中心等多个中心，搜索、共享组件、数据技术等模块在底层不变动的情形，在“大中台”上提供相应的服务给前台。中台将前端需要的商业能力进行模块化和封装，封装后的能力可以由前台业务部门进行调用和编排、融合创新，从而让产品的研发更新迭代并创新拓展，让业务更敏捷。通过业务中台化，还可以让所有业务的数据汇集沉淀。在一个新业务来了之后，可以看到前人成功和失败的经验，正如前面章节提到的逐步做一些系统建议，例如如何做营销活动、如何做效果分析，等等。

企业 IT 架构参考

根据数字化对企业 IT 能力的要求和转型实施原则，我们建议企业整体的 IT 逻辑架构如图 8-2 所示，其自下而上可以分为三个层次：资源层、平台层、应用层。

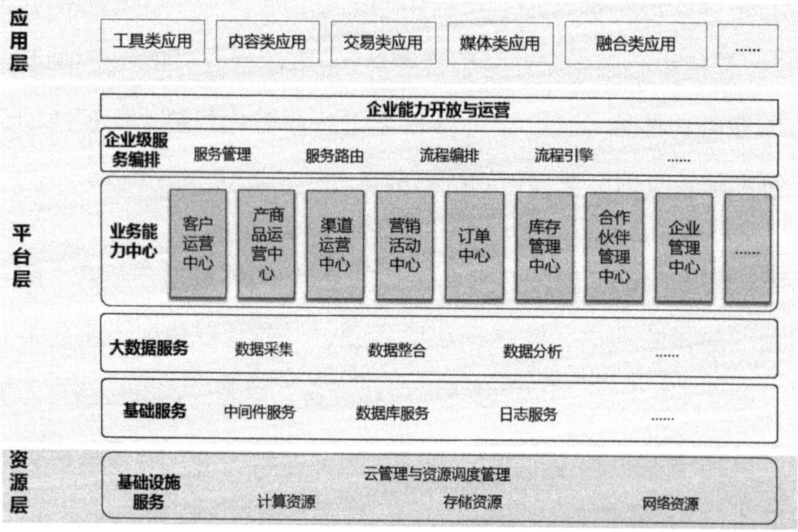

图 8.2　企业 IT 逻辑架构参考

资源层即基础设施云资源池管理层，实现软件与硬件的解耦，包括计算资源、存储资源、网络资源等基础资源，以及完成云化资源的统一管理和集中调度的云管理与资源调度平台。

平台层作为企业级集中化能力中心和通用服务中心平台，为上层业务应用和管理应用提供能力保障和服务支撑。具体可分为企业大数据中心、技术服务中心、业务能力中心、企业级服务编排、能力开放与运营平台。

（1）大数据中心：建立统一的企业级数据信息平台，提供大数据分析通用服务，包括数据采集、数据整合、数据分析等，为用户服务、市场营销、经营决策等工作提供支持，并驱动创新。

（2）技术服务中心：提供通用的技术平台服务，实现技术能力平台化。包括中间服务、数据库服务、日志服务、大数据服务等。

（3）业务能力中心：业务能力横向名域解耦，提供多服务中心能力。

- 用户运营中心：实现用户全生命周期管理和用户体验管理，支撑数字化的用户管理体系，包括用户基础信息域、用户订购域、用户交互域、用户服务域、用户体验管理域和公共管理域。
- 产商品运营中心：实现产商品类目管理、数字化产商品信息管理、产商品全生命周期管理，通过柔性模型支撑多态的产商品营销，提供产商品查询、搜索、定价、集中访问等服务。
- 渠道运营中心：支撑渠道泛化，实现移动化、社交化、全渠道的整合渠道运营，实现渠道的快速扩展、一体协同、智能运营。

○ 营销活动运营中心：引入事件驱动、内存计算等技术，提供营销推广方案策划、执行、跟踪统计的营销流程闭环管理能力，实现全渠道、个性化的实时营销，支持灵活多变的创新营销推广模式。

○ 订单中心：作为处理用户在全渠道的订购活动所产生订单的能力中心，实现以用户为中心的所有营销要素的流程贯通，支持内外部订单流程协同，包括购物车管理、订单模板管理、订单生成、订单分解、订单服务、订单监控、订单竣工和订单查询等流程化管理。

○ 库存管理中心：实现企业级全渠道统一库存管理中心，将仓库、门店、供应链等库存数据整合和统一管理发布，提供可视化的实时库存视图。

○ 合作伙伴管理中心：实现合作伙伴信息管理、销售、物流、结算等功能，提供全流程、一体化的合作伙伴支撑能力。

○ 企业管理中心：提供企业的通用管理能力，包含人力资源、财务管理、资源管理等。

（4）企业级能力编排：实现跨域服务能力融合和流程贯通，包括服务管理、服务路由、流程编排、流程引擎等。

（5）企业能力开放与运营：是指以促进产业链及生态系统发展为目标的能力开放与 API 运营，实现内部系统与外部系统的服务集成，以及内部与外部开放服务的能力，并实现统一服务管控、访问控制、权限控制等功能。

应用层用于实现企业各类应用的百花齐放、按需使用和融合创新，支撑各渠道应用界面的互联网化，对业务与逻辑进行解耦，前后端分离，实现业务能力的快速拓展。

8.2.3　基于 DevOps 的敏捷开发运维

在数字化时代，只有比竞争对手更加敏捷、更加快速地响应迅速变化的数字化市场，才能最终赶超对手。在数字化转型的过程中，整合企业 IT 部门的软件开发（Dev）与运维（Ops）变得比以往任何时候都重要，而 DevOps 打破了开发团队和运维团队之间的壁垒，围绕着统一的目标进行团队之间的沟通协作，通过快速的迭代和反馈，缩短交付周期并提高质量，帮助企业更有效地提高数字敏捷性，并方便与 IT 融合，成为企业数字化转型的最佳推手，如图 8-3 所示。

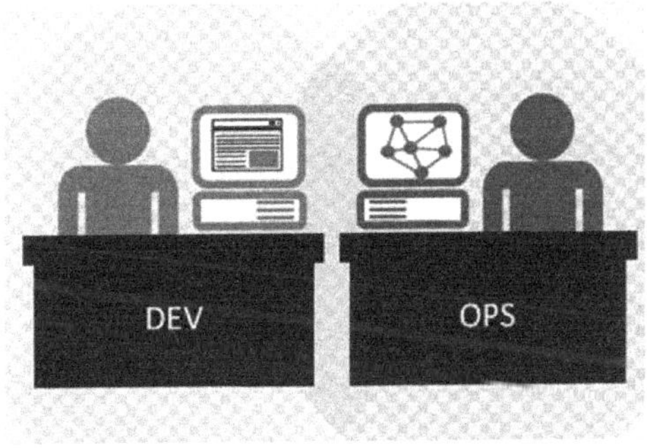

图 8-3　DevOps 工作模式

DevOps 一词源于 Development 和 Operations 的组合，突出重视软件开发人员和运维人员的沟通合作，通过自动化流程使得软件构建、测试、发布更加快捷、频繁和可靠。它的目的是填补开发、测试、运维之间的信息鸿沟，通过打通软件产品交付过程中的IT工具链，使各个团队减少时间损耗，更加高效地协同工作。Forrester将DevOps定义为：企业的开发和运维部门与业务发起人、质量管理（QA）部门共同合作，为企业的生产经营注入持续创新动力的协作模式。

DevOps基于理念转变重构IT运营流程

文化和理念的改变是首要因素，责任共担是DevOps的团队文化之一，它鼓励团队进一步的协作，当开发团队共同分担系统生命周期中的运维工作和责任时，开发团队就能理解运维团队的痛苦，并主动简化开发和运维中的烦琐工作，他们也可以通过生产环境系统监控获取额外的需求。当运维团队主动承担系统的业务目标时，运维团队可以和开发团队更紧密地合作，以理解运维的需求并提供支持。它鼓励开放式沟通和协作，业务人员与开发人员可以相互协作，开发人员和运维人员可以良好沟通、互相学习，从而拥有高生产力。在实践中，协作往往始于开发团队意识到需要了解更多的运维工作（如部署和监控）或者是运维团队采用了新的自动化工具与实践。DevOps文化模糊了开发与运维之间的界限，最终也将消除这种界限，开发和运维团队将共同对产品的成功与失败负责。

运营流程的重构是必需的，DevOps是软件开发、运维和质量保证三个部门之间的沟通、协作和集成所采用的流程、方法和体系的一个集合。它是人们为了及时生产软件产品或服务，以满足某个业务目标，对开发与运维之间相互依存关系的一种新的理解。DevOps不仅关注软件部署，更是部门间沟通协作的一组流程和方法。通过从共同的企业目标角度出发校准开发和运维的职责和流程，有助于实现 IT 融合。DevOps 思想可确保无论个体来自哪一个组织的架构决策和行为，都力求支持和改进统一的业务流程。

DevOps 实现高效敏捷与自动化开发运维

DevOps 是软件开发生命周期从瀑布式到敏捷再到精益的发展。DevOps 源于敏捷开发和精益开发原则，但超越了敏捷，它的关注点是从软件开发生命周期中移除浪费。通过考虑到快速、反应灵敏且稳定的业务运维，使其能够与开发过程的创新保持同步。亚马逊的网络服务（AWS）通过 DevOps 的模式不断更新软件，据其 CTO 称 AWS 在 2014 年就约平均每秒部署一个软件。由此而见拥抱 DevOps 的企业通常会更快、更频繁地更新软件。

DevOps 尽可能地实现了流程自动化，以便加快企业组织部署新应用程序的速度。自动化是 DevOps 运维的基石，它可以加快协作。现今有很多商业版和开源版的软件形成了一个有效的工具链，来作为 DevOps 技术层面的支撑，包括代码管理、构建工具、自动部署、持续集成、配置管理、容器、编排、服务注册与发现、压力测试、系统监控、性能监控等。在研发阶段就开始设计部署自动化的脚本，对其使用流水线工具执行操作，这些工具构建自动化的开发运维流水线，可以简化配置、监控和维护 IT 基础设施过程，帮助企业组织自动化测试、配置、部署，通过反复运作来提高部署的效率，降低部署的风险，提高部署的质量，使团队有更多的时间专注于其他有价值的活动，并减少人为原因造成的错误。自动化脚本和测试的另一个好处是保证系统的文档是最新的，比如通过自动化服务器配置，这意味着开发和运维团队都能及时了解并修改服务器的配置。

DevOps 数字化快速持续交付与改进

持续交付是一组能够帮助软件开发团队极大地提高其软件交付速度和质量的模式及最佳实践。不同于低频率发布相对较大的版本，实施持续交付的团队通常更频繁地将更小批量的变更投入生产，例如每周、每天或一天之内就能发布多个版本。这种软件交付方式可以带来许多好处，比如互联网巨头 Facebook、Linkedin 和 Twitter 频繁地以迭代方式发布软件，取得了巨大成功。

DevOps 在产品的计划、需求、设计和开发阶段强调，设置合理的任务大小，确保能够开展快速迭代和开发；强调持续集成的实施，通过 CI 提高软件的质量和可用性；强调用更短的发布周期，增强反馈的数量和频度。在开发和部署运营阶段采用持续交付的方法自动进行软件系统的发布、变更和升级等工作。DevOps 强调使用持续交付工具作为基础架构尽可能地自动化部署工作，通过严密的自动化测试方案，确保实现可以重复使用的自动化部署流水线。持续交付将编译、开发、测试、部署上线全面加速，整体的交付周期明显缩短，各个角色可以基于统一的交付流水线紧密协作，使得交付过程可视化、可控制；并且多次发布，使得故障可以快速回滚，保障了交付的质量。

在业务开发运维的整个生命周期中，需要坚持贯彻精益的原则。DevOps 特别强调：准时制的业务流程、精益且无浪费的工作方法、单件流的运作流程、持续改进等。通过持续改进流程及“一次就把事情做对”，就能在不进行后期大规模检查的情况下保证高质量，同时保证质量的成本趋近于零。

DevOps 最佳实践：是旅程，不是终点

采用 DevOps 是个长期的过程，需要企业不断尝试新工具和新流程，将开发和运维更紧密地整合起来，最终为业务部门改善成效。根据 Gartner 的研究报告，DevOps 将从主要由大型云厂商部署的小众策略，发展到全球大部分企业都会采用的主流开发流程。当前国内领先的企业都在开展 DevOps 的实践，如下所述。

阿里巴巴 DevOps 平台——云效：阿里巴巴在内部推行开发自测、开发自运维，云效是阿里巴巴技术部实现持续交付的统一协同工作平台，实现了开发测试全流程自动化，支撑项目的持续集成与持续交付，目前已经实现商用，用户覆盖银行、保险、券商、电商、新零售等。阿里巴巴旗下的淘宝团队采用 Robotium 实现测试实施过程的简化，使用 Spoon 向各类安卓移动手机自动发送测试案例，并自动执行测试和结果采集，通过 Jenkins 的插件自动生成代码覆盖率报告。

百度——效率云：百度效率云是百度以 SaaS 方式为中小型互联网企业提供的整套研发工具装备，包括项目管理、Git 代码托管、开发协作、版本管理、持续集成与持续交付等。其将自身定位为研发工具的 SaaS 解决方案，三大看点如代码托管、CICD、敏捷看板非常清晰地对应 icode、ipipe、 icafe 三大自研工具。

小米——NoOps 运维理念：NoOps 就是完全通过自动化系统来管理和运维线上业务，自动完成发布上线、故障诊断、容量调整等。从简单到复杂的运维工作，不再需要运维介入并干预小米的运营自动化平台，每台应用程序服务器上都部署平台及配置管理组件。小米的部署平台构建在几个开源软件包之上，其中包括 God、Frigga 和 Thor；配置管理平台的服务树组件通过标签来识别所有需要管理的对象，包括产品、集群及服务实例。小米开发的 Open-Falcon 已经成为大家熟知的开源版本，大概有 50 多家互联网公司在使用，这套系统除了解决小米庞大规模的业务、主机数据采集、监控、绘图等基础监控功能，还通过与服务树系统的整合，实现了监控 - 主机 - 业务之间关联关系的自动维护。

8.3 拥抱数字化技术

打造数字化 DNA 至关重要，这意味着对于数字技术的运用需要向更深、更广的领域拓展，本节简要介绍主要的数字化技术和其应用情况，例如物联网、云计算、大数据、人工智能、虚拟现实、区块链等。需要强调的是，数字化技术应用是整体的、嵌套的、协同地发挥作用，绝不是局部的、孤立地改变和单一地进行技术应用，否则只能起到有限的作用。要真正做到转型，需要整体规划这些先进技术，根据战略与自身业务的特点思考整个数字化生态的构建。

8.3.1　物联网

物联网（The Internet of Things）的概念是在 1999 年被提出的，它的定义很简单：把所有物品通过射频识别等信息传感设备与互联网连接起来，实现智能化识别和管理。物联网通过智能感知、识别技术与普适计算、泛在网络等进行融合应用，被称为继计算机、互联网之后世界信息产业发展的第三次浪潮。物联网被视为互联网的应用拓展，应用创新是物联网发展的核心。简单而言，物联网是通过传感器链接世界、通过执行器控制世界的，物联网应用的范围如图 8-4 所示。

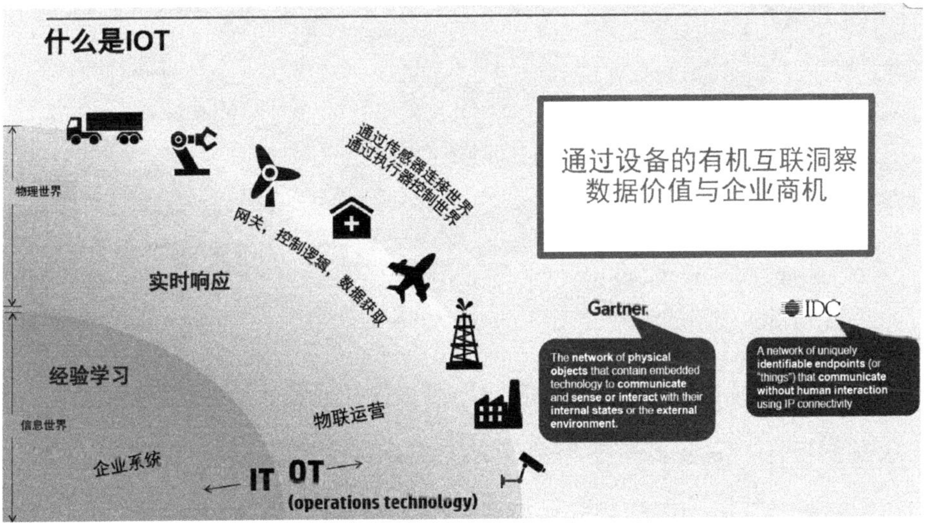

图 8-4　物联网应用范围

IOT 的应用可以分为用户市场和行业应用市场两类。

（1）用户应用市场涵盖个人消费市场和家庭消费市场。个人消费市场包括健康、汽车、运动、娱乐、办公、旅行等；家庭消费市场包括家居家电集中控制、媒体与娱乐设备互联、电脑与手机设备互联等。

（2）行业应用市场涵盖建筑、医药、环保、农业、电力、林业、气象、金融、军事等各行各业。具体功能包括定位、跟踪、导航、计量、检测、自动化控制、远程管理、调度、安全、监控、移动支付、分析决策等，物联网行业解决方案示例如图 8-5 所示。

图 8-5　物联网行业解决方案示例

IOT 产业的价值链很复杂，应用场景多样，涵盖大量的产品和服务，涉及众多参与方，需要多方参与合作才能更好地为个人及行业用户提供丰富的端到端服务。端到端的物联网体系架构如图 8-6 所示，大致分为如传感器设备与网关这些终端层、连接层基础架构、物联网平台及服务层等领域。

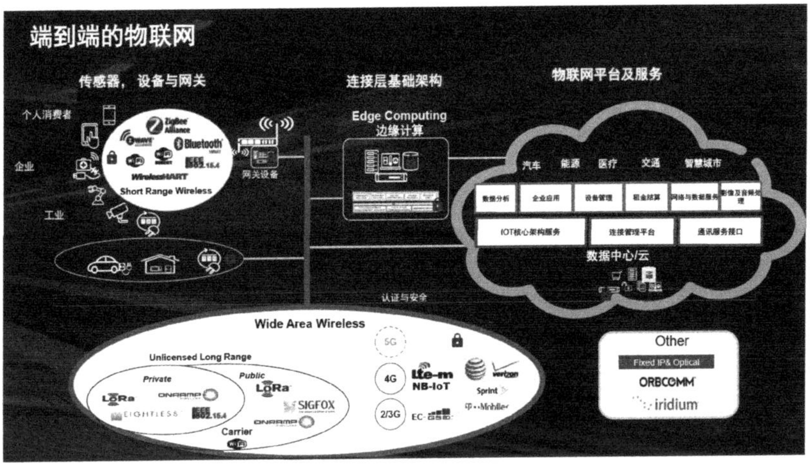

图 8-6　物联网体系架构示例

基于物联网巨大的市场前景，目前国内外的行业巨头已经纷纷抢占布局物联网，基于自身的核心资源优势，整合并购各方资源，逐渐向产业链上下游渗透延伸。国际互联网巨头重点布局物联网平台建设，陆续推出企业级物联网应用开发平台，借助 IT 能力和云端资源实现差异化优势，如表 8-2 所示。

表 8-2　国际巨头布局物联网

企　业	产　品	业 务 领 域	具 体 说 明
Google	Project IOT、Brillo	操作系统	基于 Android 的底层轻量级物联网操作系统，为开发者提供模块化解决方案
苹果	HomeKit	云平台 + 操作系统	依托 iOS 搭建平台，建立物联网生态系统，包括 HealthKit、HomeKit、CarPlay 等，实现家庭、汽车、流通等各种环境的融合
微软	Azure IOT	云服务 PaaS	基于云服务能力物联网 Paas 平台，提供连接、数据采集、管理、分析及决策支持
亚马逊	AWS IOT	云服务 PaaS	提供全球存储、数据处理、分析，帮助企业简化 IOT 的云端部署及管理
英特尔	IOT 平台参考架构	底层硬件平台	底层软、硬件处理系统，在原有芯片产品的基础上扩充物联网产品系统

国内互联网巨头更多地聚焦于物联网平台的搭建和行业卡位上，结合自身的资源优势提供云平台服务和操作系统；设备终端厂商则将智能硬件作为发展重心，如表 8-3 所示。

表 8-3　国内厂商布局物联网

企 业	业 务 领 域	具 体 说 明
阿里巴巴	云平台 + 操作系统 + 标准	推出物联网整体战略，包括阿里云、阿里智能、YunOS 等事业群联合打造 LINK 物联网平台
华为	平台 + 网络 + 操作系统	推出“1+2+1”平台化战略：搭建物联网平台；有线 + 无线网络接入；推出轻量级物联网操作系统 LiteOS
小米	平台 + 智能硬件	推出智能家居生态，例如 eSIM、智能家居控制中心及智能硬件等
腾讯	云平台 + 开放平台	推出面向物联网领域的开放平台“QQ 物联”和微信硬件平台，打通自身的社交生态和线下智能硬件场景（车联网、可穿戴、智能家居、O2O 等）
联想	云平台 + 智能硬件	推出智能眼镜、智能路由、乐基金加强物联网投资

物联网产业链的参与者众多，主要包括基础设施连接、平台和应用三个层次。基础设施建设连接领域主要是硬件部分，包括芯片、模组、传感器和通信网络建设；平台主要是软件部分，包括平台建设和系统集成及应用服务提供商，物联网平台将一些共性的 IT 能力整合在一起，位于连接和应用之间，以云服务的方式提供给开发者，支撑及使能开发者在平台上开发物联网应用；应用层包括提供物联网创新应用、物联数据应用分析等，例如水表类的三川智慧、新天科技，燃气表类的金卡智能等。

8.3.2　云计算

云计算是基于互联网相关服务的增加、使用和交付模式，通常通过互联网来提供动态易扩展且经常虚拟化的资源。美国国家标准与技术研究院（NIST）定义：云计算是一种按使用量付费的模式，这种模式提供可用、便捷、按需的网络访问，进入可配置的计算资源共享池（资源包括网络、服务器、存储、应用软件、服务等），这些资源能够被快速提供，只需投入很少的管理工作，以及与服务供应商进行很少的交互。

云计算一般包括以下几个层次的服务：基础设施即服务、平台即服务和软件即服务。

（1）基础设施即服务（Infrastructure-as-a-Service，IaaS）：通过互联网提供了数据中心、基础架构硬件和软件资源。IaaS 可以提供服务器、操作系统、磁盘存储、数据库和（或）信息资源。最高端 IaaS 的代表产品是亚马逊的 AWS。

（2）平台即服务（Platform-as-a-Service，PaaS）：把服务器平台作为一种服务提供的商业模式。软件开发者可以在这个基础架构之上建设新的应用或者扩展已有的应用，却不必购买开发、质量控制或生产服务器。Google 的 App Engine 和微软的 Azure 都采用了 PaaS 的模式。这些平台允许公司创建个性化的应用，也允许独立软件厂商或者其他的第三方机构针对垂直细分行业创造新的解决方案。

（3）软件即服务（Software-as-a-Service，SaaS）：应用软件安装在厂商或者服务供应商那里，用户可以通过某个网络来使用这些软件，这种模式通常被称为“随需应变（on demand）”软件，这是最成熟的云计算模式，具有高度的灵活性、强大的可扩展性，因此能够降低用户的维护成本和投入，降低运营成本。Google 的 Gmail 和 SPSCommerce.net 都是这方面非常好的例子。

在目前的云计算产业链中共有 6 类角色积极参与，例如政府、云平台提供商、云系统集成商、云应用开发商、云服务运营商和终端用户。

（1）政府：主要是制定各项政策、法规以促进、引导云计算产业健康快速发展，服务于国民经济发展和人民生活。

（2）云平台提供商：云计算的实现依赖于能够实现虚拟化、自动负载平衡、随需应变的软硬件平台，这一领域的提供商主要是传统上领先的软硬件生产商，例如 EMC 下的 VMware，以及 RedHat、Oracle、Sun、IBM、Cisco，等等。这些公司的产品主要特点是兼具灵活和稳定的集群方案，以及标准化、廉价的硬件产品。国内的公司包括浪潮、华为、中兴、联想、方正等。

（3）云系统集成商：帮助用户搭建云计算的软硬件平台，尤其是企业私有云。代表厂商包括 IBM、HP、亚马逊、Google、AT&T、Verizon 等。这些公司普遍具有强大的研发能力和足够的技术团队，以及灵活、可复制的产品。国内的公司包括华胜天成、浪潮软件、东软集团、神码等。

（4）云应用开发商：即 SaaS 应用服务提供商，包括传统软件厂商有微软的 Live 服务，互联网巨头 Google 的 Gmail、map，以及新兴的在线 CRM 解决方案提供商 Salesforce 等。国内主要的商用类软件厂商有用友、金蝶、八百客等。

（5）云服务运营商：这一部分涵盖了为企业和个人用户提供计算和存储资源的 IaaS 公司，例如提供新型数据中心服务的亚马逊、Rackspace、GoGrid，以及为应用开发者提供开发平台的 PaaS 公司如微软 Azure、GoogleApp 及 Force.com 等。这是云计算的核心领域之一，今后绝大多数的计算处理及应用开发都将在这些服务中展开。国内服务商包括通信运营商、网宿科技、神州泰岳等。

（6）终端用户：可以是个人用户，也可以是企业用户，甚至可以是政府用户。

目前各种角色之间相互渗透、边界模糊，传统的设备与软件供应商以不同的角色融入云中，一家企业就能够做到端到端的云系统搭建，例如阿里云、亚马逊 AWS 等。阿里云是全球领先的云计算及人工智能科技公司，提供云服务器、云数据库、云安全等云计算服务，以及大数据、人工智能服务、精准定制基于场景的行业解决方案。阿里云自身提供的云计算服务覆盖了公共云、混合云、专有云三大领域，也与其他云计算服务商一起实现多种架构的混合云形态，充分满足不同的用户群体对计算的需求。

目前在云计算市场上，开源云计算是一股不容忽视的力量，特别是 OpenStack。OpenStack 是一个开源的云计算管理平台项目，由几个主要的组件组合起来完成具体的工作。OpenStack 几乎支持所有类型的云环境，项目的目标是提供实施简单、可大规模扩展、丰富、标准统一的云计算管理平台。OpenStack 通过各种互补的服务提供了基础设施即服务（IaaS）的解决方案，每个服务提供 API 以便进行集成。

Docker 容器技术也是当前的热点，Docker 和平台即服务（PaaS）市场发展很快，围绕容器技术的生态已经日趋成熟，比如容器调度系统，这些都在促进整个容器市场的发展。同时，容器技术更多地用于应用交付层面对 PaaS 市场产生了深远影响。目前很多主流的 PaaS 平台基于容器技术进行了重构或者与容器技术进行集成。

数字化时代的企业级 IT 更为多元化，大多数企业在完全转变为数字化组织之前，仍然有很长的路要走。一方面，数据中心从传统的“烟囱式”架构到虚拟化架构再到超融合架构不断演进，数据管理不可或缺；另一方面，由于“烟囱式”架构和虚拟化架构在 IT 架构弹性、可管理性方面的一系列问题，难以满足数字化转型时代下数据中心对减少资本支出、运营支出的需求随着越来越多的工作量从传统静态的基础设施迁移到云计算的软件定义架构，即使只有轻微的变化，其相关的负担也将大大减少。云计算不是这种转变的必要条件，但肯定可以使其容易许多。只有构建以云计算为核心的包含硬件、大数据、互联网＋等在内的新 ICT 生态环境，才能在未来的信息技术融合时代引领先机，获得市场优势地位。

云计算作为能够提升 IT 灵活性和减少成本的有效方法，能够在增加企业竞争力的同时降低企业的运作成本。在企业逐渐由“信息化建设”转向“数字化转型”的今天，未来几乎所有的互联网应用和企业应用都将承载在云上。过去企业的信息化是借助 ICT 技术帮助企业降低成本、提高效率，但在数字化转型的新时代，新的 ICT 技术已经不再是辅助工具，而是成为商业模式、管理模式变革的引擎。云计算已不再是单纯地提供计算能力，而是逐渐成为了一个包含了基础设施、运算平台乃至整套管理、软件解决方案的庞大体系，成为很多新兴 ICT 技术发展的底层技术和基础。无论是物联网、大数据、VR 还是人工智能，抑或是无人驾驶汽车、区块链等，这些新技术的发展和应用都将与云计算密不可分。

8.3.3 大数据

对于大数据（Big data），研究机构 Gartner 给出了这样的定义：大数据是指需要新的处理模式才能具有更强的决策力、洞察发现力和流程优化能力来适应海量、高增长率和多样化的信息资产。而麦肯锡全球研究所给出的定义是：一种规模大到在获取、存储、管理、分析方面远远超出了传统数据库软件工具能力范围的数据集合，具有海量的数据规模、快速的数据流转、多样的数据类型和价值密度低四大特征。

大数据包括结构化、半结构化和非结构化数据，非结构化数据越来越成为数据的主要部分。据 IDC 的调查报告显示：企业中 80% 的数据都是非结构化数据，这些数据每年都按指数增长 60%。在以云计算为代表的技术创新大幕的衬托下，这些原本看起来很难收集和使用的数据开始容易被利用了。适用于大数据的技术有大规模并行处理（MPP）数据库、数据挖掘、分布式文件系统、分布式数据库、云计算平台、互联网和可扩展的存储系统等。

整个大数据行业可大致分为三层：底层基础平台、中间层通用技术和上层应用。底层基础平台主要解决的是数据存储、计算的问题，是整个大数据生态的基石。对于采集到的数据，首先要能高效、快捷地存起来，才能进行数据分析和数据挖掘，主要的明星公司为 Hadoop。通用技术包括数据采集、数据处理、数据存储、数据分析和数据可视化等技术，其中企业的细分领域主要分为两类：一类是传统领域借助大数据焕发青春，大数据技术发展推动业务进一步发展，提升处理效率；另一类是随着移动互联网的兴起，为互联网企业用户提供基于移动端的数据服务。上层应用主要是各个行业与大数据深度融合的应用，例如大数据征信、精准营销推荐、反欺诈等。近年来，大数据应用逐渐普及，用户行为分析、精准营销、新业务新产品推广、广告推送、代言人选择、社交媒体、可视化、溢价收益、库存管理、信贷保险等相关应用不断丰富。随着提供商业应用服务的大数据初创企业迅速成长，大数据被更广泛地应用到各领域的企业中。

工业和信息化部公布的《大数据产业发展规划（2016-2020 年）》，提出了到 2020 年的发展目标：大数据相关产品和服务业务收入将突破 1 万亿元人民币，年均复合增长率保持在 30% 左右。此外，还将培育一批专业化数据服务创新型中小企业、10 家国际领先的大数据核心龙头企业和 500 家大数据应用及服务企业，初步形成大数据产业体系。

借助设备间的彼此连接，可以采集到多样化的数据，这些互联的物品把更为复杂和详尽的数据信息传输给机器、计算机和人，从而带来数据量的剧增。由于物联网可以实现微量数据的不间断回传，人们对于数据的及时性需求将越来越旺盛，更多的行业将提供无等待服务，从而产生更多的应用场景。数据格式会变得越来越多样，涵盖了文本、音频、图片、视频、模拟信号等不同的类型；数据来源也越来越多样，不仅来自于组织内部运作的各个环节，也来自于组织外部。在未来，数字化商业、区块链、人工智能、物联网、自动化交通、智能领域将产生超出人们想象的数据，并对基于巨量数据的分析结果有着持续旺盛的需求，可以预见，这些领域在未来将呈现更多的大数据价值。

对企业而言，如何利用这些海量数据是赢得竞争的关键。面临数字化必须转型的传统企业需要充分利用大数据的价值；对大量用户提供产品或服务的企业可以利用大数据进行精准营销；做小而美模式的中小微企业则可以利用大数据做服务转型。大数据的应用场景涉及企业运营的方方面面，目前应用得比较好的领域有营销类智能分析、交易辅助类智能分析、技术研发类智能分析和网络类智能分析等。大数据营销包含多种应用，包括目前热门的精准广告投放、程序化购买、广告监测、广告创意优化、用户关系管理、线上线下销售、风险控制、研究与洞察、用户画像、企业内部管理、新产品研发等领域。每一个细分领域在整个品牌主导用户的产业链中，都极具潜力。

应用大数据解决方案主要有三方面的价值：第一，能够处理以前无法处理，或者无法实时与快速处理的海量数据，包括结构化和非结构化数据；第二，可以利用大数据解决方案，对分布于社交网络、视频网络等的海量数据进行提取、整理、分析，并从这些新的数据中获取新的洞察力，将它与已知业务的各个细节融合，促进企业产品和服务的营销；第三，还可以利用积累的或存在于互联网中的大数据，推出各种新产品和新服务。大数据的意义除了重塑用户行为、利用用户交互数据重塑用户行为外，这类数据还可以预测和引导市场尚未出现的需求，进而创造新的利润，并且通过从生态系统中的其他企业处获得补充数据，增强数据生态系统的视野。

8.3.4 人工智能

人工智能（Artificial Intelligence，AI）是研究、开发用于模拟、延伸和扩展人的智能的理论、方法、技术及应用系统的一门新的技术科学。该领域的研究包括深度学习、通用智能、机器视觉、指纹识别、人脸识别、视网膜识别、虹膜识别、掌纹识别、专家系统、自动规划、自动驾驶、智能搜索、认知计算、定理证明、博弈、自动程序设计、智能控制、机器人学、无人机、语言和图像理解，以及遗传编程等方面的应用。

近年来，中国政府对人工智能的重视程度不断提高，持续从各方面支持和促进人工智能发展。人工智能一词被写入国家"十三五"规划纲要，并进一步上升为国家战略。

2017 年 7 月，国务院印发了《新一代人工智能发展规划的通知》，从国家层面对人工智能进行系统布局，部署构筑我国人工智能发展的先发优势，加快建设创新型国家和世界科技强国，提出了六个方面重点任务：一是构建开放协同的人工智能科技创新体系，从前沿基础理论、关键共性技术、创新平台、高端人才队伍等方面强化部署；二是培育高端高效的智能经济，发展人工智能新兴产业，推进产业智能化升级，打造人工智能创新高地；三是建设安全便捷的智能社会，发展高效智能服务，提高社会治理智能化水平，利用人工智能提升公共安全保障能力，促进社会交往的共享互信；四是加强人工智能领域军民融合，促进人工智能技术军民双向转化、军民创新资源共建共享；五是构建安全高效的智能化基础设施体系，加强网络、大数据、高效能计算等基础设施的建设升级；六是前瞻布局重大科技项目，针对新一代人工智能特有的重大基础理论和共性关键技术瓶颈，加强整体统筹，形成以新一代人工智能重大科技项目为核心、统筹当前和未来研发任务布局的人工智能项目群。

《新一代人工智能发展规划的通知》确立了“三步走”的目标：到 2020 年人工智能总体技术和应用与世界先进水平同步；到 2025 年人工智能基础理论实现重大突破、技术与应用部分达到世界领先水平；到 2030 年人工智能理论、技术与应用总体达到世界领先水平，成为世界主要人工智能创新中心。

从产业图谱来看，人工智能主要分为技术层、应用层和基础层：技术层包括人工智能通用技术平台（例如计算机视觉与图像、自然语言处理、语言识别）；应用层包括人工智能行业应用方案，消费类终端或服务等；基础层包括人工智能芯片、算法和数据等。

数字化推动人工智能与各行业融合创新，在制造、农业、物流、金融、商务、家居等重点行业和领域开展应用试点，推动人工智能规模化应用，全面提升产业发展智能化水平。围绕制造强国的重大需求，推进智能制造关键技术装备、核心支撑软件、工业互联网等系统集成应用，研发智能产品及智能互联产品、智能制造使能工具与系统、智能制造云服务平台，推广流程智能制造、离散智能制造、网络化协同制造、远程诊断与运维服务等新型制造模式，建立智能制造标准体系，推进制造全生命周期活动的智能化。智能家居为加强人工智能技术与家居建筑系统的融合应用，可提升建筑设备及家居产品的智能化水平。我们要研发适应不同应用场景的家庭互联互通协议、接口标准，提升家电、耐用品等家居产品感知和联通能力，支持智能家居企业的创新服务模式，提供互联共享解决方案。

在商业领域，人工智能在早期的通用技术阶段就起到变革性作用。随着各个行业领域转变其核心进程和商业模式，并从机器学习中受益，人工智能的影响在未来一定会被放大。例如在智能营销商务方面，机器语言与自然语言交互、图像视频理解检索、跨媒体分析与推理、搜索引擎、内容推荐引擎、知识计算引擎与知识服务等新技术在商务领域应用，基于人工智能的新型营销决策系统、用户画像和精准营销等；建设涵盖地理位置、网络媒体和城市基础数据等跨媒体大数据平台，支撑企业开展智能商务；围绕个人需求、企业管理提供定制化商务智能决策服务。互联网广告和电商有大量的数据，为人工智能应用提供了广阔的资源和空间。例如，互联网公司通过基于用户画像的精准广告投放，在过去三年提高了广告单次点击成本（CPC）170%；在电子商务领域，由于大数据的累积及底层算法的快速发展，人工智能开始进入该领域，通过对用户购买决策过程的深度学习和解析精准定位用户，可更精准地推荐商品及对用户的购买行为做出更好的解释。

目前数字化正在融合一切，基于新型供应方式的全球无线宽带连接服务的构建，以及脑电波传播技术和人机交互模式的突破将会使之变得更加紧密。新的介质或者心灵传输技术的实现会极大地改变人与人之间或者人与机器的交流方式，人的意识将与人工智能进行充分的融合，实现实时共享，造就出真正意义上的“超级人工智能”。

8.3.5　虚拟现实和增强现实

虚拟现实技术（Virtual Reality，VR）是一种可以创建和体验虚拟世界的计算机仿真系统，利用计算机生成一种模拟环境，是一种多源信息融合的、交互式的三维动态视景和实体行为的系统仿真，使用户沉浸到该环境中。虚拟现实技术（VR）主要包括模拟环境、感知、自然技能和传感设备等方面。模拟环境是由计算机生成的、实时动态的三维立体逼真图像。

虚拟现实基于动态环境建模技术、立体显示和传感器技术、系统开发工具应用技术、实时三维图形生成技术、系统集成技术等多项核心技术，主要围绕虚拟环境表示的准确性、虚拟环境感知信息合成的真实性、人与虚拟环境交互的自然性、实时显示、图形生成、智能技术等问题的解决，使得用户能够身临其境地感知虚拟环境，从而达到探索、认识客观事物的目的。虚拟现实具有以下三个重要特征，常被称为虚拟现实的 3i 特征。

构想性指虚拟的环境是人想象出来的，同时这种想像体现出设计者相应的思想，因而可以用来实现一定的目标。所以说虚拟现实技术不仅是一个媒体或一个高级用户界面，还用于解决工程、医学、军事等方面的问题。虚拟现实技术的应用，为人类认识世界提供了一种全新的方法和手段，可以使人类跨越时间与空间，去经历和体验世界上早已发生或尚未发生的事件；可以使人类突破生理上的限制，进入宏观或微观世界进行研究和探索；也可以模拟因条件限制等原因而难以实现的事情。

沉浸感指用户被虚拟世界所包围的感受，好像完全置身于虚拟世界之中一样。虚拟现实技术最主要的技术特征是让用户觉得自己是计算机系统所创建的虚拟世界中的一部分，使用户由观察者变成参与者，沉浸其中并参与虚拟世界的活动。沉浸性来源于对虚拟世界的多感知性，除了常见的视觉感知，还有听觉感知、力觉感知、触觉感知、运动感知、味觉感知、嗅觉感知等。从理论上来说，虚拟现实系统应该具备人在现实世界中具有的所有感知功能，但鉴于目前技术的局限性，现在的虚拟现实系统的研究与应用中较为成熟或相对成熟的主要是视觉沉浸、听觉沉浸、触觉沉浸技术，而有关味觉与嗅觉的感知技术正在研究之中，目前还很不成熟。

实时交互性指用户对模拟环境内对物体的可操作程度和从环境中得到反馈的自然程度。交互性的产生，主要借助于虚拟现实系统中的特殊硬件设备（如数据手套、力反馈装置等），使用户能通过自然的方式，产生如同在真实世界中一样的感觉。虚拟现实系统比较强调人与虚拟世界之间进行自然的交互，交互性的另一个方面主要表现了交互的实时性。

目前，我国虚拟现实企业主要分为两大类别。一是成熟行业依据传统软硬件或内容优势向虚拟现实领域渗透。其中智能手机及其他硬件厂商大多从硬件方面布局。比如，联想与蚁视合作研发的便携式设备乐檬蚁视虚拟现实眼镜；又如魅族与拓视科技开展合作，推出手机虚拟现实头盔。而游戏、动漫制作厂商或视频发布平台，大多从软件和内容层面切入，爱奇艺、优酷土豆都开始虚拟现实内容和应用。二是新型虚拟现实产业公司，包括生态型平台型公司和初创型公司，该类型企业在硬件、平台、内容、生态等领域进行了一系列布局，以互联网厂商为领头羊，例如腾讯、暴风科技、乐视网等。

虚拟现实的产业链较长，产业带动比高，涉及的产业众多，包括虚拟现实工具与设备、内容制作、分发平台、行业应用和相关服务等在军事、民用及科研等方面的各种应用。在微软 Build 2016 大会上，微软正式宣布推出增强现实头盔 HoloLens，如图 8-7 所示。HoloLens 的独特性在于它本身就是一台独立电脑，拥有自己的 CPU 和 GPU 和全息处理单元。

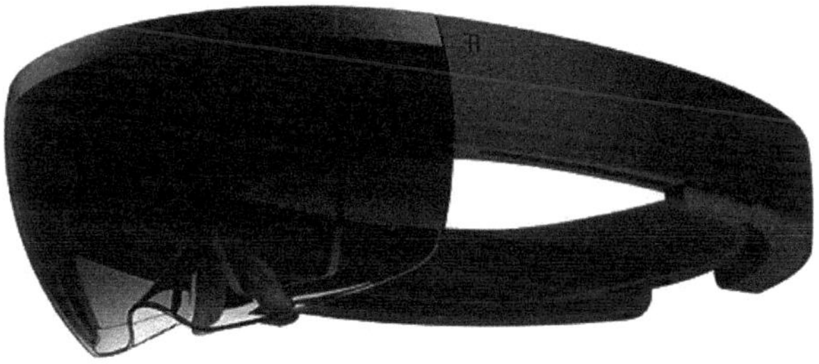

图 8-7　微软增强现实头盔 HoloLens

我国 VR 线下体验馆的数量正迅速增加，用户不仅可以直接付费购买、订阅喜欢的虚拟体验和虚拟内容，还能够通过虚拟化的体验进行传统商贸活动，并可参与产品的个性化定制和设计开发。体验式服务购买和交易将成为虚拟现实未来收益的主要来源。

增强现实技术（Augmented Reality，AR）是一种将真实世界信息和虚拟世界信息“无缝”集成的新技术，是把原本在现实世界的一定时间空间范围内很难体验到的实体信息（视觉信息、声音、味道、触觉等），通过电脑等科学技术模拟仿真后再叠加，将虚拟的信息应用到真实世界，被人类感官所感知，从而达到超越现实的感官体验。真实的环境和虚拟的物体被实时地叠加到了同一个画面或空间中同时存在。增强现实技术包含了多媒体、三维建模、实时视频显示及控制、多传感器融合、实时跟踪及注册、场景融合等新技术与新手段。增强现实提供了在一般情况下不同于人类可感知的信息。

简单来说，我们在虚拟现实（VR）中看到的场景和人物全是假的，是把我们的意识带入一个虚拟的世界。而在增强现实（AR）中看到的场景和人物一部分是真的一部分是假的，是把虚拟的信息带入现实世界中。VR 是纯虚拟的场景，所以 VR 装备更多地被用于用户与虚拟场景的互动交互，更多地用于位置跟踪器、数据手套（5DT 之类的）、动捕系统、数据头盔等。由于 AR 是现实场景和虚拟场景的结合，所以基本都需要摄像头，在摄像头拍摄的画面基础上结合虚拟画面进行展示和互动，比如 Google Glass 等。

AR 技术与 VR 技术有着相似的应用领域，在尖端武器、飞行器的研制与开发、数据模型的可视化、虚拟训练、娱乐与艺术等领域具有广泛的应用，而且由于其具有能够对真实环境进行增强显示输出的特性，在医疗研究与解剖训练、精密仪器制造和维修、军用飞机导航、工程设计和远程机器人控制等领域具有比 VR 技术更加明显的优势。其呈现形式可以概括如下。

（1）手持式，即用手机或任何移动终端的摄像头获取现实世界的图像，并在移动终端的现实世界图片、视频中叠加虚拟信息。当前基于手机端的 AR 游戏、大量的 AR 卡均采取了这种形式。

（2）空间展示，包括用显示器展示 AR、演唱会、商业展示、博物馆、游乐园等通过 AR 技术进行公共的虚拟形象的展示，或以其他屏幕呈现增强现实信息。

（3）可穿戴式，又可分为视频式（设备通过外置的摄像头获取真实世界的信息，并根据机器视觉等技术同时叠加虚拟信息，使得用户通过配置在用户眼前的 AMOLED 屏等显示屏幕看到的真实世界和虚拟叠加信息）、光学式（用户通过人眼前的透镜看到真实世界，而计算机生成的虚拟信息则通过一系列的光学系统投射入人眼中，从而实现在真实世界的光源下叠加虚拟信息的效果）、光场式（这种显示技术不需要屏幕做载体，通过光场呈现物体全方位深度的图像，从而实现用户观察近景或远景均可以实现不同景深的切换）。

电商企业如亚马逊、优衣库及天猫之前推出的虚拟试衣间，其实也算是 AR 的一种，只不过现在 Realmax 的高精度面部识别技术和跟踪技术能让用户体验到全方位的“立体”感受，以眼镜为例，我们点击屏幕上的任何一副眼镜都可以立刻试戴，无论自己从哪个角度都可以完美地看到眼镜跟自己脸型的配合程度，再加上相应的价格信息，选中之后，只要点击虚拟的购买按钮，足不出户就可以享受到如在实体店般的购物体验了。

我国的增强现实产业主要参与者由生态级增强现实公司、增强现实软件公司、增强现实硬件公司、增强现实衍生品公司构成。增强现实产业链是研发主导型产业链，谁掌握核心底层技术及其标准，谁就能成为产业链的主角。因此，拥有核心底层技术的增强现实软件公司占据着产业链的主导地位，这些公司融合跟踪定位技术、用户交互技术、虚拟融合技术等，推出增强现实软件应用开发软件工具，以帮助增强现实硬件公司和衍生品公司便捷地进行应用开发或创意内容开发。

据IDC称，到2021年全球的AR、VR产品和服务的市值将增加到2150亿美元。IDC预测，最初AR、VR的投资和应用将由用户、零售和分销行业及制造业主导。此外，政府服务，运输和教育等行业也会使用这些技术。

借助VR、AR技术，我们可以大胆地想象，在未来，人们不再需要电脑、手机等实体物品，只需在双眼中投射屏幕的影像，即可创造出悬空的屏幕及3D立体的操作界面；在未来，人眼的边界将被再一次打开，双手的界限将被再一次突破，几千公里外的朋友可以立即面对面对话，触摸到虚幻世界的任何物件；在未来，我们可以完全沉浸在另一个虚拟世界中，一杯茶、一片海甚至是另一个人生、现实世界无法到达的千千万万种可能的人生。

8.3.6 区块链

区块链是一种按照时间顺序将数据区块以顺序相连的方式组合成的一种链式数据结构，并以密码学方式保证的不可篡改和不可伪造的分布式账本。

从广义上讲，区块链技术是利用块链式数据结构来验证与存储数据、利用分布式节点共识算法来生成和更新数据、利用密码学的方式保证数据传输和访问的安全、利用由自动化脚本代码组成的智能合约来编程和操作数据的一种全新的分布式基础架构与计算范式。

传统区块链倾向于把架构分为数据层、网络层、共识层、激励层、合约层、应用层。数据层封装了底层数据区块的链式结构、与非对称公私钥数据加密技术和时间戳技术的可追加、不可更改的分布式数据库系统相关，是作为分布式账本形式存在的。网络层建立在 IP 通信协议和 P2P 网络的基础上，包括分布式组网机制、数据传播机制和数据验证机制。共识层封装网络节点的各类共识机制算法，共识机制算法是区块链技术的核心技术，决定到底由谁来进行记账，记账者选择的方式会影响整个系统的安全性和可靠性。目前已经出现了十余种共识机制算法，其中最为知名的有工作量证明机制、权益证明机制、股份授权证明机制等。激励层集成经济因素，主要包括经济激励的发行机制和分配机制，该层主要出现在公有链中，因为在公有链中要激励遵守规则参与记账的节点，并且惩罚不遵守规则的节点，才能让整个系统朝着良性循环的方向发展，所以激励机制往往也是一种博弈机制，让更多遵守规则的节点愿意进行记账。合约层封装各类脚本、算法和智能合约，是可编程特性的基础。应用层封装区块链的各种应用场景和案例，提供可编程环境，通过智能合约将业务规则转化成平台自动执行的合约。基于时间戳的链式区块结构、分布式节点的共识机制、基于共识机制的经济激励和灵活可编程的智能合约是区块链技术最具代表性的创新点，其中数据层、网络层和共识层是构建区块链应用的不可或缺的因素。

区块链具有去中心化、去信任化、可扩展、匿名化、安全可靠等特点。

- 去中心化：由于区块链是靠各个节点共同实现系统的维护和保证信息传递的真实性的，它基于分布式存储数据，而没有某个中心进行集中管理，因此某一个节点受到攻击和篡改不会影响整个网络的健康运作。

○ 去信任化：在任意两个节点之间建立连接时不需要信任彼此的身份，双方之间进行数据交换无须互相信任的基础。由于网络中的所有节点都可以扮演监督者的身份，因此不用担心欺诈的问题。

○ 可扩展：区块链是一种底层开源技术，在此基础上可以实现各类扩展和去中心化、去信任化的应用。

○ 匿名化：数据交换的双方可以是匿名的，网络中的节点无须知道彼此的身份和个人信息即可进行数据交换。

○ 安全可靠：由于任意节点之间的活动均受到全网的监督，并且数据库采用分布式存储，所以对于黑客来说，第一无法伪装和进行欺诈活动，第二无法仅靠攻克某个节点来控制网络。

作为分布式记账（Distributed Ledger Technology，DLT）平台的核心技术，区块链被认为在金融、征信、物联网、经济贸易结算、资产管理等众多领域都拥有广泛的应用前景，并已延伸到医疗健康、教育、慈善公益、社会管理等多个领域。智能合约（Smart Contracts）是比较有代表性的区块链技术应用，只要交易符合合约条款要求，智能合约就可以实现自动支付和货币等其他资产的自动化转让。举例来说，某份智能合约在货物签收后，能立即给供应商支付应付款项。某公司可用区块链表明某特定货品已经签收；或者产品可能有 GPS 追踪功能，可以在区块链中自动更新地理位置，而这一功能反过来还能发起收款。我们已经看到一些自动生效型合同的早期实验，应用领域包括风险投资、银行业务和数字版权保护。从文化产业来看，复制成本低、维权成本高、举证困难等使得知识产权保护一直是该行业的痛点，而有了区块链，文化产品的生产、传播、交易等记录真实透明、可信可查，使问题迎刃而解，还可以通过声誉管理助益共享经济、简化身份和声誉管理。区块链可以安全地储存和整合用户的在线交易信息，并检查身份验证和支付认证的历史记录——使得各方建立信任更容易，这样的信息可以优化交易流程，提高历史记录的质量。

后记

今年春节，当我把打印后的书稿带回家仔细阅读审校的时候，曾经负责钢铁行业企业管理的父亲，也饶有兴趣地跟着读了起来，读罢父亲问我："数字化运营带给企业的价值是什么？能否量化？对于我们传统企业来说，生产制造、财务预算等的数字化运营为什么没有见到？书中所提到的运营是否全面？"

老干部果然一针见血，不由得令我汗颜，急忙给父亲解释：数字化运营的范畴确实如您而言十分宽泛，已经不仅仅是互联网的专有提法，在我看来，运营的本质是运作、经营，即如何使负责的工作用创新的思维、系统化的手段和数据的应用做到极致。因此运营可以涵盖企业所有经营过程的各个环节，例如用户运营、产品运营，也可以涵盖生产运营、资金运营，甚至具体到一个项目的运营。本书没有涵盖所有，而是将重点放在与用户市场相关的运营——企业竞争最为激烈的战场上。这不是以偏概全，也不是一叶障目，只是希望在有限的篇幅中将我们认为优先级较高的内容呈现出来，其中提到的运营思路与实现方法也很难全面，因为不同类型的企业运营、不同形态的产品运营都不尽相同，我们尽量选取具有行业普适性的内容，而非仅是适用于互联网相关的运营内容，这也是本书区别于市面上很多运营相关书籍的地方。

另外，从我们对运营的定义理解也能够看出，数字化运营的最大价值是转变思维方法，利用数字化手段和数据的精细化应用实现最优的投入产出比，从而赢得用户、赢得市场、赢得时代。它是可量化的，也是不可量化的，为什么这么说呢？数字化运营的关键特点是数据驱动，这样在进行运营效果和价值分析的时候一定是可以量化的。然而，由于大家对于数字化运用的程度不同，广度和深度、甚至执行的点滴差异都会影响运营的效果，独到的创新和对用户体验的深度加持可能会让运营价值一飞冲天，因此从这个角度来说也是不可量化的。

我相信我父亲的观点也代表了广大读者的想法。在这本书的很多内容方面，由于我们认知的局限，一定存在着不尽完美和有待指正之处，希望广大读者在阅读的过程中不吝赐教。本书只是仅仅掀开了运营大幕的一角，还有很多需要深入探讨的地方。运营作为当代企业的灵魂，没有终点，没有界限，各个企业运营的案例实践在不断地变化和更新，过往对于运营工作的定义和方法、建议都会随着时代迅猛发展而发生改变，只能在过程中不断优化，力求尽善尽美。

“在路上”“拥抱变化”也许会是我们这代人的长久状态，祝愿大家都能够找到适用于当下、同时着眼于未来的运营方法，运营企业，运营工作，运营人生。希望我们可以做到岁月有迹但求不畏将来，知行合一方能从容不迫。

顾 颐

2018 年 惊蛰 于北京

反侵权盗版声明